"인간이 뗏목과 카누로 바다를 탐험하던 시절부터
마이크로네시아는 존재했다. 인간이 하늘의 별을 보며 항해하던 시대에
마이크로네시아는 태어났다. 우리의 세계 그 자체도 하나의 섬이다.
우리는 모든 국가들과 인간성에서 우러난 평화, 우정, 협력, 사랑을 주고받을 것이다.
다른 국가의 보호를 받았던 우리들은 우리의 헌법과 더불어 영원토록
우리 자신의 자랑스런 수호자가 될 것이다"

『마이크로네시아 연방국 헌법 서문 중에서』

태평양
도서국
총서 01

Federated States of Micronesia

마이크로네시아 연방국

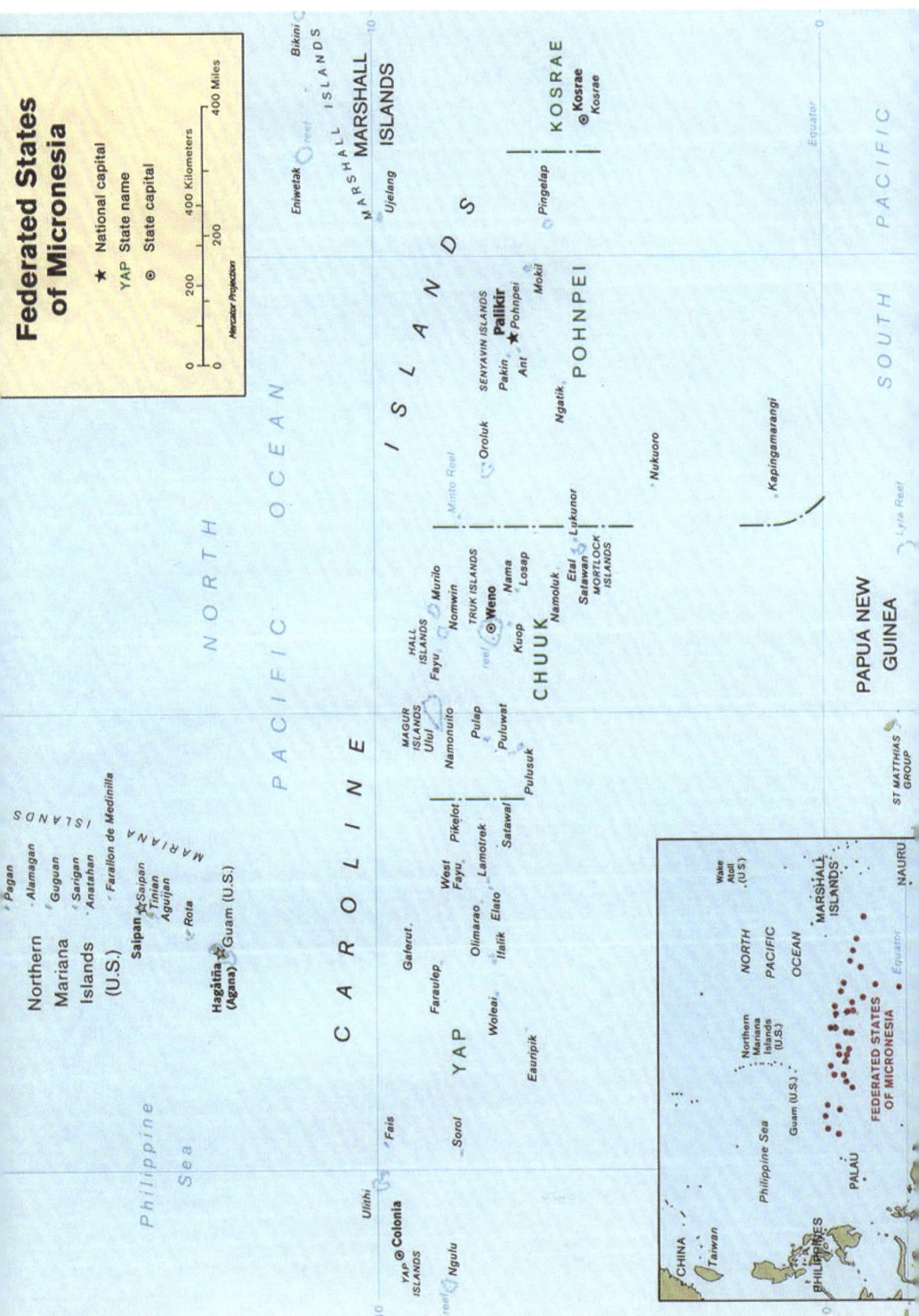

태평양 도서국 총서 발간취지

태평양은 단순한 대양 이상의 대양입니다. 세계 각국이 안보경쟁 및 패권 다툼을 벌이는 국제정치의 장이자 막대한 자연자원을 보유한 경제적 공간이면서, 동시에 기후변화·해양산성화 등의 전지구적 문제들에 극명하게 노출된 위기의 바다입니다. 또한 독특한 해양문화와 토착언어를 간직한 지구의 마지막 오지 중 하나이기도 합니다.

유럽 각국을 비롯하여 미국, 중국, 일본 등은 일찍부터 태평양의 다면적 중요성을 인식하고 태평양에서의 영향력 확대 및 지역협력 강화를 위해 노력해 왔습니다. 이에 비해 우리나라는 아직 태평양의 위상에 대한 인식이 부족하고 관련 전문가나 인프라도 빈약한 상황이며, 국가 차원에서의 정책개발이나 전략수립도 이루어진 적이 없습니다.

이에 태평양 14개 도서국에 대한 기초적인 안내자료를 제공하고, 태평양사회 및 제반문화에 대한 대중인식을 제고하며, 향후 태평양 지역 진출 및 동 지역에서의 제반사업 추진을 위한 기본 인프라 마련을 위해 본 총서를 발간하게 되었습니다. 향후 성실한 보완 및 업데이트를 약속드리며 본 총서가 태평양 도서국에 대한 이해를 증진시키고, 궁극적으로는 우리나라의 태평양 진출과 현지 도서민들과의 가치공유에 조금이나마 기여할 수 있게 되기를 바랍니다.

2014년 8월 저자 일동

Contents

chapter 01
마이크로네시아 문화권의 형성과 발전

01_태평양의 지역 구분 ··· 14
02_태평양 도서군의 지리적 특징과 기후 ······················ 16
03_인류의 이주 및 정착 ··· 18
    최초의 주민들 : 동서(東西) 논쟁 ······························· 18
    태평양을 향한 동진(東進) ·· 22
04_마이크로네시아의 역사 ·· 31
    고대 ·· 31
    유럽인들의 출현 ·· 32
    식민통치 ··· 32
    독립 이후 ··· 48

chapter 02
마이크로네시아의 이해

01_마이크로네시아 vs 마이크로네시아 연방국 ············· 54
02_마이크로네시아-다움(Micronesia-ness)이란 무엇인가 ······ 57
03_마이크로네시아 문화의 특징 ·································· 60
    모계 중심 사회 ·· 61
    형제자매 관계가 중요 ··· 62
    빈번한 입양 및 대리양육 ··· 63
04_마이크로네시아의 사회 문제 ·································· 65
    희망 없는 경제 ·· 66
    급격한 사회변화와 높은 자살률 ································ 72

chapter 03
마이크로네시아 연방국의 이해

01_자연환경 ··· 85
　지형 및 생물종 ·· 88
02_정치와 사회 ··· 94
　마이크로네시아 헌법 ·· 94
　마이크로네시아 정부 개황 ·· 98
　마이크로네시아 정부 구조의 특징 ································ 107
　마이크로네시아 정치의 문제점 ···································· 116
03_마이크로네시아의 4개 주(State) ······························· 124
　축 주(Chuuk State) ·· 124
　폰페이 주(Pohnpei State) ··· 154
　얍 주(Yap State) ··· 192
　코스레 주(Kosrae State) ··· 232

chapter 04
참고자료

미 – 마이크로네시아 자유연합협정
(Compact of Free Association) ······································ 256
자유연합협정에 따른 미국 측 지원내역(환경 분야) ············ 257
일본과의 관계 ··· 260
중국과의 관계 ··· 267
기타 국가 및 기관과의 관계 ·· 278
마약 및 국제범죄 ·· 281
태평양 지역의 주요 지역기구 ·· 283
마이크로네시아 헌법 서문 및 목차 ································ 284
마이크로네시아 연방국 약황 ··· 286

일러두기

- 국립국어원 표준국어대사전에 따르면 '마이크로네시아'에 대한 우리말 표준어는 '미크로네시아'다. 그러나 이 책에서는 KIOST 연구자들이 현지조사 시 관례대로 써 왔고 또 실제 발음과도 더 가까운 '마이크로네시아'라는 용어를 채택하였다. 아직 우리나라와 태평양 도서국 간의 교류가 미비해 큰 혼동은 없을 것으로 보이나, '미크로네시아'라는 용어가 오래 전에 우리말 사전에 도입된 점을 감안할 때 향후 우리말 표준어가 '마이크로네시아'로 개정되기를 희망해 본다.
- 위의 기준에 따라 마이크로네시아의 주 명칭도 추크, 폰페이, 코스라에, 야프가 아니라 축, 폰페이, 코스레, 얍으로 표기하였다.
- 책에 실린 사진과 지도, 그림 등은 저작권이 없거나 소멸된 공유 저작물(Public domain)을 주로 활용하였고 저작권이 있는 경우에는 저작자를 별도로 표기하였다.
- 본 총서는 한국해양과학기술원 "개발도상 연안 소도서국 해양개발 인프라 구축연구(PE99187)"의 일환으로 기획, 발간되었다.

chapter
01

마이크로네시아 문화권의 형성과 발전

01 태평양의 지역 구분

태평양은 일반적으로 폴리네시아, 멜라네시아, 마이크로네시아라는 세 지역으로 구분된다. 지역 구분의 근거는 지리적 위치였으나 이후 각 지역별로 언어, 풍습, 인종 등의 공통점이 있다는 해석이 덧붙여졌다. 현재는 태평양의 지리적·문화적 경계를 나누는 개략적인 틀로 자리 잡았지만, 보편적으로 받아들여지는 것은 아니고 이러한 구분에 반대하는 학자들도 있다. 각 지역 명칭은 그리스어에서 기원했으며 그 의미는 멜라네시아(검은 섬들), 폴리네시아(많은 섬들), 마이크로네시아(작은 섬들)이다.

멜라네시아["μέλας : melos"(검은) + "νῆσος : nesos"(섬들)]
폴리네시아["πολύς : poly"(많은) + "νῆσος : nesos"(섬들)]
마이크로네시아["μικρός : micros"(작은) + "νῆσος : nesos"(섬들)]

폴리네시아라는 명칭은 1756년 프랑스 탐험가인 샤를 드 브로스(Charles de Brosses)가 태평양 도서국 전체를 지칭하는 용어로 처음 사용했다. 그러다 1831년 프랑스 해군장교이자 탐험가였던 쥘 뒤몽 뒤르빌(Jules Dumont d'Urville)[1]이 오늘날과 같이 세 지역으로 구분할 것을 제안했다. 멜라네시아라는 용어는 이 지역 주민들의 피부색이 검다는 데서, 마이크로네시아는 작은 섬들이 넓은 바다에 흩어져 있는 데서, 폴리네시아는 섬들이 많다는 데서 유래했다.

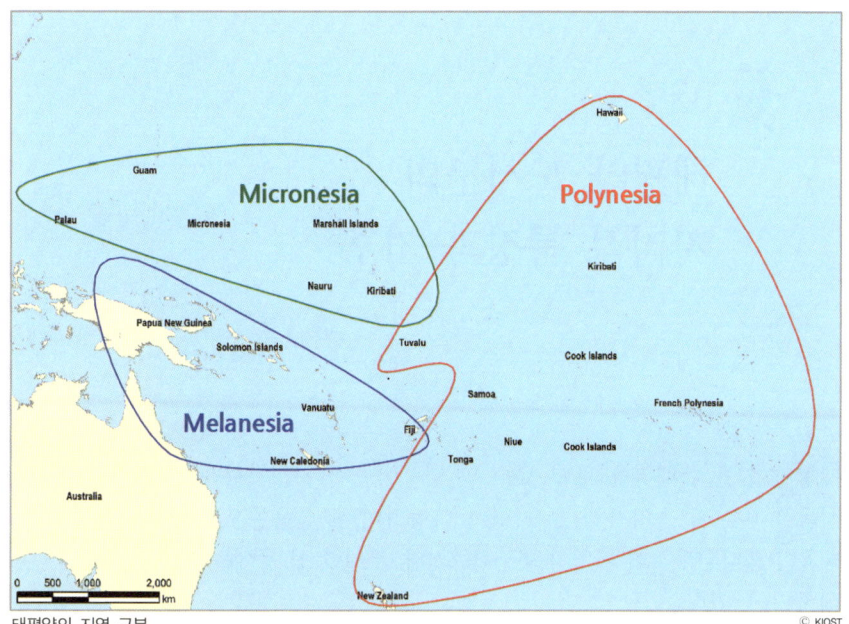

태평양의 지역 구분   ⓒ KIOST

　오늘날 멜라네시아 지역의 주요 국가로는 파푸아뉴기니(Papua new guinea), 솔로몬 제도(Solomon Islands), 바누아투(Vanuatu) 등이 있으며, 폴리네시아 주요 국가로는 사모아(Samoa), 통가(Tonga), 프랑스령 폴리네시아(French Polynesia), 하와이(Hawaii) 등이 있고, 마이크로네시아 주요 국가로는 팔라우(Palau), 마이크로네시아 연방국(Federated States of Micronesia), 마셜(Marshall) 제도 등이 있다. 피지(Fiji)는 멜라네시아 지역에 속해 있지만 폴리네시아 지역과의 경계에 있어 양쪽 문화의 특징을 모두 지니고 있는 것으로 알려져 있다.

---

1) Jules Dumont d'Urville(1790~1842) 태평양, 호주, 남극대륙 등을 탐험한 프랑스 해군 장교. 1826~1829년까지 피지, 뉴칼레도니아, 파푸아뉴기니, 솔로몬 제도, 마이크로네시아 등을 방문하고, 폴리네시아 지역과 구별되는 섬 그룹들을 지칭하기 위해, 말레이시아(Malaysia), 마이크로네시아(Micronesia), 멜라네시아 (Melanesia)라는 용어를 고안했다.

ⓒ 위키피디아

태평양 도서군의 지리적 특징과 기후

태평양 섬들의 배열을 보면 호주 및 파푸아뉴기니와 가까운 멜라네시아 지역 섬들은 비교적 육지가 넓고 지형이 다양하며, 조산운동으로 형성된 산맥이나 계곡이 많다. 또한 이 지역의 파푸아뉴기니, 부겐빌 섬 등에는 풍부한 광물자원이 매장되어 있다.

동쪽으로 가면 섬들의 기원이나 형태가 서서히 달라진다. 솔로몬 제도를 끝으로 동쪽을 향하면 섬들이 훨씬 드문드문해지고 육지면적도 좁아진다. 이 섬들은 대부분 과거의 화산 주변에 형성된 환초섬이거나 순수한 환초섬들로 해발고도가 낮고 육지면적도 좁다. 멜라네시아 지역에 있는 것과 같은 산맥, 계곡 등의 다양한 지형도 존재하지 않으며 동식물 등 생물종 숫자도 서서히 줄어든다.

적도태평양 지역의 기후 패턴은 전 지구적인 대기 순환의 영향을 받는다. 여기서 중요한 점은 태평양 지역에서는 바람이 대부분 동쪽에서 불어온다는 것이다. 적도 지역에서 따뜻한 공기가 상승하면 찬 바람이 적도 북위 또는 남위 지역에서 적도 지역으로 유입된다. 북위 30도~남위 30도 사이의 구역에서 이 바람의 흐름은 지구자전에 따른 전향력(코리올리 효과)에 의해 동쪽에서 서쪽으로 꺾인다. 그 결과 태평양 지역의 주요 바람 패턴은 동에서 서로 향하게 된다. 북동무역풍과 남동무역풍 모두 동쪽에서 서쪽으로 불어온다.

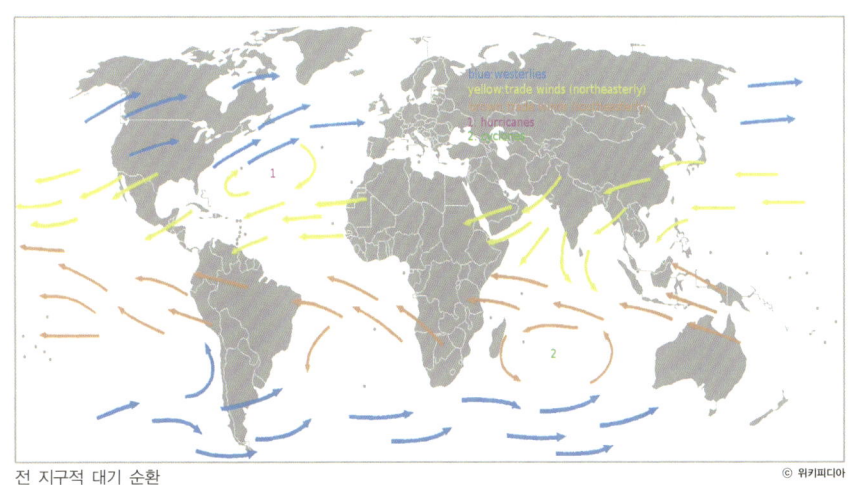
전 지구적 대기 순환　　　　　　　　　　　　　　　　© 위키피디아

　　다음 그림에서 보듯이 표층해류 역시 바람이 부는 방향을 따라 동쪽에서 서쪽으로 흐른다. 적도 이남의 태평양 도서국들은 남적도 해류(South Equatorial Current)의 영향을 받기 때문이다.

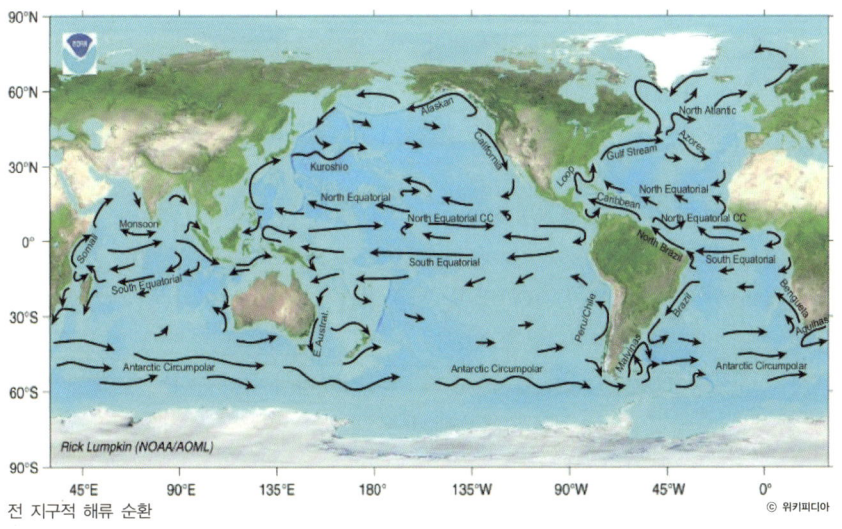
전 지구적 해류 순환　　　　　　　　　　　　　　　　© 위키피디아

03 인류의 이주 및 정착

태평양 지역의 초기 인류 정착사는 오랫동안 많은 사람의 흥미를 끌어 왔다. 특히 광활한 바다에 섬들이 드문드문 흩어져 있는 중앙폴리네시아와 동폴리네시아로의 이주는 오랫동안 학자들의 상상력을 자극해 왔다. 지금까지 어떤 사람들이 어느 시기에 어떤 방법으로 그 먼 섬들까지 건너갔을까? 그 섬들의 발견은 우연이었을까, 아니면 의도적 탐험의 결과였을까? 최초로 태평양으로 진출한 주민들은 동쪽에서 왔을까, 아니면 서쪽에서 왔을까? 다시 말해, 태평양 원주민들의 조상은 아메리카 출신이었을까, 아시아 출신이었을까? 이러한 질문은 지금까지 태평양 지역의 인류 정착사에서 핵심적인 쟁점이었으며 이에 대해서는 다양한 연구결과와 의견이 제안되었다. 이 장에서는 많은 사람이 폭넓게 받아들이고 있는 몇 가지 내용을 소개해 볼까 한다.

최초의 주민들 : 동서(東西) 논쟁

태평양 이주와 정착사(定着史)에서 태평양 주민들의 기원 문제는 오랫동안 논란이 되어 온 주제이다. 요약하면, 이들의 기원이 동쪽이냐 서쪽이냐 하는 문제이다. 어떤 학자들은 태평양 주민의 조상이 오늘날의 남중국 및 인도네시아에서 유래했다고 보고, 어떤 학자들은 남아메리카에서 유래했다고 보았다. 아시아 기원설은 태평양 주민들이 서쪽에서 유래하여 동쪽으로 진출했다고 보는 설이며, 아메리카 기원설은 이들이 동쪽에서 유래해 서쪽으로 진출했다고 보는 입장이다.

현재는 고고학 연구(특히 탄소동위원소 연구), 고대 태평양 언어 연구 등을 통해 태평양 주민들이 서쪽에서 기원했다는 설이 거의 정설로 받아들여지고 있다. 즉, 오늘날의 태평양 주민들의 조상은 현재의 남중국 및 동남아시아(인도네시아)에서 점차 중앙태평양 및 동태평양으로 진출했다는 것이다. 서태평양의 파푸아뉴기니, 솔로몬 제도 등에서는 약 3만~4만년 전의 선사유적이 발견되었지만, 동쪽으로 갈수록 발굴된 유물의 연대는 줄어든다. 동폴리네시아 지역의 타히티, 하와이 등지에서는 연대가 1,000년 이상인 유물이 아직 발견되지 않았다.

파푸아뉴기니 지역의 유적 연대(탄소동위원소)

위치(광역)	위치(세부)	탄소 측정 연대	출처
Papua New Guinea	Huon	40,000-60,000	Groube et al., 1986
	Kosipe	26,500-7,200	White et al., 1970
	Lachitu	35,360±1400	Gorecki et al., 1991
New Britain	Misisil	11,000	Sprecht et al., 1981
	Yombon	35,000	Pavlides, 1993
New Ireland	Matembek	20,000-18,000	Allen, 1996
	Matenkupkum	35,410±410	Gosdeny Robinson, 1991
Buka	Kilu	29,000-20,000	Wickler & Spriggs, 1988

초기 태평양 주민들이 아메리카 대륙에서 기원했다는 주장은 태평양 지역의 바람 및 해류의 방향과 관련이 있었다. 이 지역의 지배적인 바람 흐름이 동쪽에서 서쪽으로 불고 해류 역시 서쪽으로 흘러가므로 아메리카 대륙의 원주민들이 이 흐름에 몸을 맡기고 타히티, 이스터(Easter) 섬 등으로 이주했다는 것이다. 1947년에는 노르웨이 탐험가인 토르 헤위에르달(Thor Heyerdahl)이 태평양 주민들의 아메리카 기원설을 증명하기 위해 콘티키(Kon-Tiki)라는 이름의 뗏목을 만들어 태평양을 횡단하기도 했다. 그의 탐험대는 1947년 4월 28일 페루를 출발해 바람과 해류만 이용 101일 동안 약 6,980km를 항해하여 오늘날의 프랑스령 폴리네시아에 있는 투아모투 제도에 도착했다. 이 실험은 바람과 해류만 이용해 아메리카에서 동폴리네시아로의 항해가 가능하다는 점을 보여 주었고,

뗏목 콘티키
콘티키는 잉카 신화에 나오는 '태양의 신'으로, 토르 헤위에르달이 자신의 탐험용 뗏목에 붙인 이름이다.
사진은 1947년, 콘티키 탐험대가 페루 항을 떠날 때의 모습.

이는 과거에 이러한 이주가 가능했을 것이라는 점을 시사한다. 그렇지만 태평양 주민들의 동쪽 기원설은 현재 거의 폐기된 주장이다.

멜라네시아 국가들에서 발견된 유물의 탄소 연대 측정 결과는 서태평양 지역의 거주지 유적이 동태평양보다 훨씬 오래되었음을 알려 준다. 이는 초기 태평양 주민들이 서쪽에서 출발해 동쪽으로 진출했음을 시사한다. 그러나 거주지나 유물과 달리 고대 항해에 관련된 증거는 남아 있는 게 거의 없다. 또 초기 거주민들이 서쪽에서 기원하여 동쪽으로 진출했다면 이들은 바람을 거슬러 항해해야 한다. 19세기 학자들은 옛 원주민들이 그만한 항해술과 항해도구를 갖추었다는 데 대해 의심의 눈초리를 보냈다.

그러나 이들의 항해술과 항해도구가 결코 허술한 것은 아니었다. 오늘날

태평양에서 널리 쓰이고 있는 카누는 두 종류인데, 하나는 카누 2개를 연결시킨 쌍발식 카누(double sailing canoe)이고, 다른 하나는 카누 하나에 옆으로 길게 뻗은 지지대(outrigger)를 부착한 아웃트리거 카누(Outrigger canoe)이다. 보기에는 허름해 보이지만 항해 시 이 카누들의 안정성은 오늘날의 쌍동선(catamaran)만큼이나 뛰어나다는 사실이 확인된 바 있다.

항해술과 관련해서는 태평양 지역에 대한 기후 연구, 컴퓨터 시뮬레이션 연구, 태평양으로 진출하는 항해통로(voyaging corridor)상에 있는 여러 섬에서의 상호적 가시거리(intervisibility) 연구 등이 행해졌는데 이 여러 연구에서 바람을 거슬러 충분히 항해가 가능하다는 것이 증명되었다. 또 바람을 거슬러 항해하는 것이 바람을 받고 항해하는 것보다 훨씬 안전하다는 사실도 밝혀졌다. 아울러 태평양에서 행해진 여러 인류학적 연구에서 현재 서태평양과 중앙태평양 지역에 살고 있는 주민들의 항해술이 결코 원시적이거나 비효율적인 것이 아니라는 점이 밝혀졌다.

유물 연대나 언어학적 설명 외에도 항해학적으로도 최초의 태평양 주민들이 바람을 거슬러 동진(東進)했다는 설명이 가능하다. 바람을 거슬러 항해한 가장 큰 이유는 '안전' 때문인 것으로 보인다. 즉, 퇴각의 편의성 때문이었다. 길을 잃거나 난파하지 않고 생존율을 높이기 위해서는 혹시라도 항해가 어려워질 경우 다시 되돌아올 수 있어야 했다. 이때 바람을 거슬러 가다 상황이 여의치 않아 다시 돌아오는 것은 별 문제가 되지 않았다. 바람에 배를 맡기고 왔던 길로 돌아오면 되기 때문이다.

하지만 바람을 뒤에서 받고 항해하다가 바람을 거슬러 원래 있던 섬으로 돌아오는 것은 쉽지 않았다. 바람을 거슬러 항해하려면 모든 배는 지그재그로 항행해야 한다. 즉, 바람을 정면으로 마주 보면서는 갈 수 없고, 바람을 측면으로 흘려보내면서 지그재그로 전진해야 앞으로 갈 수 있다. 따라서 맞바람을 맞고 다시 돌아오다가는 지그재그식 항행 때문에 원래 섬을 찾지 못할 확률이 높았다.

초기 태평양 주민들은 이렇게 바람을 거슬러 전진하다가 상황이 여의치 않으면 오던 대로 다시 되돌아가는 식의 위도 항해(latitude sailing)를 했던 것으로 추정된다. 즉, 초기 태평양 주민들은 적도를 중심으로 북위, 남위 30도

이내의 비교적 제한된 위도 영역에서, 동서 방향으로만 왔다 갔다 하면서 항해를 했던 것이다. 인류의 항해 역사를 보면, 특정 위치의 위도(latitude)는 해와 달, 천체 등의 관찰을 통해 대략적이나마 쉽게 알 수 있었다. 그러나 경도(longitude)의 관측은 훨씬 어려워서 18세기가 되어서야 과학적으로 관측이 가능해진다.

이러한 위도항해의 경우 바람을 거슬러 갔다가 되돌아오는 편이 바람을 받으며 항해했다가 바람을 거슬러 돌아오는 것보다는 훨씬 안전하고 쉬웠다.

태평양을 향한 동진(東進)

태평양 지역으로의 인류 이주 역사는 '태평양을 향한 동진'으로 요약할 수 있다.

약 5백만~2백만년 전 사이에, 동아프리카에서 현생 인류의 조상들이 출현했다. 이들은 약 2백만~1백만년 경에(아직 이 연대에 대해서는 의견이 분분하다) 아시아 지역으로 이주해 오늘날의 중국 및 인도네시아 자바 섬에 정착했다. 그 후 약 6만년~3만 5천년전 사이에 이들은 당시에는 육지로 노출되어 있던 인도네시아 동부 해안을 건너 뉴기니 섬과 호주 대륙으로 들어갔다. 이들이 오늘날 태평양 원주민들의 조상인 오스트로네시아인들이다. 동남아시아를 거쳐 인도네시아 및 뉴기니 섬, 호주에 정착한 오스트로네시아인들은 계속해서 동진하며 오늘날의 태평양 섬들에 정착한 것이다.

파푸아뉴기니 지역만 따로 놓고 보면, 방사성 동위원소 검사 결과, 파푸아뉴기니 해안에는 최소한 3만 5천년 전에 사람이 거주한 흔적이 발견되었다. 그리고 하이랜즈(Highlands)라 불리는 파푸아뉴기니 내륙 지역에는 약 3만년 전부터 주민들이 살기 시작했다.

파푸아뉴기니 동부로 눈을 돌리면, 약 3만 5천년 전에 인류는 파푸아뉴기니 본토 동쪽의 비스마르크(Bismark) 제도(뉴브리튼 섬, 뉴아일랜드 섬 등)로 건너갔고, 약 3만년 전에는 오늘날의 솔로몬 제도에 정착한 것으로 추정된다. 솔로몬 제도 바로 옆에 붙어 있는 부카(Buka) 섬(현재는 파푸아뉴기니령)에서는 약 3만년 전의 유적이 발견되기 때문이다. 그리고 파푸아뉴기니 북부의 마누스 섬(Manus island)으로는 약 1만 4천년 전에 이주가 이루어졌던 것으로 보인다. 태평양 지역에서의 인류 이주 및 정착의 역사는 크게 세 단계로 나뉜다.

인류의 태평양 정착사

1기(4만년~3만 5천년 전)	최초의 원주민들이 오늘날의 뉴기니 섬, 호주에 정착. 파푸아뉴기니 섬 근해와 솔로몬 제도까지 진출.
2기(3,500년~2,000년 전)	오늘날의 동부 멜라네시아 지역(바누아투, 뉴칼레도니아 등)과 서폴리네시아 (피지, 통가, 사모아) 지역까지 진출.
3기(1,500~500년 전)	동폴리네시아(하와이, 타히티, 쿡 제도, 이스터 섬 등) 지역으로 진출. 뉴질랜드 지역으로의 이주도 이 시기에 일어남.

제1기 : '항해통로'의 시기(4만년~3만 5천년 전)

태평양 이주 역사에서의 제1기는 약 4만~3만 5천년 전이다. 이 시기에 인류는 오늘날의 파푸아뉴기니 연안, 호주 대륙에 정착했다. 그 후 이 선사인들은 '항해통로'¹⁾라 불리는 지역(그림의 파란색 네모)까지 진출했다. 이들은 여기서 동태평양 지역으로 더 전진하지 못하고 거의 3만년 정도를 머물렀다. 솔로몬 제도 동쪽, 즉 '항해통로' 바깥으로는 섬들이 더 이상 육안에 들어오지 않고, 넓은 바다에 드문드문 흩어져 있는 본격적인 태평양이 펼쳐졌기 때문이다.

학자들은 초기 태평양 주민들이 거의 3만년 동안 이 지역에 머무르며 태평양을 횡단할 수 있을 만큼의 항해기술과 항해도구를 발전시킨 것으로 추정하고 있다. 이 안전한 근해에서 항해경험과 기술을 쌓고 나서 먼 대양으로 진출했다는 것이다. 이 '항해통로' 지역은 비교적 이주가 쉬웠을 뿐 아니라, 태평양인들이 광활한 중앙태평양으로 진출하기 위해 항해기술과 항해도구를 연마하는 일종의 '항해 교육장(Voyaging Nursery)' 역할을 했다고 평가받는다. 이 지역 너머로는 거대한 진짜 대양이 펼쳐지는데, 거기서는 더 이상 섬들을 육안으로 볼 수 없고, 추측항법(dead-reckoning)에 의지해 항해해야 했다. 또 쉽게 돌아올 수 있는 가까운 섬도 더 이상 존재하지 않았다.

---

1) 뉴질랜드의 탐험가, 고고학자인 제프리 어윈(Geoffrey Irwin)이 제안한 명칭. 파푸아뉴기니, 비스마르크 제도, 솔로몬 제도 등이 포함된 지역으로, 이 지역에서는 섬들이 비교적 가깝고 육안 식별이 가능해 상대적으로 항해가 수월했을 것으로 추정된다. 또한 6만~3만년 전의 빙하기에는 해수면이 지금보다 낮아 육로로 이어진 섬도 훨씬 많았을 것이다.

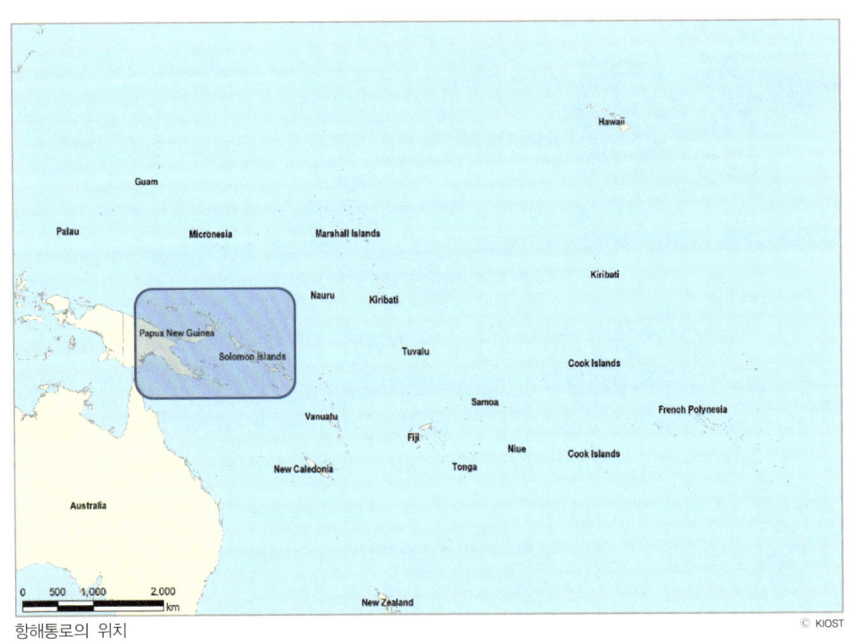

항해통로의 위치

제2기 : 라피타 문화(Lapita Culture)의 등장 및 서폴리네시아로의 진출 (3,500~2,000년 전)

오늘날의 파푸아뉴기니 동부 해안, 비스마르크 제도, 솔로몬 제도 서부 등을 총칭하는 '항해통로' 지역에서 인류는 3만년이 넘게 머물렀다. 이 지역의 섬들은 대체로 상호 식별이 쉬웠다. 특정한 2개의 섬이 있다면, 서로 상대 섬을 육안으로 관측할 수 있었다. 그래서 새로운 섬을 발견하는 것도, 위험에 처했을 경우 다시 고향 섬으로 돌아오는 것도 상대적으로 쉬웠다.

기원전 1,500년경 원주민들은 '항해통로' 구역을 떠나 서폴리네시아로 진출하기 시작한다. 이러한 이주가 밝혀진 것은 20세기 중반부터 본격적으로 발굴되기 시작한 '라피타 도기(Lapita Pottery)'라는 고고학적 유물 덕분이었다. 이 라피타 유적은 서쪽으로는 파푸아뉴기니 동부 해안에서부터 동쪽으로는 서폴리네시아의 피지, 사모아에 이르는 광범위한 지역에서 발굴되었다. 그리고 거기서 발굴된 유적과 도기에 일종의 연관성이 있다는 것이 밝혀지면서 '라피타 문화'라는 개념이 확립되었다. 이 문화가 대략 기원전 1,500년~기원후 0년 사이에 태평양 전역으로 퍼져 나갔으며, 이는 주민들의 이주 및 항해를 뒷받침하는 증거가 되었다.

　로저 그린(Roger Green) 등의 학자에 따르면 이 시기에 동쪽으로의 대규모 이주를 가능하게 한 요인은 크게 두 가지이다. 하나는 원양 항해를 가능하게 한 카누의 발전(아웃트리거 카누나 쌍발식 카누)이고, 다른 하나는 영양분이 풍부할 뿐만 아니라 배에 싣고 오래 저장할 수 있는 새로운 구근류, 열매류가 동남아시아에서 파푸아뉴기니로 유입되었다는 것이었다. 또한 단순히 도기류뿐만 아니라, 각종 항해도구나 기술, 장식 등도 발전했다.

　여기서 인상적인 사실은 라피타 문화가 등장하자마자 매우 빠른 시간 안에 폭발적으로 팽창했다는 것이다. 현재 가장 오래된 라피타 도기 유적은 파푸아뉴기니 동부 해안의 비스마르크 제도에서 발견된다. 이들의 연대는 대략 기원전 1,500년 정도의 것이다. 그런데 서폴리네시아의 피지, 사모아 등에서 발견되는 가장 오래된 라피타 유적의 연대는 대략 기원전 1,000년경의 것이다. 즉, 처음 라피타 문화가 출현하고 500년 사이에 이것이 서폴리네시아로 전파되었다는 뜻이다. 500년이란 기간은 사람의 일생으로 보면 약 20세대 정도가 거칠 수 있는데, 이 기간에 항해 및 이주가 대단히 빨리 이루어졌음을 보여 준다.

　라피타 도기의 기원이 어디인가 하는 점에 대해서도 오랜 논란이 있었다. 큰 2개의 흐름은 이 문화가 최초로 출현한 지역이 ① 파푸아뉴기니 동부 해안(비스마르크 제도)을 포함한 멜라네시아, 또는 ② 동남아시아라는 의견이었다. 이것은 폴리네시아인들의 기원이 멜라네시아인이냐, 동남아시아인이냐 하는 문제와도 관련이 있었는데, 학자들은 언어학적·유전학적·고고학적 증거들을 들며 한쪽을 지지했지만 아직 라피타 문화의 기원지('homeland')가 어디인지는 정확히 밝혀지지 않았다. 다만 더 발전된 경작기술, 축산기술, 도구 등을 가진 사람들이 동남아시아에서 비스마르크 제도로 왔고, 이것이 라피타 문화의 기원이 되었다는 설이 더 폭넓은 지지를 받고 있다.

라피타 문화란?

라피타 유적의 발굴지 © KIOST

라피타 문화의 존재는 정교한 '라피타 도기'들이 발굴되면서 처음으로 알려졌다. 지역과 시대에 따라 조금씩 다르지만 라피타 도기들은 대부분 문신용 바늘처럼 작고 뾰족한 도구로 작업한 것처럼 정교한 문양을 갖추고 있다. 또 도기에는 얇은 점토를 발랐는데 보통 붉은색 점토를 주변에 바르고, 그 사이에 찰흙이나 석회질로 된 하얀 문양을 상감해 넣은 것이 특징이다.

이 도기는 1909년 파푸아뉴기니 북동부 뉴브리튼(New Britain) 섬 근처의 와톰(Watom) 섬에서 가톨릭 사제를 지낸 메이어 주교(Father Meyer)에 의하여 처음으로 보고되었다. 1917년에는 뉴칼레도니아의 라피타(Lapita) 지역에서 더 많은 도기가 발굴되었다(현재 라피타라는 이름도 이곳 지명을 딴 것이다). 그러다 1948년 뉴칼레도니아의 파인스(Pines) 섬에서 비슷한 도기들이 발견되면서 이 도기들 사이에 연관성이 있다는 사실이 밝혀졌다. 이후 1952년 글리포드(Glifford) 및 셔틀러(Shuttler)와 같은 고고학자들이 뉴칼레도니아에서 발굴작업을 벌였고, 이것이 1920~1921, 통가에서 수집된 도자기들과 비슷하다는 사실이 확인되면서 '라피타 양식'이라는 도자기 양식이 태평양 전역에 퍼져 있었다는 내용이 처음으로 확립되었다. 이 도기가 널리 퍼져 있던 시기는 대략 기원전 1,500~500년 사이로 추정되며, 18세기에 서양 선교사들이 태평양을 방문했을 무렵에는 라피타 도기의 명맥이 거의 끊겨 있었다.

현재 라피타 유물들은 서쪽으로는 파푸아뉴기니 마누스 섬과 비스마르크 제도부터 동쪽의 사모아 통가에서까지 발견된다. 현재 이러한 라피타 문화의 전파와 오스트로네시아 언어의 전파 사이에 긴밀한 연관성이 있다는 사실은 학계에서 널리 인정받고 있다. 오늘날 폴리네시아 언어는 라피타 문화가 동쪽으로 전파되면서 형성된 것으로 추정하고 있다.

라피타 문화는 정교하고 아름다운 도기뿐 아니라, 태평양 지역에서 발전된 농경문화의 증거도 보여 준다. 라피타 유적지에서는 경작용 텃밭 또는 작물을 길렀을 것으로 추정되는 토지구역이 발견되었다. 이 외에도 태평양에서 가축화된 세 가지 동물, 즉 돼지, 개, 닭의 흔적이 발견되어 태평양 지역에서 최초로 가축을 기른 사실을 알려 준다. 또 돌로 만든 손도끼, 조개껍데기 장식, 고리, 원반형 유물 등이 발견되었고, 파푸아뉴기니의 뉴 브리튼 섬과 어드미럴티 제도(Admiralty islands)에서만 발견되는 검은 흑요석이 라피타 문화권 전역에서 발견되었다. 이러한 것이 과거 인류의 이주 및 정착역사를 보여 주는 광대한 라피타 문화권의 증거가 되고 있다.

바누아투에서 발견된 라피타 도기 (포트빌라 박물관 소장) © 위키피디아

제3기 : 동폴리네시아 및 뉴질랜드로의 진출(1,500~500년 전)

솔로몬 제도, 바누아투 등이 속한 멜라네시아와 피지, 통가, 사모아가 있는 서폴리네시아를 지나 동쪽으로 가면 광대한 동폴리네시아가 펼쳐져 있다. 서폴리네시아에서 동쪽으로 가면 현재 프랑스령 폴리네시아인 소시에테 제도(Society Islands)와 이스터 섬 등이 있고, 북쪽으로 가면 하와이, 남서쪽으로 가면 뉴질랜드가 나온다. 이 섬들은 전부 제3기에 발견된 것으로 추정된다. 동폴리네시아로의 이주 시기나 각 섬들의 정착 순서에 대해서는 논란이 많지만, 동폴리네시아의 최초 거주민들이 서폴리네시아에서 왔다는 것만큼은 의심의 여지가 없어 보인다.

동폴리네시아의 정착과 관련된 학계의 중요한 세 가지 쟁점은 다음과 같다.

서폴리네시아 정착과 동폴리네시아 정착 사이에 긴 휴지기('long pause')가 존재했는가?
동폴리네시아 어딘가에 최초의 주민들이 모였다가 퍼져 나간 집결지('homeland')가 있었는가?
동폴리네시아 정착의 순서와 시기는 어떻게 되는가?

지금까지의 전통적인 학계 주장에 따르면 ① 서폴리네시아 정착과 동폴리네시아 정착 사이에는 약 1,000년 정도의 긴 휴지기가 존재했고, ② 오늘날의 프랑스령 폴리네시아에 속하는 마르키즈 제도(Marquesas Islands)에 인류가 처음 정착하여 이 섬들을 향후 하와이, 이스터 섬, 소시에테 제도 등으로 진출하는 요충지로 삼았으며, ③ 대략 기원후 300~800년 사이에 마르키즈 제도−이스터 섬−하와이 섬−소시에테 제도−뉴질랜드의 순으로 정착이 이루어졌다.

이 주장들 속에는 문화란 특정한 문화 중심지(culture center)에서 주변부로 동심원을 그리듯 퍼져 나간다는 문화 전파주의(Diffusionism)적 시각이 깔려 있다. 특정 문화권에서 핵(core)이 되는 지역을 상정하고, 그곳에서 문화가 형성된 다음 주변으로 퍼져 나갔다고 보는 것이다. 이러한 전통적 주장들은 고고학적 유물(라피타), 탄소동위원소 연대측정, 언어학적 증거 등에 의해 뒷받침되었다.

그러나 최근에는 이러한 견해들과 달리 서폴리네시아와 동폴리네시아의 정착 시기가 그렇게 분리되어 있지 않았으며, 또 뚜렷한 문화 중심이 존재하지 않았을지도 모른다는 주장이 제기되고 있다.

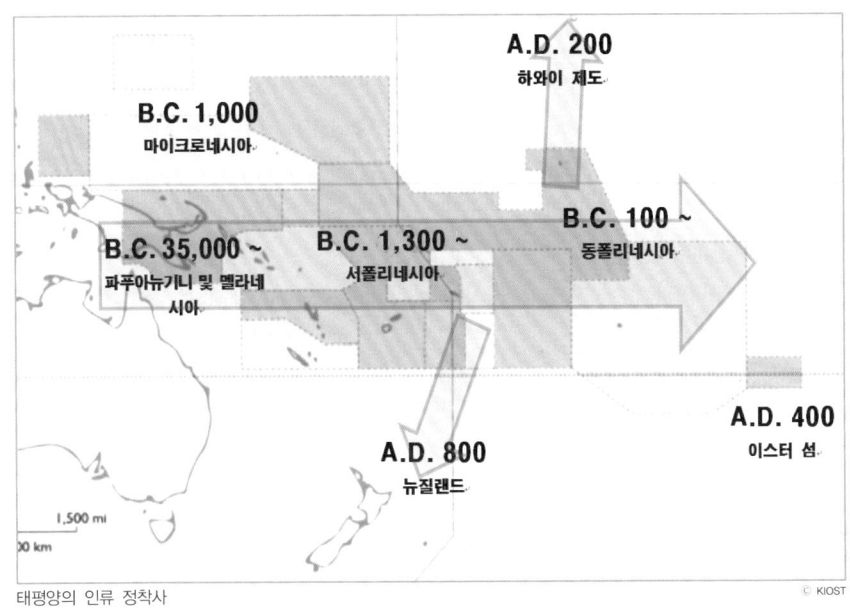

태평양의 인류 정착사

    동폴리네시아-서폴리네시아 정착 사이의 불연속에 대한 전통적인 증거는 라피타 유적이다. 동쪽으로 갈수록 라피타 도기의 연대가 점점 늦어지기 때문이다. 그러나 여기에 대해서는 최초 주민들의 동쪽으로의 이주는 계속되었지만 다만 동폴리네시아로 갈수록 점토의 질이 나빠지자 도기를 예전처럼 왕성하게 만들지 않았으리라는 반박이 제기되었다. 지대가 낮은 환초섬에서는 양질의 점토가 생산되지 않기 때문이다.

    이 외에도 동폴리네시아 지역에서의 발굴 조사가 체계적으로 진행되지 않은 측면과 태평양판의 운동으로 인한 유적의 침수 가능성도 제기되었다. 태평양판이 호주판 아래로 섭입되는 통가 해구 너머(동쪽)로 가면서 라피타 유적이 전혀 발견되지 않는 것은 지질운동때문에 유적이 보존될 수 없기 때문이라는 것이다. 여기에 지대가 낮은 환초섬이라는 환경이 더해져 밖으로 드러난 유적이 없다는 설명이다. 또 최근의 유적 발굴 및 탄소동위원소 연대 측정 결과를 보면, 서폴리네시아와 동폴리네시아 유적 간의 연대 차이가 점점 좁혀지고 있다.

지금까지의 탄소동위원소 연대 측정 결과를 요약하면, 최소한 기원전 100년 경에는 인류가 동폴리네시아로 진출했던 것으로 보인다. 현재는 마르키즈 제도에서 가장 오래된 유물 증거가 발견되었지만, 향후 쿡 제도(Cook islands), 소시에테 제도, 투아모투 제도 등에서 더 오래된 증거가 발견될 가능성이 있다. 특히 위치 상으로 보면 쿡 제도가 사실상 가장 최초로 발견된 섬일 가능성도 있다.

동폴리네시아 정착 역사는 인류가 태평양에서 바람이 불어오는 방향(동쪽)으로 항해했고, 이에 따라 순차적으로 정착했다는 기본 패턴을 그대로 보여준다. 피지, 사모아, 통가 등의 서폴리네시아에서 동쪽의 소시에테 제도, 이스터 섬 등으로 진출한 것이다.

그렇지만 동폴리네시아의 정착 역사에서는 매우 흥미로운 예외적인 것도 있다. 북쪽의 하와이 제도와 남쪽의 뉴질랜드가 그것이다. 이를 보면, 인류가 태평양 섬들을 발견하고 정착한 순서가 지리적 근접성 또는 접근의 용이성과 완벽하게 맞아떨어지지는 않음을 알 수 있다.

뉴질랜드는 라피타 문화의 기원지에서 동폴리네시아 지역보다 훨씬 가까이 있지만, 현재 밝혀진 바에 의하면 동폴리네시아 지역보다 약 1,000년 후에 인류가 이주했다. 또한 하와이는 동폴리네시아 가장 끝쪽의 이스터 섬보다 2,000마일이나 가까운 위치에 있지만 두 섬은 모두 서기 400년경이라는 비슷한 시기에 발견되었다.

하와이와 뉴질랜드 중 먼저 발견된 것은 하와이인데 대략 기원후 300~400년 경에 인류가 이주한 것으로 보인다. 바람 부는 방향으로 거슬러 항해하는 기존의 위도항해와 달리, 하와이로 가기 위해서는 적도의 남동무역풍 지대를 벗어나 적도무풍대와 북동무역풍 지대를 통과해 북쪽으로 항해해야 했다. 하와이는 적도에서 북위 약 20도 지점에 위치해 있다.

뉴질랜드로의 항해는 더 어려웠는데, 뉴질랜드 최북단의 위도가 남위 34도이기 때문에 적도로부터 남쪽으로 상당한 거리를 항해해야 했다. 또 맞바람이 아니라 뒷바람을 타고 항해했기 때문에 훨씬 더 위험했다. 전형적인 뉴질랜드 근처의 기압분포를 보면, 뉴질랜드 서쪽과 동쪽에 고기압이 형성되어 있고 뉴질랜드 위에 저기압이 형성되어 서풍과 북풍이 강하게 분다. 그리고 쿡 제도나 소시에테 제도 같은 동폴리네시아에서 뉴질랜드 사이의 약 650km 정도의 공간에는 사람이 정박할 수 있는 섬이 하나도 없다. 따라서 뉴질랜드는 라피타 문화의 기원지에서 훨씬 가까운데도 이주가 제일 늦었으며, 약 서기 800년경에 인류가 최초로 정착한 것으로 보인다. 오늘날의 피지, 통가, 쿡 제도 남부에 살았던 주민들이 뉴질랜드로 이주한 것으로 보이지만 동폴리네시아 지역의 주민들이 뉴질랜드로 이주했을 가능성도 있다.

    태평양의 인류 정착사는 바람을 거슬러 가는 '동진'이라는 말로 요약할 수 있다. 동남아시아에서 뉴기니 섬 및 호주 대륙에 정착한 초기 태평양 주민들은 약 3만년이라는 긴 시간에 걸쳐 단계적으로 적도 지역의 무역풍(동쪽에서 서쪽으로 부는)을 거슬러 동태평양으로 진출했다. 이러한 동진은 비교적 제한된 위도구역 내에서 이루어졌고, 서기 400년경에는 태평양 동쪽 끝의 이스터 섬에도 사람들이 도착했다. 이러한 동진 패턴에서 벗어나는 예외적인 것이 두 가지 있는데, 하나는 하와이 제도로의 북진이고, 다른 하나는 뉴질랜드로의 남진이다. 이는 적도 지역을 벗어난 고위도(대략 하와이는 북위 20도, 뉴질랜드는 남위 34도 부근에 위치함)로의 항해이기 때문에 더 발전된 항해기술과 항해도구가 필요했다.

마이크로네시아의 역사

고 대[2]

마이크로네시아의 선사시대 역사는 거의 알려지지 않았다. 이 지역의 가장 오래된 거주지 유적은 남부 마리아나 제도(사이판)에서 발견된 것으로, 대략 기원전 1600년경의 것이다. 지금까지 연구된 바에 의하면 마이크로네시아 지역으로의 이주는 두 방향에서 이루어졌던 것 같다. 하나는 남쪽에서 북쪽으로의 이주이고, 다른 하나는 서쪽에서 동쪽으로의 이주이다.

마이크로네시아 지역 동부에 속하는 마이크로네시아 축(Chuuk) 주, 폰페이(Phonpei) 주, 코스레(Kosrae) 주와 마셜 제도 등은 남쪽에 살던 주민들(솔로몬 제도 남동부나, 바누아투 북부)이 북쪽으로 항해해 정착한 것으로 추정된다. 반면 마이크로네시아 지역 서부에 속하는 팔라우, 얍(Yap) 주 등은 서쪽에 살던 주민들(동남아시아나 인도네시아 등)이 동쪽으로 항해해 정착한 것으로 추정된다.

오늘날 마이크로네시아 연방국에 속한 얍 주, 축 주, 폰페이 주, 코스레 주에서 발견된 고고학적 유물에 따르면, 이 지역은 최소한 2,000년 전부터 사람이 살았던 것으로 추정된다. 얍 주에서는 늪지대의 진흙 코어 분석(고기후 분석)을 통해 약 기원전 1300년경에 대규모 화재로 이 지역의 숲이 감소했음이

---

2) J. R. Dodson, M. Intoh, Prehistory and palaeoecology of Yap, federated states of Micronesia, Quaternary International 59(1999), 17~26.

확인되었지만 이것이 인간활동에 의한 것인지는 아직 알 수 없는 상황이다.

현재로서는 약 2,000년 전인 기원후 0~500년 사이에 오늘날의 마이크로네시아 연방국을 이루는 여러 섬에 인류가 정착해 살기 시작한 것으로 보인다.

유럽인들의 출현

마이크로네시아를 방문한 것으로 알려진 최초의 유럽인은 유명한 항해자 마젤란(Ferdinand Magellan)이다. 마젤란은 1521년 오늘날의 마리아나 제도와 괌에 도착했다. 당시 마젤란 함대의 연대기 작가였던 안토니오 피가페타(Antonio Pigafetta)는 당시 이곳의 차모로 주민들(Chamorro people)이 외부인에 대해 완벽하게 무지한 것 같다고 기록했다. 그렇지만 동일한 마젤란의 항해에 관한 포르투갈인의 기록에 따르면 차모로 주민들이 "아무런 부끄러움 없이, 친한 사람한테 하듯이" 선원들에게 인사를 했다고 한다. 따라서 마젤란의 방문 이전에도 외부인과 접촉했을 가능성이 있다.

기록에 따르면 1525년에는 포르투갈 탐험가인 디오고 다 호차(Diogo da Rocha)가 캐롤라인 섬들을 발견하고, 얍 주의 울리시 섬 등에 상륙했을 것으로 추정된다. 1529년에는 스페인 탐험가 알바로 데 사베드라(Alvaro de Saavedra)가 처음으로 마셜 제도를 방문했던 것으로 보인다.

식민통치

20세기 말까지 마이크로네시아 연방국은 여러 국가의 식민통치를 겪었다. 스페인, 독일, 일본, 미국 순으로 각각 마이크로네시아 연방국을 식민지로 삼았다. 이제 각각의 역사를 살펴보기로 하자.

스페인

제일 먼저 마이크로네시아를 자국 영토로 선언한 나라는 스페인이었다. 17세기 초 스페인은 괌, 북마리아나 제도, 캐롤라인 제도(오늘날의 마이크로네시아 연방국과 팔라우 공화국)를 자국령으로 선포했다. 이 지역이 바로 스페인령 동인도(Spanish East Indies)로 스페인령 필리핀의 감독 및 지배를 받았다.

19세기 초에 영국과 미국의 선교사협회에서 폴리네시아 지역에 최초로 선교사들를 파견했다. 그 후 하와이 선교사협회가 설립되고, 마이크로네시아 지역으로 선교사가 파견되었다. 당시 마이크로네시아의 지역 종교는 크게 발달하지 않았기 때문에 선교활동에 큰 반대나 어려움은 없었다. 이는 멜라네시아 지역과는 대조되는 것으로 멜라네시아에서는 선교사들이 19세기 말(또는 20세기 초)이 되어서야 죽임을 당할 거라는 두려움 없이 멜라네시아 지역으로 진출할 수 있었다. 그만큼 주민들의 개종이 늦었던 것이다.

독 일

1898년 4월부터 8월까지 스페인과 미국 사이에 전쟁[3]이 발발했다. 이 전쟁은 필리핀, 괌, 쿠바, 푸에르토리코 등에서 일어났는데 당시 스페인이 식민지로 삼고 있던 쿠바의 독립전쟁에 미국이 개입했기 때문이었다.

19세기에 쿠바에서는 스페인의 식민통치에 반대한 폭동이 있었다. 그러다 1890년경 미국에서는 스페인의 쿠바 식민통치에 반대하는 여론이 조성되었고, 마침 쿠바의 하바나 항에서 미국의 해군 함대인 마인(Maine)호가 알 수 없는 이유로 폭발해서 침몰하여 266명의 선원이 사망하는 사건이 벌어졌다. 여기에 분노한 미국의 정치인과 산업가들은 당시 미국의 윌리엄 매킨리(William McKinley) 대통령에게 압력을 가해 스페인과의 전쟁을 치러야 한다고 주장했다. 매킨리 대통령은 이를 원하지 않았지만, 결국 여론에 밀려 스페인 측에 쿠바에 대한 식민통치권을 포기하라는 최후통첩을 보냈다. 스페인은 여기에 반대해 전쟁을 선포했고 미국도 전쟁으로 응수했다.

약 3.5개월간 처러진 이 전쟁의 명분은 쿠바의 독립이었지만, 전쟁은 카리브해와 태평양의 스페인령 식민지에서 벌어졌고, 스페인의 패배로 끝이 났다. 쿠바에서 스페인군은 이미 쿠바 독립운동군(반란군)들의 공격으로 약해져 있었고, 여기에 막강한 미국 해군이 가세했다. 스페인 보병들의 활약은 매우 뛰어났던 것으로 알려져 있지만, 미국인, 필리핀인, 쿠바인 등 수적으로 훨씬 많은 병력이 스페인을 압도했다. 결국 이들은 쿠바의 산티아고와 마닐라에서 스페인을 무찔렀고 2대의 스페인 함대를 침몰시켰다.

---
3) Spanish-American War, Wikipedia, http://en.wikipedia.org/wiki/Spanish%E2%80%93American_War

침몰한 미국 함대 마인호. 마인호의 폭발은 스페인-미국 전쟁을 촉발시킨 계기가 되었다. ⓒ 위키피디아

그 결과 스페인은 항복했고 1898년 파리 조약(Treaty of Paris)이 체결되었다. 이 조약에 따라 스페인은 미국의 잠정적인 쿠바 지배를 허용했으며, 푸에르토리코, 괌, 필리핀 제도에 대한 식민통치권을 미국에 무기한 양도했다.

스페인-미국 전쟁에서 패하면서 스페인은 많은 해외 식민지를 잃게 되었다. 쿠바는 독립국이 되고, 미국은 스페인 식민지였던 푸에르토리코, 필리핀, 괌을 자국 식민지로 넘겨받았다. 당시 스페인에게 남아 있던 해외식민지는 몇몇 아프리카 국가와 '스페인 동인도령'의 일부였던 넓은 바다에 흩어져 있는 6,000여 개의 작은 섬(마이크로네시아 지역)이었다. 이곳 섬들은 작고 인구도 많지 않았으며, 실용성 측면에서도 큰 가치가 없었다. 또 스페인 식민정부의 행정중심지였던 마닐라가 함락되고, 2척의 스페인 함대가 파괴되면서 이 지역을 통치하거나 관리하는 것도 어려워졌다. 그래서 스페인 정부는 이 지역에 대한 지배권을 팔기로 결정했다. 결국 스페인은 관심을 보이며 접근한 독일에게 이 지역을 팔았고, 그 결과 스페인-독일 조약(1899)이 맺어졌다.

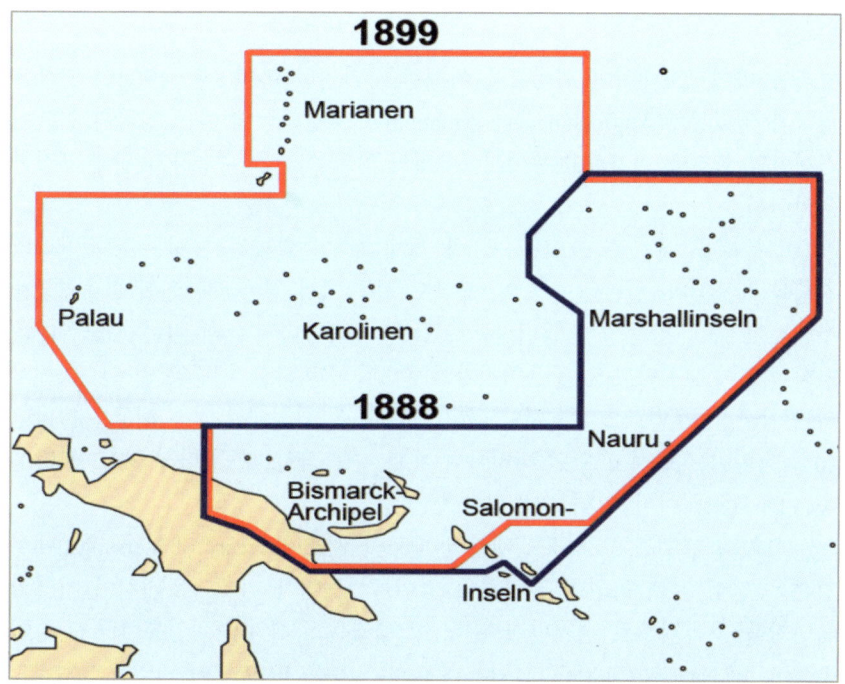

1899년의 스페인-독일 조약 체결 이후의 마이크로네시아(연도별 독일령 범위). 스페인-독일 조약을 계기로 스페인의 마이크로네시아 지배는 끝이 났다. 스페인은 17세기 초부터 1899년까지 마이크로네시아를 식민지로 두었다. ⓒ 위키피디아

    1899년 2월 12일 스페인 수상이었던 프란시스코 실벨라(Francisco Silvela)는 스페인-독일 조약에 서명하고, 당시 스페인령이었던 캐롤라인 제도, 북마리아나 제도를 2,500만 페세타(과거 스페인의 화폐단위)에 독일 측에 판매했다. 이 지역은 그 후 독일 뉴기니령의 일부가 되었다. 독일은 특히 제1차 세계대전 이전까지 마이크로네시아 연방국의 얍 섬을 주요 해군통신 및 케이블 전신 기지로 사용했다.

일본

그다음 마이크로네시아 연방국을 지배한 국가는 일본이었다. 1902년 일본은 영국과 영일동맹(Anglo-Japanese Alliance)을 체결하는데 이는 영국과 일본이 러시아의 확장을 저지하고 동아시아에서의 양국 이권을 수호하기 위해 체결한 조약이다.

이 동맹을 계기로 1914년 제1차 세계대전이 발발하자 일본은 독일과의 전쟁을 선포했다. 일본은 중국의 '칭다오 전투'에서 영국군과 연합해 독일군을 무찌르고 중국 산동성에 있던 독일인들을 붙잡았다. 그 후 일본 해군함대는 당시 독일이 보유하고 있던 동아시아의 함대를 공격하고, 태평양 및 인도양에서의 연합군 측 무역로를 보호하기 위해 애썼다. 이 과정에서 일본 해군은 1914년 10월 독일이 점유하고 있던 마리아나 제도, 캐롤라인 제도, 마셜 제도, 팔라우 등 마이크로네시아 지역을 무력으로 점령했다.

제1차 세계대전이 끝나고 체결된 베르사유 조약(Treaty of Versailles)에서 일본은 전쟁 전에 독일이 점령하고 있던 적도 이북 마이크로네시아 지역의 식민지를 공식적으로 넘겨받게 된다. 이 지역은 국제연맹 위임통치령 C 영역 (League of Nations Class C mandate)으로서, 일본은 1919년 이 지역을 통합적으로 관리하기 위해 팔라우의 코로르(Koror)에 남양청(南洋廳)을 설립하고 관할 지역의 주요 섬들에 항공로, 부두, 학교 등 기본적인 인프라를 구축하기 시작했다.

1930년대에 일본 해군은 본격적으로 '남양 군도'에 비행장, 방호시설, 항구 및 기타 군사시설 등을 건설하기 시작했다. 일본은 이 섬들을 '가라앉지 않는 항공모함'이라 부르며, 일본 본토 방어에 핵심적인 역할을 하는 전략적 요충지로 간주했다. 이 시기에 일본이 구축한 여러 시설은 태평양 전쟁 시 일본 공군과 해군의 중요한 거점이 된다. 1930년대에 행해진 일본의 군사설비 건설은 비밀리에 행해졌는데, 서방 국가들은 일본이 남양군도에서 무언가를 계속 짓고 있다는 것 정도는 알았지만 구체적인 사항은 확인할 수 없었다. 또한 이러한 일본의 활동은 군비 증강을 제한하는 워싱턴 해군협약을 위반하는 것도 아니었다. 국제연맹 위임통치령 영토에 대해서는 그 조약의 요건이 적용되지 않았기 때문이다.

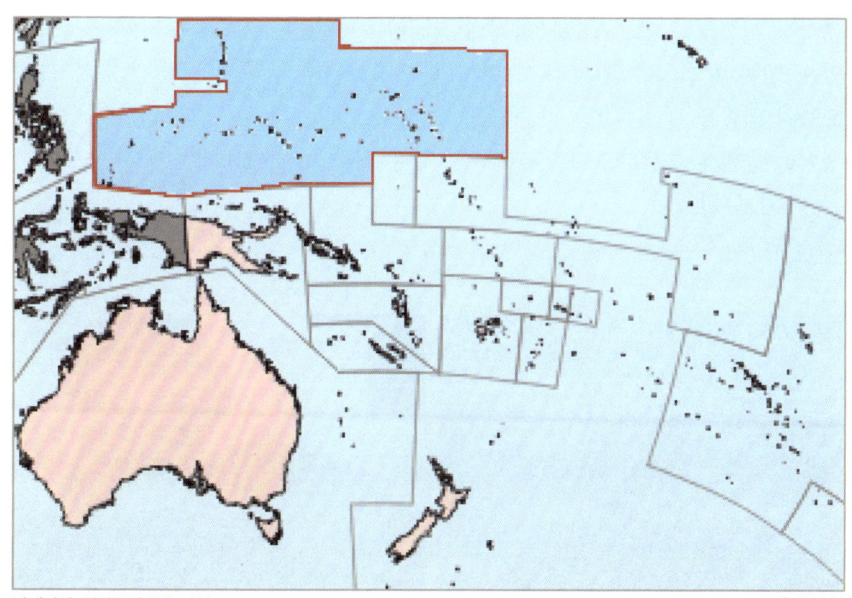

남태평양 위임통치령의 범위　　　　　　　　　　　　　　　ⓒ 위키피디아
국제연맹이 일본의 지배를 승인했던 지역으로, 일본은 1919년부터 1945년까지 이 지역을 실질적으로 지배했다.

　　1940년대에는 태평양 전쟁이 개시되는데 태평양 전쟁 시 일본 측의 주요 거점 역할을 했던 중요한 태평양 섬은 콰잘렌(Kwajalein) 섬(마셜 제도), 팔라우, 사이판, 마이크로네시아 연방국 축 섬, 마주로(Majuro) 섬(마셜 제도), 잘루이트 섬(마셜 제도) 등이다.
　　이 시기 일본과 미국 간의 전쟁 양상을 간단히 살펴보면, 미국은 1898년 스페인-미국 전쟁에서의 승리를 계기로 그때까지 스페인이 점령하고 있던 서태평양의 섬나라들을 식민지로 얻게 된다. 그리고 1894년의 중일전쟁과 1904년의 러일전쟁에서 일본이 모두 승리하자, 미국은 일본을 서태평양에서의 잠재적 위협요소로 간주하기 시작했다. 또 1893년에는 일본이 미국의 하와이 부속령 지정에 반대하면서 일본에 대한 미국의 반감이 점점 커졌다.
　　1897년 무렵부터 미국은 일본과의 전쟁에 대비해 여러 전략을 수립하는데 그중 하나가 태평양 전쟁에서 큰 효과를 발휘한 '뜀뛰기 전술'(Leapfrogging Strategy 또는 Island-Hopping Strategy)이다. 이것은 태평양 전쟁에서 미국을 포함한 연합군이 일본과 동맹국에게 실시한 전략으로, 병력과 군비가 집중되어 있는 일본령 섬들은 건너뛰고, 방어가 부실하면서 동시에 일본 본토 공격에 요충지 역할을 할 수 있는 섬들을 공격한다는 것이었다. 그 결과 일본이 엄청난 병력을 동원해 무장하고 있던 파푸아뉴기니, 라바울(Rabaul) 같은 도시는 무용지물이 되고 말았다.

축 환초 내에 있는 제2차 세계대전의 흔적들
- 가라앉은 일본 군함(위 왼쪽)과 군사용 등대(위 오른쪽), 박격포(아래) 잔해.

미 국

일본이 지배하던 마이크로네시아 섬들(국제연맹 위임통치령)은 일본의 태평양 전쟁 패배와 함께 미국의 손으로 넘어오게 된다. 1947년 미국은 유엔과 '유엔 신탁통치 협약'을 체결하는데 이로써 마이크로네시아 지역은 유엔이 승인한 미국의 태평양 도서국 신탁통치령(Trust Territory of the Pacific Islands)이 되었다. 처음에 이 신탁통치령은 미 해군본부에서 통치했고, 1951년부터는 미국 내무부의 관할구역이 되었다. 미국은 이 섬들을 식민지라고 부르기를 꺼렸지만 이제 미국도 어엿한 해외영토가 생긴 셈이었다. 마이크로네시아 지역에 대한 미국의 시각 및 정책은 그 후 여러 번 바뀌는데 연대별로 정리하면 다음과 같다.

1940년대 : 비간섭주의

일본이 지배하던 마이크로네시아 도서국들을 넘겨받은 미국 정부는 이 섬들을 어떤 식으로 통치해야 할 것인가를 고민하기 시작했다. 미국 국방부와 여러 의회의원은 공개적인 합병(annexation)을 지지했고, 미 국무부와 내무부는 전쟁으로 얻은 새 영토를 그런 식으로 취득하는 것은 부끄러운 일이라고 주장했다. 3개의 정부 부처는 한동안 갑론을박을 벌였다.

그러던 와중에 1944년 마이크로네시아를 점유한 이후 1947년 유엔신탁통치 조약이 체결될 때까지 미 해군이 이 지역을 다스리기로 했다. 미 해군의 마이크로네시아 통치 정책은 '비간섭주의'였다. 1945년 미 해군에서 발표한 정책보고서에 따르면 "마이크로네시아 주민들이 자신들의 국내 사안을 처리하고, 독자적으로 정부를 운영할 수 있도록 격려, 지원해야 한다"는 것이 기본 입장이었다.

이것은 언뜻 보면 마이크로네시아의 자율권을 존중하는 정책 같지만 당시 미 정부의 현실적인 필요에서 나온 것이었다. 전쟁이 끝나고 그때까지 태평양에 배치되어 있던 많은 인력과 물자, 설비 등은 미국으로 빠져나갔기 때문에 사실상 미 해군 본부가 방대한 마이크로네시아 지역을 직접 통치할 인적·물적 자원이 턱없이 부족했다. 그래서 이들은 비간섭주의를 내세우며 일종의 간접통치 전략을 표방했다. 그러다 1947년, 유엔은 마이크로네시아 지역을 미국의 신탁통치령으로 승인하는 조약을 체결했다. 미국으로서는 마이크로네시아 지역에 발붙일 수 있는 조금 더 확실한 명분이 생긴 것이다.

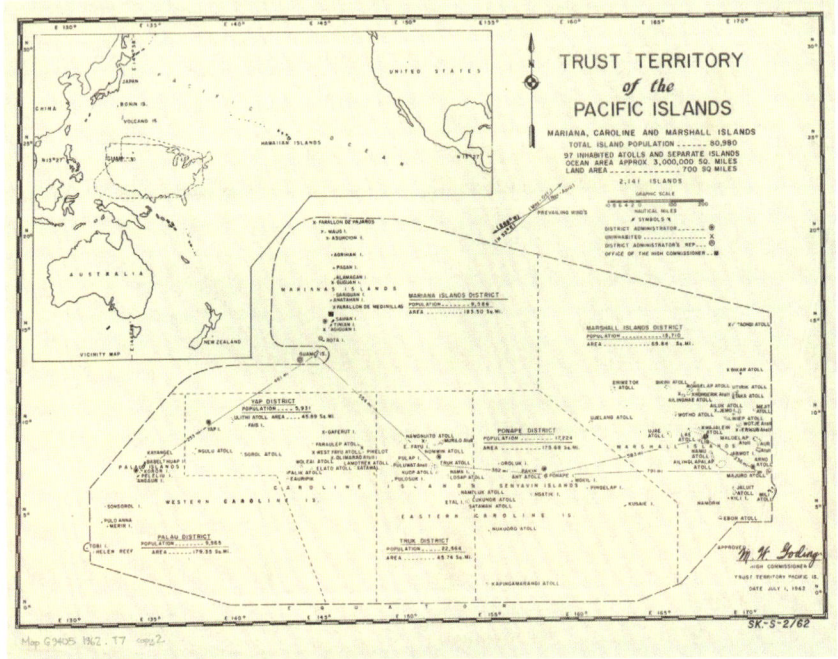

미 태평양 도서국 신탁통치령(Trust Territory of the Pacific Islands) 지도 ⓒ 위키피디아

　1940년대 미국이 마이크로네시아를 넘겨받으면서 맞닥뜨린 문제는 미국이 (영국이나 프랑스처럼) 판이한 문화를 가진 해외 영토를 행정적으로 통치해 본 경험이 별로 없다는 것이었다. 과거 니카라과, 아이티 등 카리브해의 몇몇 작은 나라를 지배한 적은 있었지만 이는 단순히 에피소드적인 것에 불과했고, 1,000개 이상의 섬으로 구성된 광대한 서태평양 지역을 통치하는 것은 다른 문제였다.
　1944년부터 실질적으로 북마리아나 제도, 팔라우, 마이크로네시아 연방국의 광대한 영역을 통치하기 시작한 미 해군은 마이크로네시아의 현지 문화와 전통적 사회구조를 무시한 강압적인 통치 방식으로 비판을 받았다. 20세기 초부터 일본에 넘어가지 않고 줄곧 미국의 통치를 받은 괌의 차모로(Chamorro) 커뮤니티를 조사한 뒤 유명한 보고서를 낸 사회학자 로라 톰슨(Laura Thompson)은 미 해군의 일방적인 괌 지배가 현지 문화를 파괴하고, 자생적인 민주주의와 자치정부 구성 능력을 심각하게 훼손했다고 비판했다. 또한 당시 태평양 지역에 파견된 미 해군 소속의 사회학자였던 존 유심(John Useem)은 미국이 마이크로네시아 도서민들을 일본의 압제에서 해방시킨 해방자라고 주장하지만, 그와 동시에 매우 불필요한 강압적 통제를 하고 있다고 비판하기도 했다. 그는 마이크로네시아 도서민들이 미국인들을 해방자라고 보고 있지도 않을 뿐더러, 자신들의 전통적인 삶의 양식을 훼손하는 방해자라고 느끼고 있다고 지적했다. 에니위탁(Enewetak) 섬에서 행해진 구술 인터뷰에 따르면 도서민들은 미 해군의 막강한 위용에 깊은 인상을 받았지만 미군의 태도와 각종 통제에 불쾌해하고 있었다. 그들은 미국인들을 강하고 지적이며 부유한 사람들로 여겼지만 동시에 자신들의 절박한 문제에 아무 관심도 없는 이들이라고 생각했다.

그 후 미국 정부는 대략 1945년 말부터 마이크로네시아의 사회구조, 문화, 자연환경 등에 대한 조사를 실시한다. 그 목적은 마이크로네시아 지역에 대한 이해를 통해 이 지역을 효율적으로 통치, 관리하기 위해서였다. 이 조사에는 인류학자들이 대거 투입되었는데, 이때 미국에서 수행한 프로젝트 중 가장 중요한 것으로는 USCC 프로젝트와 CIMA 프로젝트가 있다. 당시 미국이 마이크로네시아지역의 자연, 지리, 문화, 사회구조 등을 이해하기 위해 실시한 주요 프로젝트는 USCC(1946.5~8), CIMA(1947.7~1949.1), 인류학자 행정직 파견, SIM(1949~1951) 등이다.

1946년 5월부터 8월까지 미 해군의 지원하에 미 상업회사(US Commercial Company)에서는 마이크로네시아 지역에 대한 경제조사를 실시했다. 당시 하버드 대학의 인류학자였던 더글라스 올리버(Douglas Oliver)가 총 책임자를 맡았고 약 20명의 인류학자와 사회학자가 참여해 마이크로네시아 지역의 경제현황 및 다양한 민족지적 자료를 수집했다. 이렇게 완료된 USCC 보고서는 총 20권 분량이 되었으며 1947년 5월 21일 태평양 군사령부 사령관에게 전달되었다.

공식 기록에 따르면 미국 해군본부는 이 프로젝트 결과에 만족했지만 "마이크로네시아 주민들에 대한 행정 통치에서 불거질 장기적인 문제들을 고려할 때, 마이크로네시아의 여러 문화적 측면에 대한 더 방대한 연구와 조사가 필요하다"는 평가를 내렸다.

그 결과 1946년 태평양과학위원회(Pacific Science Board)가 설립되어 태평양과학과 관련된 연구 장려, 정부 자문, 국제협력 강화 등을 수행하게 된다. 1947년에는 태평양과학위원회가 주축이 되고, 당시 해군 소속 인류학자였던 조지 머독(George Murdock)을 총책임자로 하는 마이크로네시아 인류학 공동조사 (CIMA : Coordinated Investigation of Micronesian Anthropology) 프로젝트가 실시된다.

CIMA 프로젝트(1947.7~1949.1)

CIMA는 미국이 마이크로네시아에서 실시한 사회문화 및 인류학 연구 프로젝트로, 개별 정부가 주도했던 세계 최대의 인류학 현지조사 프로젝트이다. CIMA 프로젝트는 1947년 7월부터 1949년 1월까지 실시되었으며, 조사기금은 해군연구사무소(Office of Naval Research), 바이킹 기금, 기타 기관들에서 모집했다. 이 프로젝트에 참여한 연구진은 총 41명이었으며, 문화인류학자 25명, 체질인류학자 4명, 언어학자 4명, 지리학자 3명, 사회학자 2명, 외과의 2명, 식물학자 1명으로 구성되어 있었다. 이들은 각각 약 20개의 대학과 박물관 등의 출신으로 약 2년간 마이크로네시아의 여러 분야에 대한 광범위한 현지조사를 실시하게 된다.

CIMA 프로젝트는 기본적으로 미 해군 본부의 마이크로네시아 통치를 위한 행정적 목적으로 실시되었다. 이 프로젝트에서 최종적으로 32권의 보고서와 100편이 넘는 논문이 발표되었는데 그 안에는 각각 마이크로네시아의 친족구조, 정치조직, 인지방식, 경제적 교환 패턴, 그 외의 다양한 민족지적 사실이 포함되어 있었다.

연구자들은 '미국의 안보'에 영향을 미치지 않는 한도에서 연구주제를 자유롭게 선정할 수 있었지만, '연구비는 기본적으로 미 정부의 마이크로네시아 행정통치에 도움이 되는 순서에 따라 차등적으로 분배'되었다. 정부에서 실시한 프로젝트이기 때문에 '학문의 자유'를 어느 정도 행정적 요구에 맞춰야 할 필요성이 있었고, CIMA 프로젝트에 참가한 학자들과 미 해군 본부의 직원들 사이에 약간의 갈등이 일어나기도 했다. 그러나 참여한 연구진의 규모나 조사기간, 결과물 등을 놓고 볼 때 CIMA 프로젝트는 미국이 마이크로네시아에서 주도한 최대의 인류학적 현지조사 사업이었다. 현대 인류학의 역사에서 한 지역이 이렇게 체계적으로 조사된 적은 없다고 볼 수 있다. 또한 CIMA 프로젝트에 참여한 인류학자들이 미국으로 돌아와 대학 등에서 후진을 양성하면서, 마이크로네시아 지역 대상 인류학자들을 꾸준히 길러 냈다는 점에서도 그 영향력이 가장 큰 프로젝트이다.

CIMA 프로젝트가 완료된 후, 미 해군본부는 마이크로네시아 지역의 사회문화뿐 아니라 자연과학 분야에 대한 연구도 실시하기 위해 마이크로네시아 과학조사(SIM : Scientific Investigation of Micronesia) 프로젝트를 실시했다. 여기서는 31명의 연구자가 각각 인류학·식물학·삼림학·지리학·지질학·해양생태학·척추동물 생태학 등의 여러 분야에 초점을 맞추어 마이크로네시아 지역을 연구했다.

CIMA 프로젝트에서 방대한 양의 보고서가 작성되는데, 곧 이 보고서를 식민지 행정에 어떻게 적용할 것인가 하는 문제가 발생한다. CIMA 보고서들은 "행정가들이 아니라 전문 사회 과학자들을 대상으로 작성되었기"(J. Fisher. 1979) 때문이다. 그래서 미국 정부는 CIMA 자료들을 식민지 행정에 적합하게 분석·정리하고, 미 태평양 도서국 신탁통치령의 행정 지원을 할 수 있는 인류학자들을 채용하여 마이크로네시아의 각 지역에 파견하기로 한다. 이들은 지역 인류학자(district anthropologist)로 불렸는데, 각 지역에 파견되어 그 지역의 행정관들을 보조했다. 이 지역 인류학자들은 1950년부터 파견되어 1950년대 내내 활동하게 되는데, 총 11명의 인류학자가 각 지역으로 파견되었다. 몇몇 사례를 들면, 축 주와 폰페이 주에는 잭 피셔(Jack Fisher), 폰페이 주는 앨프리드 파이팅(Alfred Whiting), 리처드 에머릭(Richard Emerick), 팔라우에는 해리 우에하라(Harry Uyehara), 로버트 맥나이트(Robert McKnight), 사이판에는 로버트 솔렌버거(Robert Solenberger) 등이 파견되었다.

1950년대 마이크로네시아에 파견된 지역 인류학자들의 기록에 따르면, 그들과 행정관료들의 사이는 썩 좋지 못했다. 몇몇 행정관료는 인류학자들이 현지 조사를 위해 주민들과 스스럼없이 가깝게 지내는 것을 이해하지 못했다. 또한 실제 식민지를 다스릴 때 행정관료들은 인류학자들의 충고나 제안을 달가워하지 않았고, 기본적으로 '원주민들은 원주민들이 속한 땅에 두어야 한다'는 믿음을 가지고 있었다. 원주민들은 철저한 타인이라는 생각이 우선이었던 것이다. 이 외에 인류학자와 주요 정보제공자(원주민) 사이의 대화와 관련된 기밀성 문제도 제기되어 미 태평양 도서국 신탁통치령 헌법 342조에 기밀성 관련 조항이 추가되기도 했다.

1950년대 : 안보거점으로서의 인식

1947년, 미국은 마이크로네시아를 유엔 신탁통치령 자격으로 획득하고 나서 마이크로네시아를 공개적으로 합병하는 대신 이 지역의 안보 및 국방에서의 전략적 중요성에 주목하기 시작했다. 1947년 '해외영토에 대한 미 상원위원회' 회의에서 아이젠하워 장군은 마이크로네시아 지역에 대한 미국의 속내를 매우 분명하게 표현했다. 그는 "이 섬들은 모래톱(sandspit) 외에 아무것도 아니다. 경제적 가치도 거의 없다. 우리의 유일한 관심은 안보적인 것이다"라고 언급했다.

그러다 1950년대 미국과 소비에트 연방 사이의 냉전 체제가 형성되기 시작하면서, 서태평양의 지정학적 중요성을 이미 오래전에 인식한 미국은 마이크로네시아 전역을 삼엄하게 통제하기 시작했다. 미국은 1950년대 내내(그리고 1960년대 초반까지) 마이크로네시아 지역으로의 외부인 접근을 엄격히 차단했다. 미국인

중에서도 마이크로네시아로 갈 수 있는 사람은 미 연방정부 관료, 군 관계자, 몇몇 인류학자 등이었고, 일반 미국 시민들도 이 지역으로 여행하려면 허가증을 얻어야 했다. 이러한 접근 제한은 미 해군의 삼엄한 경비 속에 수행되었다. 국제안보상의 이유로 미국이 마이크로네시아에 부과한 모든 제한조치는 결과적으로 미국령 마이크로네시아를 더 큰 태평양 지역사회 및 국제사회로부터 고립시키는 결과를 가져왔다.

그러나 냉전시대가 도래하고 이와 더불어 미국이 마이크로네시아의 전략적·안보적 중요성을 인식했다고 해서 마이크로네시아에 많은 관심과 공을 들인 것은 아니다. 1950년대 미국의 태도는 '젠틀한 방치(Benign Neglect)'에 가까웠다. 마이크로네시아가 가져다주는 전략적 이익이 계속 유지되는 한, 미국에게 마이크로네시아는 중요한 관심 대상 국가가 아니었다. 물론 1950년대에 몇몇 의료, 교육 설비가 마련되고 기본적인 지방 입법기관이 만들어졌지만 미국이 마이크로네시아에 배정한 예산이 너무 적었기 때문에 지역 경제발전은 거의 이루어지지 않았다. 또 당시 미국 식민 행정부는 임시 과도정부와 비슷해서 지역 발전을 위한 계획은 거의 없었다. 물론 1950년대 미국은 마셜 제도에서 핵실험을 실시하고, 북마리아나 제도에서 CIA 직원들이 중국 국민정부 요원들을 극비리에 훈련시키기도 했다.

거의 방치에 가까운 행정통치, 외부인의 출입을 엄격히 통제했던 전략적 폐쇄 정책, 인류학자들의 현지 임용 등 여러 사항을 종합해 보면, 1950년대의 마이크로네시아는 심하게 표현하면 미국의 '인류학적 동물원'으로서 기능하고 있었다는 평가도 있다.

1960년대 : 급격한 미국화의 진행

1960년대는 마이크로네시아에게 중요한 전환점이 되는 시기였다. 미국이 태평양신탁통치령 섬들에 대한 통치 정책을 크게 변화시켰기 때문이다. 그 계기가 된 것은 1961년 유엔 시찰단의 마이크로네시아 방문이었다. 시찰단은 미국이 신탁통치 중이던 여러 섬을 둘러보고 미국의 식민지 현황을 격렬하게 비판했다. 이에 대한 대응으로 당시 케네디 행정부는 미 태평양 도서국 신탁통치령에 배정되던 연간 예산을 2배로 증액시켰다. 그리고 곧 마이크로네시아 지역의 서구화(미국화) 작업이 잇따랐다. 이로 인해 마이크로네시아는 사회적·경제적으로 더 깊이 미국에 의존하게 되었다.

케네디의 뒤를 이은 존슨 내각에서도 신탁통치령에 대한 예산은 증가했다. 태평양과 카리브 해에 있던 미국의 신탁통치령은 존슨 대통령이 말한 "커다란 미국사회(Great Society)"의 범주 안에 포함되었다. 당시 미 신탁통치령에서 행해지던 미국 정부의 프로젝트는 160개 이상이었다. 1980년대 중반에 이르면 미 신탁통치령에 배정되는 연간 예산이 1억 1천만 달러에 달하게 된다.

1961년 유엔 시찰단의 비판은 정치 영역에서의 변화도 불러일으켰다. 1950년대에 마이크로네시아 지역 추장들이 미 신탁통치 행정부의 자문을 몇 번 해 준 적이 있었다. 1961년경에는 이들이 미국식 민주주의 및 자결권 원칙을 염두에 두고 태평양신탁통치령 전역에 걸친 입법기관을 설립하기 위해 로비 활동을 벌였다. 그 결과 1965년 마이크로네시아 의회(Congress of Micronesia)가 출범했다. 다음 해 이 의회의 지도자들은 미국 존슨 대통령에게 청원을 보내 미 신탁통치령의 정치적 미래를 탐구하기 위한 위원회를 설립해 달라고 건의했다. 그러나 존슨 대통령은 대답하지 않았고 1967년 마이크로네시아의회 의원들은 자체적으로 마이크로네시아 정치현황위원회(Micronesian Political Status Commission)를 설립했다. 그 과정에서 하와이 대학의 정치학 박사였던 노먼 멜러(Norman Meller)가 위원회의 자문 및 교육 위원으로 선임되었다. 그는 향후 마이크로네시아 연방국의 초기 헌법제정에서도 자문위원으로 참여했다.

1960년대에 미국이 태평양 신탁통치령에서 행한 여러 프로젝트는 조그만 섬나라 커뮤니티에는 적합한 것이 아니었다. 이들은 마이크로네시아의 고유문화와 사회를 훼손시켰다는 평가를 받는다. 미국식 교육 시스템은 태평양 신탁통치령의 최대 산업이 되었고, 정부 관료조직 역시 비대하게 성장하기 시작했다. 도시화도 급속히 진행되어 섬 주민들은 원래 살던 마을을 떠나 취직, 교육, 여가, 의료 및 기타 현대문명의 혜택을 누리려고 도시로 빠져나가기 시작했다. 전체적으로 볼 때 미국에 대한 마이크로네시아의 의존도는 더욱 커졌다. 태평양에서 피지배국이 지배국에 극도로 의존하게 된 두 사례를 들면 프랑스령 폴리네시아(프랑스)와 마이크로네시아(미국)를 꼽을 수 있다.

1970년대 : 마이크로네시아의 미래에 대한 논의

1960년대 중반부터 미국은 베트남전에 참여하고 서태평양 지역에서의 방위계획을 수립하게 되었다. 이 과정에서 1969년 미 태평양신탁통치령의 미래에 대한 협상이 시작되었다. 처음에 미국은 신탁통치령으로 다스리던 섬들을 미 연방(commonwealth)으로 편입시키는 안을 선호했다. 그러면 사실상 이 섬들은 미국의 해외영토에 편입되어, 미국이 전략적 이유든 다른 이유로든 어떤 식으로든 이 섬들에 대한 지배권을 유지할 수 있었다. 그러나 이 안은 몇몇 마이크로네시아 리더가 거부했다. 대신 그들은 그 뒤에 자유연합협정(Free Association)이라 불리게 될 안을 지지했다.

1971년과 1972년 미국은 신탁통치령 내의 태평양 도서국들과 자유연합협정에 대해 논의했지만 이 섬나라들의 독립을 결코 진지하게 고려하지는 않았다.

한편, 이 시기에 미국은 광대한 신탁통치령 지역에서도 더 중요한 지역과, 덜 중요한 지역을 구분해서 인식하기 시작했다. 미국에 이익이 되는 무언가를 가진 지역('Haves')과 그렇지 못한 지역('Have Nots')을 나누어 인식한 것이다.

미국 입장에서 '무언가를 가진 지역'은 세 지역이었다. 하나는 콰잘렌 환초의 미사일 기지 덕분에 매우 높은 전략적 가치를 갖게 된 마셜 제도이며, 나머지는 미국의 서태평양 방위선에서 핵심 역할을 하는 북마리아나 제도와 팔라우였다. 그 뒤 이 세 지역은 조금 더 우월한 입장에서 미국과 향후의 정치적·경제적 향방에 대해 협상을 하게 된다.

반대로 미국 입장에서 그다지 흥미로울 게 없는 '가지지 못한 지역'은 모두 네 곳으로, 오늘날 마이크로네시아 연방국으로 묶여 있는 축 주, 코스레 주, 폰페이 주, 그리고 얍 주이다.

그러나 1960년대에 미국이 급속하게 진행시키려 했던 마이크로네시아의 미국화는 여러 지식인에게 실망을 안겨 주었다. 특히 미국의 전략적 이익만 생각해 태평양 섬나라들의 정치적 향방을 결정하려는 태도는 많은 사람의 비판을 불러일으켰다. 미국의 베트남전 개입에 대한 반대운동이 거세게 일던 무렵이었다.

과거 미 정부 소속으로 마이크로네시아에 파견된 인류학자들 사이에서도 비판의 목소리가 터져나왔다. 토머스 글래드윈(Thomas Gladwin) 같은 인류학자는 1950년대에 마이크로네시아 미 식민 행정부에서 한 작업을 후회한다고 말했고, 그 뒤 젊은 인류학자들도 1940~1950년대에 미국이 마이크로네시아에서 수행한 국가 주도의 인류학 사업을 비판했다. 그 사업들은 마이크로네시아 주민들의 피지배 상태와 종속성을 강화시키는 데 기여했을 뿐이라는 것이다.

1975년에는 북마리아나 제도에서 미 연방제 편입 여부를 두고 주민투표가 실시되었다. 그 결과 1976년 북마리아나 제도는 미 연방으로 편입되어, 북마리아나 제도연방(CNMI : Commonwealth of the Northern Mariana Islands)이 되었다.

한편, 마이크로네시아 연방국, 마셜 제도, 팔라우에서는 1983년경, 주민 투표를 통해 미국과의 자유연합협정이 체결되었다. 자유연합협정이란 태평양 도서국들이 미국에 몇 가지의 특혜를 주는 대신, 미국은 이 도서국들에게 국내 및 외교 문제를 모두 처리할 수 있는 자치정부를 허용하고, 재정적 지원과 그 외의 여러 서비스를 제공하는 관계를 말한다. 이때 태평양 도서국들이 미국에 베푸는 특권 중 가장 큰 것은 미국이 이 섬나라들의 국방을 책임지고 유사시 외부인 출입을 금지시킬 수 있으며, 섬에다 군사기지를 설치하고 군사훈련을 실시할 권리를 갖는다는 것이었다. 마이크로네시아 연방국과 마셜 제도와의 자유연합협정은 1985년 미 의회에서 비준되어 두 나라는 1986년부터 독립국이 되었다.

미국은 1947년~1994년까지 서태평양의 도서국들을 신탁통치령 형태로 지배했다. 이는 오늘날의 팔라우, 마이크로네시아 연방국, 괌 및 사이판, 마셜 제도 등을 아우르는 방대한 영역이었다.

팔라우의 행보는 조금 달랐다. 마이크로네시아 연방국이나 마셜 제도처럼 팔라우 역시 주민투표 후 과반수 이상이 찬성하면 자유연합협정을 체결할 수 있었다. 그러나 팔라우에 핵무기 배치를 금지한다는 팔라우 헌법이 자유연합협정의 조항과 충돌을 일으켰다. 협정에 따르면 미국은 전략적 이유를 근거로 핵무기를 자유연합협정국에 배치할 수 있어야 하기 때문이다. 팔라우에서는 헌법을 수정하려면 국민투표 실시 후 주민의 3/4 이상의 동의를 얻어야 했다. 1983년 첫 주민투표가 실시되고, 그 후 10여 년에 걸쳐 7차례에 걸쳐 주민투표가 실시되었지만 헌법 수정을 위한 3/4 득표수를 얻는 데는 실패했다. 그러다 1993년에 이르러 극적으로 팔라우 헌법이 수정되고, 팔라우는 미국과 자유연합협정에 근거한 자치국이 되었다.

독립 이후

독립이라는 새로운 정치적 상황은 새로운 실망과 어려움을 야기시켰다. 먼저 미 연방으로 편입된 북마리아나 제도에서는 '미 연방정부의 가장 기본적인 태도는 식민정부의 것'이라는 인식이 주민들 사이에 널리 퍼져 있었다. 섬 주민들의 요구에 둔감하고 지역 문제에 지나치게 간섭한다는 것이 이유였다. 또한 북마리아나 연방은 자유연합협정 체결 국가들과 달리 자신의 200해리 배타적 경제수역을 직접 관리할 수 없고, 지역 문제에 참여하는 것이 제한되어 있으며 지역 내 다른 국가들과 조약 및 협정을 자유롭게 논의할 수 없었다. 즉, 북마리아나 연방의 경우 자치권이 제한되어 있는 것이다. 그래서 미국과의 연방제를 재논의하자는 견해도 있었지만, 현재로서는 이러한 희망이 비현실적이고 무모해 보인다. 미국의 입장은 매우 분명하기 때문이다. 즉, 북마리아나 연방은 미국의 일부이며 그곳 주민들은 미국 시민이라는 것이다.

마이크로네시아 연방국과 마셜 제도, 팔라우는 독립 후 무엇보다 미국과의 '자유연합협정국'이라는 지위 문제로 어려움을 겪었다. 먼저 '자유연합협정'이라는 지위에 대해 국제사회가 충분히 인지하고 있지 못했다. 또한 자유연합협정 내에 포함된 안보·전략적 조항들 때문에 이 국가들이 정말 '자유롭게 연합된' 국가인지, 주권과 자주성을 가진 나라인지에 대한 의문이 있었고 찬반양론이 벌어지기도 했다. 이러한 논쟁은 마이크로네시아 연방국, 마셜 제도가 당시 지역기구였던 남태평양포럼(SPF : South Pacific Forum), 유엔에 가입하고 여러 국가와 수교를 맺으면서 더욱 확산되었다.

그렇지만 마이크로네시아 연방국(마셜 제도는 물론)이 독립 후 맞닥뜨린 가장 큰 문제는 미국에 대한 경제적 의존도가 너무 높다는 것과 인구가 빠르게 증가하고 있다는 것이었다. 마이크로네시아 연방국과 미국 사이의 제1차 자유연합협정은 15년 기한으로 1985년에 체결되어 2001년에 끝났으며, 수정된 자유연합협정이 2003년에 체결되어 20년 기한으로 2023년 만료를 앞두고 있다. 이 수정 협정안에 따르면 미국은 2023년까지 마이크로네시아 연방국에 35억 달러를 제공하게 된다.

처음 자유연합협정이 구상되었을 때는 미국이 약정한 총 지원금액 중에서 먼저 상당한 액수를 협정기간 초기에 대폭 '쏟아붓고' 나서 그 뒤 5년 기한마다 액수를 줄여 나가기로 되어 있었다. 그런 식의 과감한 초기 투자가 마이크로네시아 연방국에 경제적 자립성을 불어넣을 수 있다고 보았던 것이다.

태평양 정체성(pacific identity)의 형성

드넓은 대양에 광대하게 펼쳐져 있는 태평양의 섬 주민들 사이에서 '태평양 도서민(Pacific Islander)'으로서의 정체성이 싹트기 시작한 것은 유럽인들이 진출한 이후이다. 유럽인들이 태평양으로 진출하면서 '태평양 도서민'과 '비도서민(Non-Islander)'이라는 개념 구분이 생겼고, 서구 열강들의 식민지배가 끝난 뒤에도 이러한 구분은 이어졌다.

제2차 세계대전이 끝날 무렵에도 태평양 도서민들 사이에 공유되는 정체성은 아직 없었다. 오히려 에펠리 하우오파(Epeli Hau'ofa) 같은 학자들이 지적하듯 서구 열강들의 식민지배는 태평양 도서민들을 서로 고립시키는 효과를 낳았다. 가장 대표적인 예가 마이크로네시아이다.

처음에 독일이 지배하던 마이크로네시아 지역은 1919년 국제연맹 위임통치령(League of Nations Mandated Territory)이 되어 일본이 넘겨받았다. 그 후 마이크로네시아 섬들은 일본과 긴밀하게 연결되었고, 나머지 태평양 지역과는 거의 교류를 하지 못했다. 그보다 20년 전에는 괌 역시 미 해군의 영토가 되어 다른 태평양 지역과의 교류를 차단당했다.

마이크로네시아 지역의 고립은 세계대전이 끝난 후에도 20년 이상 지속되었다. 이 지역은 1947년부터 약 40년간 미국의 신탁통치령(Trust Territory of the Pacific Islands)[4]이 되었는데, 미국과 소련의 냉전시대에 매우 중요한 미국의 전략적 요충지로 여겨졌고, 그 결과 1960년대까지 마이크로네시아 지역으로의 외부인 출입이 엄격히 금지되었다. 이 시기에는 미국인들조차 마이크로네시아로 자유롭게 드나들지 못했는데, 해외 신탁통치령을 관리하는 미국의 공무원, 해군, 미국 정부가 허가를 내 준 인류학자 정도가 드나들 수 있었다. 당연히 마이크로네시아 주민들은 다른 태평양 주민들과 접촉하지 못했고, 그 무렵 태동하던 태평양 지역의 지역적 흐름에서 소외되었다.

그러다 1947년 당시 태평양 지역을 식민통치하던 6개의 서구 열강, 즉 호주, 프랑스, 네덜란드, 뉴질랜드, 영국, 미국이 '남태평양 도서민들의 복지 증진 및 사회경제적 개선을 위한 국제적 협력 강화'를 목표로 남태평양위원회(South Pacific Commission)를 창설했다. 1950년에 위원회에서 개최한 제1회 남태평양학회가 열렸는데, 여기서 그동안 한 번도 한 자리에 모인 적이 없던 여러 태평양 국가의 대표가 서로 얼굴을 맞대고 모이게 되었다. 범태평양적인 어떤 것, 우리가 태평양 정체성이라 부르는 무엇인가가 처음으로 싹을 틔운 것이다. 하지만 안타깝게도 이 학회에는 여전히 미국 신탁통치령 마이크로네시아의 대표자는 참석하지 못했다.

폴리네시아와 멜라네시아 간의 알력 다툼과 마이크로네시아의 소외

유럽인들과의 접속으로 범태평양적인 정체성이 막 싹트기 시작하면서 동시에 태평양 지역 간의 알력 다툼도 불거졌다. 주요 대상은 폴리네시아와 멜라네시아였고, 마이크로네시아는 여전히 약 20~30년간 태평양 지역의 전체적 정치적 구도 속에서 제외되어 있었다.

폴리네시아인들은 오랫동안 자신들이 멜라네시아인보다 우월하다고 생각했다. 그것은 유럽인들과의 접촉에서 생겨난 상대적인 자기상(self-image)이었는데, 유럽인들은 얼굴색이 멜라네시아인보다 밝고, 덩치도 훨씬 더 큰(쉽게 말해 유럽인들과 조금 더 닮은) 폴리네시아인을 선호했고, 폴리네시아 지역 특유의 문화와 엄격한 추장 통치 시스템을 높이 평가했다. 마리아나 제도의 차모로 주민들을 제외하면 태평양에서 가장 먼저 기독교로 개종한 지역도 폴리네시아였다. 그래서 유럽인들이 멜라네시아 지역에 기독교를 전파할 때 폴리네시아 원주민들을 데려간 것도 이러한 우월감의 근거가 되었다.

서구 열강들로부터의 독립도 폴리네시아가 한 발 빨랐다. 1962년 폴리네시아에 속한 웨스턴 사모아(오늘날의 사모아)는 태평양 지역 최초의 독립국이 되었다. 그 뒤 약 10년 사이에 5개 나라가 독립했는데 그 중 3개가 폴리네시아 지역(쿡 제도-1965, 통가-1970, 니우에-1974)이었고, 1개가 마이크로네시아 지역(나우루-1968)이었으며, 나머지 하나는 폴리네시아와 멜라네시아의 경계에 있는 피지(1970)였다. 그 뒤 1970년대에 들어서면서 대부분의 멜라네시아 국가들이 독립했다(파푸아뉴기니-1975, 솔로몬 제도-1978, 바누아투-1980).

마이크로네시아는 독립도 가장 늦었는데 마이크로네시아 연방국(FSM)은 1986년, 팔라우는 1994년이 되어서야 미국과의 자유연합협정을 체결한 자치국이 되었다.

독립 후 각 지역별 연합체 창설 움직임도 활발해졌는데 여기서도 제일 빠른 것은 폴리네시아였다. 1940년대에 만들어진 남태평양위원회가 시대에 뒤처지자 갓 독립한 폴리네시아 국가들은 호주와 뉴질랜드를 끌어들여 1971년 남태평양포럼을 창설했다. 창립 멤버는 피지, 나우루, 통가, 사모아, 호주, 뉴질랜드였고, 그 후 멜라네시아 국가들이 대거 참석했다. 이 포럼은 곧 태평양의 가장 중요한 지역기구로 부상했는데 오늘날 태평양 지역의 가장 영향력 있는 지역기구인 태평양 도서국 포럼(PIF : Pacific Islands Forum)의 전신이 바로 이 남태평양포럼이다.

1986년에는 파푸아뉴기니, 솔로몬 제도, 바누아투의 수상이 모여 멜라네시아 선진그룹(Melanesian Spearhead Group)을 창설했다. 이들은 남태평양포럼과 같은 태평양 지역의 장에서 멜라네시아 국가들끼리의 연대를 표현하고 그들의 이익을 수호하고자 했다.

마이크로네시아는 지역기구 창설 역시 가장 늦었다. 1996년 마이크로네시아 국가들(북마리아나 제도, 마이크로네시아 연방국, 괌, 키리바시, 나우루, 팔라우, 마셜 제도)의 수장이 괌에 모여 역사상 최초로 마이크로네시아 정상위원회(Council of Micronesian Chief Executives)를 창설했는데, 이것이 마이크로네시아 지역의 이익을 대변하는 최초의 지역기구이다.

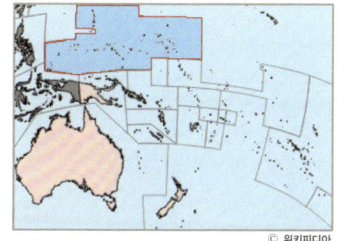
ⓒ 위키피디아

4) 이 지역은 미국이 1947~1986년까지 지배했던 서태평양, 마이크로네시아 지역의 섬들로, 정식 명칭은 태평양 도서국 신탁통치령(TTPI : Trust Territory of the Pacific Islands)이다. 이전에는 국제연맹 위임통치령(League of Nations Mandated Territory)으로서 일본이 1919년부터 1944년까지 지배했으나, 1944년 미국으로 지배권이 넘어갔고 1947년부터 미국의 신탁통치령이 되었다. 신탁통치령의 범위는 약 770만 ㎢의 광대한 바다에 흩어진 2,000개 이상의 섬인데, 오늘날의 마이크로네시아 연방국, 팔라우, 괌, 사이판, 마셜 제도를 포함하고 있었다.
태평양 도서국 신탁통치령(TTPI)

chapter
02

마이크로네시아
문화권의
이해

01
마이크로네시아 vs 마이크로네시아 연방국

우리말에서 '마이크로네시아'라는 용어는 두 가지 의미로 사용된다. 하나는 지역명이며, 다른 하나는 국가명이다. 지역으로서의 마이크로네시아는 태평양의 세 문화권(폴리네시아, 멜라네시아, 마이크로네시아) 중의 하나를 가리키며, 국가로서의 마이크로네시아는 오늘날 서태평양상에 동서로 길게 배열된 섬인 마이크로네시아 연방국을 가리킨다.

영어에서는 지역으로서의 마이크로네시아를 Micronesia, 국가로서의 마이크로네시아를 Federated States of Micronesia(FSM)로 구분해서 쓰기도 한다. 과거 미국은 오늘날의 마리아나 제도, 팔라우, 마이크로네시아, 마셜 제도 등을 모두 포함한 서태평양 지역을 신탁통치령으로 지배했는데, 이러한 미 '태평양 도서국 신탁통치령(TTPI : Trust Territory of the Pacific Islands)'은 지역으로서의 마이크로네시아와 대략적으로 일치한다. 다만 나우루(Nauru)와 키리바시(Kiribati)가 빠져 있었다.

따라서 지역으로서의 마이크로네시아는 오늘날의 팔라우, 마셜 제도, 마이크로네시아 연방국, 북마리아나 제도, 나우루, 키리바시를 모두 아우르는 개념이며, 국가명인 마이크로네시아는 마이크로네시아 연방국만 지칭한다.

마이크로네시아["μικρός : micros"(작은) + "νῆσος : nesos"(섬들)]

이 중 마이크로네시아는 1831년 프랑스 해군장교이자 탐험가였던 쥘 뒤몽 뒤르빌이 폴리네시아와 구분되는 섬 그룹들을 지칭하기 위해 멜라네시아, 말레이시아, 마이크로네시아라는 용어를 고안한 데서 유래한다. 마이크로네시아라는 명칭은 작은 섬들이 넓은 바다에 흩어져 있는 데서 유래한 것이다.

이 책에서는 지역으로서의 마이크로네시아는 '마이크로네시아', 국가로서의 마이크로네시아는 '마이크로네시아 연방국'으로 구분하여 사용하기로 한다.

태평양 문화권의 특징

	멜라네시아	폴리네시아	마이크로네시아
신체적 특징	- 키가 작고 피부색이 검어 아프리카 흑인들과 흡사 (남성 평균 신장이 약 160cm) - 머리칼이 곱슬곱슬함 현 솔로몬 제도 수상 Gordon Darcy Lilo	- 골격과 덩치가 크고(특히 통가, 사모아, 하와이 인들) 피부색이 태평양 도서민 중 제일 밝음 - 머리칼은 직모이거나 곱슬곱슬함 현 사모아 수상 Aiono Tuilaepa	- 멜라네시아인들보다 키가 크고 피부색이 옅음 - 팔라우나 마이크로네시아 압 주의 주민들은 멜라네시아인과 용모가 비슷함 - 마리아나 제도 주민들은 아시아인과 용모가 비슷함 현 팔라우 대통령 Tommy Remengesau
지리적 특징	- 국토면적이 넓고 다양한 지형 존재 - 풍부한 광물자원 존재	- 외딴 태평양상에 위치 - 화산기원 및 산호기원섬들로 구성됨	- 크기가 작은 섬들이 넓은 바다에 흩어져 있음 - 작은 환초섬들이 많음
문화적 특징	- 다양한 부족과 언어 - 주술, 마나 등 초자연적 힘에 대한 믿음이 강함	- 강력한 추장제와 엄격한 위계적 사회 - 혈통과 가문의 중시	- 뚜렷한 모계사회 전통 - 섬들 간의 느슨한 연대
주요 국가	파푸아뉴기니, 솔로몬 제도, 바누아투 등	사모아, 통가, 하와이 등	팔라우, 마이크로네시아 연방국, 마셜 제도 등

총인구	500만 이상	약 50만	약 20만
토착어	1,000개 이상	약 20여 개	약 10여 개
지역기구	멜라네시아 선진그룹(Melanesian Spearhead Group, 1986)	남태평양포럼(South Pacific Forum, 1971)	마이크로네시아 정상위원회 (Council of Micronesian Chief Executives, 1996)
독립시기	1970년대	1960~1970년대	1980~1990년대
공통점	1. 토지 및 친족, 마을 커뮤니티가 개인의 삶에 매우 큰 영향을 미침(개인의 정체성은 그 자신의 것이 아니라, 그가 거주하는 지역과 그가 다른 사람들과 맺고 있는 관계의 산물이라는 인식이 강함). 2. 전통적 권력 시스템(추장제)과 서구적 정치제도(의회 또는 공화제)가 공존하며, 때로 갈등을 일으킴(전통적 권력이 서구 정치제도에 서서히 흡수되는 경향). 3. 영국, 미국, 프랑스 등 서구 열강들의 식민 지배를 경험(통가는 예외). 4. 광대한 해양관할권 및 해양수산자원 보유(열수광상, 망간단괴 등 심해저 자원의 개발 가능성이 막대할 것으로 예상되며, 오늘날 전 세계 참치 생산량의 약 60%가 태평양에서 생산됨[Western and Central Pacific Fisheries Commission 통계(2012)[5]]. 5. 국제적 기준으로 볼 때 대부분이 저개발된 국가들로, 주요 경제수입원은 해외원조 및 참치 조업권 판매임.		

---

5) http://www.daff.gov.au/fisheries/international/wcfpc

'마이크로네시아–다움 (Micronesia-ness)'이란 무엇인가

국가나 지역별 문화를 언급하면서 보통 우리는 '한국적인 것', '아시아적인 것', '미국적인 것' 등의 표현을 사용한다. 인류학에서는 특정한 지역 또는 사회에서 공통적으로 발견되는 이러한 문화요소들을 문화특질(cultural trait), 문화복합(cultural complex) 등의 용어로 표현한다. 또 공통된 문화특질들을 공유하는 지리적 범위를 문화영역(culture area)이라고 부르기도 한다. 그렇다면 우리가 김치, 판소리, 한복 등을 일컬어 '한국적이다'라고 말하듯이, 마이크로네시아 연방국의 어떤 특징들을 두고 '마이크로네시아–답다' 또는 '마이크로네시아적인 것이다'라고 이야기할 수 있을까?

데이비드 핸런(David Hanlon)과 같은 학자들은 '마이크로네시아'라는 개념 자체가 허구라고 주장한다. 이것은 인류학자들의 '민족지적 서술'에 의해 외부로부터 덧씌워진 날조된 개념이라는 것이다. '마이크로네시아–다움'이란 서구인들이 만들어 낸 창작품이며, 실제 마이크로네시아 섬 사람들은 그러한 정체성을 널리 공유하고 있지 않다는 것이다.

고고학자인 폴 레인버드(Paul Rainbird) 역시 "응집된 '마이크로네시아 문화'라는 것은 존재하지 않는다. 이 지역은 지리적으로도 매우 다양할 뿐 아니라, 지도 상에서 직선으로 구획된 영역 바깥 지역과의 매우 뚜렷한 연계성을 가지고 있다"고 언급했다.

펠릭스 키싱(Felix Keesing) 같은 인류학자 역시 태평양을 3개의 문화권으로 나누는 것에 대해 "이 명칭들은 순수하게 학구적인 것이다. 그것들은 실제 그곳에 거주하는 주민들에게는 거의 의미가 없다. 많은 태평양 도서국 주민들은 여전히 그들의 지역적 지평 안에서 살며 그들 스스로를 출신지, 부족, 마을의 이름으로 부른다"고 말한 바 있다.

그러나 1993년 한 학회에서 데이비드 슈나이더(David M. Schneider)와 더불어 마이크로네시아 지역을 연구한 2대 인류학자로 꼽히는 워드 구디너프(Ward H. Goodenough)는 몇 가지 요소가 마이크로네시아 지역에 통일성을 부여한다고 주장하며 핸런의 주장을 반박한 바 있다.

이는 첫째 마이크로네시아 전역에 널리 퍼져 있는 언어적 통일성, 둘째 유럽인들의 도착 이전 마이크로네시아 연방국의 섬들 사이에서 널리 퍼져 있던 쌍방향 항해, 셋째 섬들 간 교환체계 및 토지소유제의 유사성, 넷째 뚜렷하게 드러나는 모계 중심적 사회, (그래서 마이크로네시아를 '모계의 바다(matrilineal sea)'라고 표현하기도 한다), 다섯째 시각예술의 빈약함과 공연예술의 풍부함 등이다.

한편, 마이크로네시아적인 본질을 '느슨한 연계(partial connection)'에서 찾는 학자도 있다. 마이크로네시아는 단일한 한 2개의 섬이 아니며, 광대한 서태평양상에 흩어져 있는 파편화된 자잘한 섬으로 구성되어 있다. 이들 사이에 유대가 있다면, 그것은 오직 '느슨한' 수준에서만 그러하다는 것이다. 마이크로네시아의 주민들은 여전히 출신 섬이나 마을 단위, 부족 단위의 삶을 영위하고 있다. 그들 스스로의 정체성 역시 그 섬이나 마을 등에서 찾고 있다. 이러한 상황에서 마이크로네시아 전역을 아우르는 공통된 정체성이나 문화특질 등은 충분히 발전하지 못했다.

또한 마이크로네시아는 엄청난 해양관할권 면적에 비해 육지면적이 턱없이 좁은 곳이다. 마이크로네시아의 육지면적, 고유언어 숫자, 인구 등을 전부 더해도 멜라네시아 몇몇 섬의 통계에 미치지 못한다. 마이크로네시아는 실제 태평양의 3개 문화권 중에서 문화영역(고유언어, 인구, 부족 숫자 등을 고려하여)이 가장 작은 지역이다.

또한 앞서서 살펴본 것처럼 마이크로네시아 지역은 태평양 문화권 중에서 독립, 국제사회 진출, 지역기구 창설, 공통된 정체성 창출 등의 움직임을 가장 뒤늦게 보여 준 지역이다. 쉽게 말해 가장 뒤처진 지역이다.

한편, '마이크로네시아적인' 정체성 확립 역시 매우 뒤처져 있었다. 1940년대부터 이 지역에 대한 신탁통치를 시작했던 미국은 마이크로네시아 전역의 공통된 정체성을 확립하기 위해 노력했다. 처음에는 이 지역을 효율적으로 통치하기 위하여, 나중에는 이 지역에 서구식 민주주의 및 국가개념을 도입하기 위해서였다. 하지만 마이크로네시아 전역을 관통하는 공통된 정체성이나 리더십 등은 쉽게 발견되지 않았다. 그래서 미국은 교육 프로그램을 활용해 '마이크로네시아인'이라는 정체성과 국제적 시각을 동시에 갖춘 새로운 세대의 인재들을 기르기 위해 Pacific Islands Central School, 세비어 고등학교(Xavier High School)와 같은 명문 고등학교를 설립하고 마이크로네시아 전역에서 학생을 모집했다. 미국의 의도는 마이크로네시아적 정체성을 가진 다음 세대의 정치가와 지도자를 양성하는 것이었다.

한편, 연방국 내의 상황을 살펴보아도 오늘날의 마이크로네시아 연방국은 단일한 '나라'가 아니고 매우 강력한 4개의 섬 집단을 하나로 묶어 놓은 것에 더 가깝다. 미국 정부의 CIMA 프로젝트(마이크로네시아 문화인류학적 협력 연구)에 참여한 레오나드 메이슨(Leonard Mason)은 과거 미국의 신탁통치령으로 있을 때에도 마이크로네시아 연방국의 각 섬들이 서로 다른 지리, 전통문화, 역사 때문에 상충되는 정체성을 가지고 있다는 지적을 하기도 했다.

03
마이크로네시아 문화의 특징

 마이크로네시아 지역 고유의 문화적 특징, 즉 '마이크로네시아적인 것'의 존재 여부에 대해서는 인류학자들이 열띤 논쟁을 벌인 바 있다. 먼저 마이크로네시아가 넓은 지역에 산재한 600여 개의 섬으로 구성되어 있고, 각 섬들의 문화적 정체성이 뚜렷하며, 섬들 간 거리가 멀기 때문에 '마이크로네시아적인' 공통 요소가 그리 많지 않다는 주장이 있다. 마이크로네시아 주민들이 아직 '국가'나 '주정부'라는 개념에 익숙지 않은 것도 이러한 주장의 한 근거가 된다.
 한국이나 프랑스처럼 단일한 대륙국가의 경우, 통일된 국가적 정체성 구축이 더 쉬울지 모른다. 그러나 앞서 소개한 '느슨한 연계'라는 개념으로 마이크로네시아의 여러 섬을 살펴보면, 이 지역에 공통되는 몇 가지 문화적 요소를 찾아낼 수도 있다. 특히 친족 및 사회조직과 같은 사람들 간의 관계를 규정하는 문화요소들은 공통된 것이 많다. 이러한 공통된 특징들은 마이크로네시아 연방국에서만 국한되어 발견되는 게 아니고, 오늘날의 미널 제도, 필다우 등에서 폭넓게 발견된다. 다만 북마리아나 제도의 경우는 예외이다. 17세기부터 스페인이 이 지역을 점령하면서 지역 고유의 차모로 문화(Chamorro culture)가 급격한 변화를 겪었기 때문이다.
 아이오와 대학의 인류학과 교수인 맥 마셜(Mac Marshall)은 50년 이상 행해진 지금까지의 연구를 정리하여 친족 및 사회조직의 측면에서 마이크로네시아 전통사회에서 발견되는 공통된 문화적 특징으로 일곱 가지를 들었다. 그것은 ① 형제자매 관계의 중요성, ② 모계 중심의 친족구조, ③ 빈번한 입양 및 대리양육, ④ 친족과 토지, 음식의 연계, ⑤ 결혼제도 ⑥ 근친상근 금지 ⑦ 결혼 후 거주방식 등이다.

모계 중심 사회

마이크로네시아 전역의 전통사회 씨족들은 매우 뚜렷한 모계제를 따른다. 재산과 토지는 대부분 여성 구성원이 소유하고, 각 세대의 전승 및 승계 역시 여성을 중심으로 이루어진다. 마셜 제도, 폰페이 섬, 축 섬, 축 주의 모든 외곽 섬들, 얍 주 등은 모계제를 채택하고 있으며, 그래서 조지프 웨클러(Joseph Weckler, 1953)와 같은 학자는 마이크로네시아를 '모계의 바다'로 지칭하기도 했다.

그러나 몇몇 예외 지역도 있는데 그중 하나는 마이크로네시아 폰페이 주의 외곽 섬들이며, 다른 하나는 팔라우와 얍 주의 몇몇 섬이다. 폰페이 주에는 사람이 거주하는 5개의 외곽 섬이 있는데, 그중 누쿠오로(Nukuoro) 섬과 카핑가마랑기(Kapingamarangi) 섬은 폴리네시아 문화권의 끄트머리에 속한 섬이다. 따라서 이 섬들은 모계제라는 단선적 계통을 따르지 않고 폴리네시아 지역처럼 부계와 모계가 혼합된 형태를 보인다.

한편, 팔라우와 얍 주의 몇몇 섬은 조금 복잡한 출계 시스템을 보여 준다. 여기에 대해서는 학자들 간의 논란도 많지만 대체로 팔라우에서는 부계와 모계를 동시에 인정하는 양계제, 부계와 모계가 독특하게 결합한 조금 복잡한 출계 시스템이 나타난다. 팔라우에서는 기본적으로 혈족 구성은 모계에 기반하지만, 부계 쪽 구성원이 정식 친족 구성원으로 편입되는 경우도 있다.

얍 주 역시 모계제 쪽에 조금 더 비중이 실려 있지만, 여러 복잡한 교환체제(특히 결혼 교환체제)를 통해 사람과 토지가 복잡하게 얽혀 있고 그 결과 부계와 양계 모두가 혼합된 형태로 나타난다.

따라서 대부분의 마이크로네시아 전통사회(구조)는 함께 거주하는 모계 출신의 친족구성원들을 중심으로 이루어진다. 이는 종종 모계 친족들로 구성된 확대가족의 형태를 띠는데, 마이크로네시아 지역의 모계 씨족들은 재산과 직함, 토지와 음식을 공유하며, 친족 내 여성의 지위와 나이를 따져 자체적인 정치적 위계('씨족 내 추장')를 형성하기도 한다. 이 모계 확대가족은 마이크로네시아 주민들의 사회경제적·정치적 삶에 중대한 영향을 미친다.

아래에 소개되는 형제자매 관계의 중요성, 토지와 음식의 공동소유, 입양과 대리양육의 빈번함 등도 모두 마이크로네시아가 무계사회라는 점과 관련이 있다.

마이크로네시아의 친족구조와 출계 시스템에서 또 다른 중요한 요소는 친족구조를 확립하는 데 개인의 행동이 매우 중요하다는 것이다. 하와이와 마찬가지로 마이크로네시아에서도 "친족은 타고나는 것이면서, 동시에 만들어지는 것이다." 지금까지 여러 학자의 연구를 보면 맥 마셜(1977)은 축 주와 외곽 산호섬들에서는 토지, 음식, 아이 양육의 공유가 단순히 핏줄보다 친족 형성에 더 중요하다는 점을 밝혔다. 또 데이비드 슈나이더(1984)는 얍 주의 친족조직을 재연구하면서 주민들이 친족 구성원이냐 아니냐를 결정할 때 '핏줄'보다는 '행위'가 더 큰 역할을 한다는 점을 밝혔다.

형제자매 관계가 중요

대부분의 태평양 사회에서처럼 전통적인 마이크로네시아 친족과 사회조직에서는 형제자매 관계가 매우 중요하다. 이는 전통사회를 굴러가게 하는 핵심이라고 말해도 무방하다. 이렇게 형제자매 관계가 중요해진 것은 마이크로네시아 지역이 대부분 모계사회이기 때문이다. 부족과 집단을 이끌 남성 지도자(권력자)가 부재하는 상황에서 공동체의 생존은 형제자매들 간의 상호의존 및 협력에 달려 있었기 때문이다.

부계사회의 경우 친족의 여성 구성원들(딸이나 여자 조카 등)은 결혼을 하고 나면 외부집단 소속이 된다. 따라서 부계사회에서는 친족의 여성 구성원들에 대한 통제가 매우 제한적이다. 그러나 모계사회에서는 여성 구성원들이 결혼을 해도 외부인이 되지 않기 때문에 자매들의 역할도 고스란히 보존되며, 모계사회의 특성상 형제와 자매 간의 유대가 강화된다. 마이크로네시아 사회를 연구한 2대 인류학자 중 한 명인 데이비드 슈나이더는 "모계 사회에서는 어떤 남성도 친족 내의 다른 여성구성원과의 유대 없이는 자신의 세력(새로운 가족 등)을 구축하지 못하며, 또 어떤 여성도 친족 내의 다른 남성 구성원의 도움 없이는 자신의 기반을 마련하지 못한다"고 언급했다. 그만큼 형제자매 관계는 마이크로네시아 전통문화에서 핵심적인 요소라고 할 수 있다.

형제자매들은 서로 성관계를 맺지 않고 상호 간에 근친상간을 회피하게 하는 등 엄격한 제한요소들이 존재한다. 그러나 이들은 그 외의 것들, 즉 토지나, 음식, 기타 재산 등을 서로 공유한다. 그리고 같은 성의 형제자매들(특히 자매들)은 결혼 후에도 같은 집에서 생활한다. 한편, 다른 형제자매들의 자녀를 입양하거나 대리양육해 주는 것도 대부분 형제자매들이다. 이들은 토지를 공동으로 소유하며, 더 넓은 의미에서 토지를 공동 소유한 관계의 사람들은 모두 '형제자매'라고 지칭하기도 한다.

마이크로네시아 축 섬에서 현지조사를 한 뒤 지금은 고전이 된 『축 섬의 소유권, 친족, 커뮤니티 (Property, Kin, and Community on Truk)』(1951)을 쓴 워드 구디너프는 "혈족 가계도의 핵심부 또는 혈족 구성원 전체는 종종 모계 출신의 형제자매, 또는 사촌 형제자매들로 이루어져 있다"고 썼다. 그는 더 나아가 "혈족조직은 형제자매 그룹으로 구성되어 있으며, 공동체라는 측면에서, 혈족의 모든 구성원은 형제자매로 간주된다. 형제자매를 지칭하는 친족 용어들은 비혈족 구성원들(아버지나 배우자 등)과 구별되는 혈족 구성원들의 활동 및 책임을 지칭할 때 광범위하게 사용된다." 그 외에도, 혈족 내 정치적 위계 및 권력의 구성 역시 "형제자매 관계를 바탕으로" 수행된다. 마이크로네시아 축 섬 사회에서 형제자매 관계는 친족 및 사회 조직의 핵심을 차지하고 있는 것이다.

빈번한 입양 및 대리양육

마이크로네시아 지역에서 공통된 특징 중 하나는 아이의 입양 및 대리양육이 매우 빈번하게 일어난다는 것이다. 마이크로네시아 전역에서는 아이들이 매우 가치 있게 평가되며 결혼한 커플들은 아이를 갖고자 하는 '거의 보편적인 욕망'을 가지고 있다. 이때 입양 및 대리양육의 대상이 되는 아이들은 보통 친족이나 형제자매의 아이들이 된다.

마이크로네시아, 폰페이 주의 외곽 섬인 모킬(Mokil) 섬에서 수행된 연구를 보면, 이곳 커플들은 아이를 갖고자 하는 욕망이 매우 강하며, 아이가 없을 경우 거의 대부분 한두 명의 아이를 입양한다. 마이크로네시아 축 주의 로모눔(Romonum) 섬에서 행해진 연구(Ruth Goodenough, 1970)에서도 매우 높은 입양아 비율(약 10명 중 1명꼴)을 보이는데, 결혼한 커플에게 아이가 없거나 어떤 아이가 갑자기 고아가 되었을 때 이러한 입양이 발생했다.

마이크로네시아 지역에서는 입양 및 대리양육이 왜 흔할까? 여기에 대해서는 두 가지 설명이 제시되었다. 하나는 생물학적인 것이다. 즉, 불임 또는 고아의 발생이다. 다른 한편으로 사회학적 설명이 있다. 입양 및 대리양육이 친족 간의 유대를 돈독히 하고 재화를 공유하는 일종의 나눔의 실현이라는 것이다.

이러한 점을 살펴볼 때, 마이크로네시아에서 활발하게 이루어지는 아이들의 입양 및 대리양육에는 결혼한 부부들의 불임, 부모의 갑작스러운 사망 등으로 고아가 된 아이의 발생 등 생물학적인 이유와 친족 간의 유대 및 결합을 더욱 공고히 하려는 사회학적인 이유가 동시에 작용하는 것으로 추정된다.

 04
마이크로네시아의 사회 문제

1940년대 말부터 시작된 미국의 신탁통치로 마이크로네시아 사회는 큰 변화를 겪었다. 이 변화의 본질은 마이크로네시아의 전통사회가 서서히 해체되어 간다는 것이었다. 1960년대에 본격적으로 진행된 미국의 마이크로네시아 현대화(미국화)는 마이크로네시아의 미국에 대한 의존을 매우 심화시켰다.

미국이 도입한 서구식 문물과 현대적 시스템은 마이크로네시아 전통사회의 정치, 경제, 문화 등 전반적인 삶의 양식과 공존해야 했다. 추장을 중심으로 한 전통적 정치체제, 자급자족적 생계경제는 미국의 관료주의적 정치체제, 전 세계적 자본주의와 경쟁하게 되었다.

그 과정에서 마이크로네시아 전역에서 여러 가지 사회적 혼란이 발생했는데, 전통사회의 기반이었던 토지와 인간, 젊은이와 연장자 사이의 유대가 약화되고, 지위와 직함에 기반한 전통사회의 위계구조가 능력 중심의 현대적 위계구조로 변화하게 되었다.

현재 마이크로네시아에서는 여러 가지 사회 문제가 발생하고 있는데, 그 핵심적 원인은 마이크로네시아적 전통과 서구화라는 두 가지 가치가 대립되고 있기 때문이다. 향후에는 시간이 갈수록 서구화가 진행되고, 전통적 삶의 방식이 와해되는 방향으로 나아가리라 추측된다. 이미 수도나 대도시가 위치한 중심부 섬과 외곽 섬 간의 인구, 경제, 삶의 질의 격차는 크게 벌어졌으며, 외곽 섬을 떠나 도시가 있는 섬으로 이동하는 경향 역시 뚜렷하게 드러나고 있다. 또

자급자족적 경제체제와는 완벽하게 다른 시스템의 자본주의 역시 전통 커뮤니티를 강력하게 위협하고 있다.

이와 더불어 젊은이들의 비행과 음주, 자살, 그리고 전통가족의 붕괴, 가정폭력 및 성폭력, 성역할의 혼돈 등 여러 가지 문제가 발생하고 있다.

희망없는 경제

마이크로네시아 경제는 자유연합협정에 따른 미국의 원조에 거의 전적으로 의지하고 있다. 1986년부터 효력을 갖게 된 제1차 자유연합협정에 따라 미국은 15년에 걸쳐 협정기금을 제공하기로 했다. 협정기금은 연간 제공하되, 5년 기한으로 조금씩 삭감하기로 했는데 이는 초기의 과감한 투자가 마이크로네시아의 경제기반 및 경제적 자생력을 어느 정도 구축할 수 있다고 판단했기 때문이다. 협정기금의 60%는 마이크로네시아 연방국에서 운용할 수 있는 운용기금(operational fund)의 형태로 제공되고, 나머지 40%는 사회 기반시설 구축이나 향후 개발 프로젝트 등에 쓰일 자본투자(capital investment)의 형태로 제공되었다.

마이크로네시아의 독립 직후, 미국의 협정기금 지원이 막 시작되었을 무렵에 사람들은 마이크로네시아의 경제적 미래를 낙관했다. 미국의 원조로 견고한 경제적 토대가 마련되리라는 기대가 있었다. 그러나 최초의 자유연합협정 기한인 15년이 끝나고 뚜껑을 열어 본 결과 드러난 현실은 매우 참담했다.

전체적으로 지난 15년간 마이크로네시아의 경제는 거의 성장하지 않았다. GDP 성장은 1년에 1.6% 규모였고, 취업인구 비율도 큰 폭으로 증가하지 않았다. 또 민간 부문 성장도 거의 정지된 상태였다.

1986년부터 2000년까지 15년 동안의 경제성장은 각 주마다 조금씩 다른 수치를 보였다. 매우 까다로운 회계원칙을 견지하고 있는 얍 주는 가장 높은 연 GDP 3% 성장을 보였고, 그다음이 폰페이 주로 2.8%의 성장을 보였다. 한편, 경제의 핵심기반을 대부분 정부 공공기관에 의지하고 있는 코스레 주는 약 0.6%의 성장을 보였으며, 민간 부문의 성장은 0%의 수치를 보였다. 경제적으로 가장 어려운 주인 축 주는 허약한 재정관리로 약 2천만 달러 이상의 빚을 졌고 연 GDP -0.4%라는 마이너스 성장을 보였다.

그 후 양국은 다시 협상을 갖고 협정기금 지원의 연장을 논의했는데, 그 결과 미국이 2004년부터 2023년까지 20년에 걸쳐 다시 마이크로네시아에 원조를 제공하기로 했다. 그런데 첫 번째 원조에서 실망스런 결과가 나왔기 때문인지, 제2차 자유연합협정 기금원조에서는 미국이 몇 가지 조건을 달았다. 미국이 주는 연간 원조금은 6개 부문에 집중되며 마이크로네시아의 4개의 주정부와 연방정부의 공동예산 책정에 기반해 제공된다. 또한 이 원조금은 성과에 기반한 경제목표에 집중되며, 매해마다 지난해의 원조 및 성과목표 성취도를 검토받아야 하고, 자금을 운용할 때는 매해 5명의 구성원으로 된 위원회의 승인을 얻어야 한다. 또한 마이크로네시아 정부 및 공공부문에 원조되는 금액도 제1차 자유연합협정 때보다 조금 줄어들어 마이크로네시아 정부나 공공기관도 방만한 경영을 하기가 어렵게 되었다.

제1차 자유연합협정 시기의 마이크로네시아의 경제현황을 살펴보면, 이 나라의 경제가 발전하기 위해서는 정부나 공공 부문을 제외한 민간 부문의 자발적 성장이 필수적이라는 결론이 나온다. 이것이 현재 마이크로네시아가 봉착한 가장 큰 경제적(어쩌면 국가발전과 직결된) 문제이다.

마이크로네시아의 경제전망

아시아개발은행, 세계은행 등에서 발간한 마이크로네시아 경제에 대한 분석 보고서에서 공통적으로 지적되는 사항이 있다. 이것은 현재 마이크로네시아의 경제발전을 가로막고 있는 요인으로, 크게 네 가지를 들 수 있다. 사실 이것은 마이크로네시아만이 아니라 거의 모든 태평양 국가의 경제적 문제이기도 하다.

- 무역수지의 불균형(수입이 수출을 압도)
- 민간 부문의 저조와 공공 부문의 비대
- 외부투자에 대한 환경 열악(토지매매 시스템의 부재, 매우 번거로운 해외투자 절차, 정부의 투명성 및 공정성 부족)
- 해외원조에 대한 지나친 의존 및 내수 경기부양 욕구의 부재

현재 마이크로네시아의 경제활동은 대부분 정부 지출로 이루어져 있다. 약간의 민간 제조업과 서비스업도 존재하지만 이는 거의 내수용으로만 사용되며, 게다가 이들이 만들어 내는 제품이나 서비스의 질도 정부나 공공기관에서 사주지 않으면 어디서도 경쟁력을 가질 수 없을 정도로 조악한 수준이다. 마이크로네시아 경제에서는 수출이 아주 작은 비중을 차지한다. 수산업, 관광업, 상업적 농업 부문의 경제활동을 전부 합쳐도 마이크로네시아 총 경제의 5% 수준밖에 되지 않을 정도이다.

약 40여 년간의 미국 신탁통치를 겪고 독립국이 된 지 거의 30년이 되어 가는 마이크로네시아는 여전히 자국 경제를 지탱시켜 줄 핵심산업을 애타게 찾고 있는 상황이다. 아직까지는 마이크로네시아 경제가 미국의 수혈과 신탁기금에서 나오는 이윤 등에 의존해 명맥을 이어 가고 있지만 마이크로네시아의 미래 경제전망은 특별히 밝지 않다. 국가적 성장동력이 될 만한 뚜렷한 주요 산업이 존재하지 않기 때문이다.

1985년 자유연합협정이 체결될 당시 마이크로네시아는 '제1차 개발계획'에서 세 가지 주요 개발분야로 수산업, 관광업, 상업적 농업을 선정했다. 그러나 마이크로네시아는 1986년부터 첫 15년간 이 세 분야에서 모두 실패했다.

첫째, 수산업은 마이크로네시아의 방대한 해역을 고려할 때 대단히 유망한 사업처럼 보였다. 1990년대 초 마이크로네시아 연방정부 및 주정부는 때로 외국 및 외부기관들과 합자해 수산업에 약 5,600만 달러라는 막대한 투자를 했다. 이 비용은 각종 어선 구입, 접안 및 가공시설 설치, 수산물 선적을 위한 비행기 임대 등에 쓰였다. 그러나 정부의 수산업 투자는 이윤을 내는 데 실패했고, 1998년 무렵에는 약 2,100만 달러의 적자를 냈다. 결국 정부의 수산업 부문 투자는 이윤은 내지 못하고, 유지 관리비로 상당한 정부 예산을 갉아먹는 애물단지가 되고 말았다. 단지 마이크로네시아가 이득을 얻은 부분은 외국 기관 및 회사에게 조업권을 판매한 것이었다. 첫 15년 동안 마이크로네시아는 총 2억 1,200만 달러를 조업권 판매로 벌어들였다.

둘째, 관광업은 더욱 갈 길이 멀다. 1998년부터 2003년까지 5년 동안 마이크로네시아를 찾은 관광객은 고작해야 1만 5천~1만 8천명 정도로 집계되었다. 이는 부상하는 이웃 팔라우의 연 관광객의 1/4, 그리고 괌 및 사이판 등 북마리아나 제도의 연 관광객의 1/40 수준이다. 이 외에도 높은 항공료와 빈약한 인프라 등이 마이크로네시아의 발목을 잡고 있다. 그러나 여전히 잠재성이 큰 분야이긴 하다.

셋째, 상업적 농업은 마이크로네시아 경제에 거의 기여하지 못하는데, 2000년대 초반 국가 GDP의 약 1% 정도를 차지하고 있었다. 지금까지 마이크로네시아 전역에서 여러 가지 작물을 재배했다가 실패했는데, 대표적인 것으로는 고추와 코프라가 있다. 환금작물로 상당한 이윤을 내리라 기대했던 코프라 산업은 국제가격 폭락으로 붕괴했다. 한편, 주민들이 생계형으로 채취하는 작물로 폰페이 주의 카바 뿌리, 코스레 주의 바나나와 타로 등이 있지만 뚜렷한 환금작물은 존재하지 않는다. 마이크로네시아 농업에서는 뚜렷한 환금작물이 없다는 것이 마이크로네시아 경제에서 뚜렷한 주요 산업이 없다는 것만큼이나 심각한 문제이다.

그렇다면 앞으로 마이크로네시아에서 견고한 산업적 기반을 구축하려면 무엇이 필요할까? 지난 20년간은 실망스런 결과를 보였지만, 그중에서도 수산업과 관광업은 마이크로네시아의 경제적 핵심이 될 수 있다.

아직 마이크로네시아는 관광지로서의 매력을 국제적으로 거의 홍보하지 않았다. 또 세계의 여러 오지 바다를 찾아 헤매는 스쿠버 다이버나 해양레저 마니아들에게도 홍보를 한 적이 거의 없다. 특히, 괌, 사이판, 그리고 팔라우에 관광 붐을 일으키고 있는 아시아 시장을 대상으로 한 홍보활동을 거의 펼치지 않았다. 따라서 기본적인 관광 인프라 구축과 더불어 홍보활동에 신경을 쓴다면 관광업을 부흥시킬 수 있는 가능성도 있다.

수산업 역시 발전의 여지가 있다. 아시아 어선을 계약을 통해 고용하여 끌어들인다면 더 많은 수산자원을 수확할 수 있고, 1990년대 중반 폰페이 주에서 활동했던 중국 수산기업인 팅홍(Ting Hong)의 예에서 볼 수 있듯이 신선한 회를 일본시장에 직접 공급하는 사업은 많은 수익을 올릴 수 있다.

이러한 산업발전을 위해서는 외국자본과 재능 있는 외부관리자를 도입하여 상당한 노력을 기울여야 한다. 그러나 아직 마이크로네시아의 투자환경은 썩 매력적이지 못하다. 토지 임대와 관련된 많은 제약, 계약 이행의 구속력 부족, 세금 인센티브의 결여, 외부인 투자에 필요한 여러 관료주의적 행정절차 등이 있기 때문이다. 이러한 사항들은 서서히 바뀌어 나가야 하겠지만 마이크로네시아 전통문화와 관습법이 깊이 뿌리박고 있기 때문에 단기간에 바뀔 수는 없을 것으로 보인다. 따라서 앞으로 어느 정도의 기간 동안은 마이크로네시아가 지금과 같은 맥빠진 경제침체를 계속 경험해야 할 것이다.

한편, 경제발전을 가로막는 마이크로네시아 고유의 문화적 태도도 있다. 아시아의 싱가포르나 유럽의 스위스, 한국 등은 부존자원의 부재에도 불구하고 근면한 국민성과 경제발전에 대한 열의를 통해 괄목할 만한 경제성장을 이루어 냈다. 그러나 마이크로네시아에는 경제성장에 대한 이러한 열의가 존재하지 않는다.

개발경제학자인 피스크(E. K. Fisk)는 1980년대에 태평양 지역에서는 한 가족이 하루에 몇 시간의 노동만으로 가족이 필요로 하는 모든 것을 생산하고 소비할 수 있음을 지적하고, 이를 '자급자족적 풍요(Subsistence Affluence)'라 지칭했다. 이 지역은 보통 우리가 생각하듯이 노동하지 않아도 굶주리지 않는 사회로서 '일하지 않으면 먹지도 말라'는 정언 명령이 효력을 발휘하는 사회가 아닌 것이다.

또한 가족들은 자신이 소유한 땅에 의존하며 살아가고 있기 때문에 최악의 상황에는 자신들의 땅으로 돌아가 필요한 작물 등을 재배해서 생활할 수 있다. 토지는 자급자족 경제의 기반이 되며, 급여에 기반한 노동경제 또는 화폐경제에서 소외된 주민들도 결국에는 돌아갈 곳이 있는 것이다.

경제적 자립(self-reliance)에 대한 신화

물질적 풍요와 더불어 한 나라의 경제적 자립 또는 경제적 자생력 확보는 보통 경제발전의 궁극적 목표로 인식되어 왔다. 제1차 자유연합협정 체결 당시 미국이 마이크로네시아에 원조를 주면서 기대한 것도 그러한 것들이었다. 그들의 투자가 나중에는 마이크로네시아의 경제적 자생력을 촉진시키고 자생적 산업을 성장시키리라는 것이었다. 그러나 결과는 기대처럼 되지 않았고 그 후에도 외부투자자에 대한 높은 벽, 토지소유와 관련된 여러 문화적 제약 등을 이야기하며 사람들은 만약 마이크로네시아가 경제발전을 이루고 싶으면, 즉 경제적 자생력을 갖고 싶으면 외부 시장을 보아야 한다고 이야기해 왔다.

그러나 마이크로네시아 국민들은 이러한 뚜렷한 경제적 자립이나 자립에 대한 욕구 없이도 그들의 경제사정에 만족하고 있다. 연말마다 치러지는 국가회계에서 국가수입과 국가지출이 얼추 비슷하면 마이크로네시아 정부는 만족을 느낀다. 그들이 보기에 국가수입의 근원에 대해서는 걱정할 필요가 없다. 그게 원조금에서 들어왔든 수출액을 통해서 얻었든 결과는 같기 때문이다. 미국인들과 서구인들은 이러한 단순한 실용적 접근법을 거의 경멸하듯이 쳐다본다. 마이크로네시아인들의 경제적 열정, 지역적 열정은 어디 있단 말인가?

과거 신탁통치령 시기 미국의 지배가 이들의 경제발전을 오랫동안 차단시킨 면도 있었다. 마이크로네시아 정부가 쓸데없이 돈을 낭비한 것도 있고, 우선순위가 정치적 결정에 의해 무효화된 적도 있으며, 전체적인 생산성도 낮았다. 그러나 이것이 이들이 경제를 견인하려는 기회를 완전히 놓쳤다거나 그런 열정이 없었다는 말과 동의어는 아니다.

단순히 수출 - 수입 간의 균형과 거기서 나오는 흑자 수입을 통해 국가의 경제적 자생력이 유지될 수 있다는 서구식 경제관념을 마이크로네시아에 단순히 적용할 수는 없다. 그것은 서구식 개발론자들의 전형적인 신화에 가까운 논리이다.

1980년대에 조지 켄트(George Kent)는 경제적 자생력을 갖춰야 한다는 신화에 대해 다음처럼 언급했다. "경제적 자생력은 보통 태평양 지역, 아니 세계 전역에서 경제발전의 주요 목적처럼 이야기된다. 그러나 사실 유럽인 접촉 전으로 되돌아가지 않으면 경제적 자생을 이룰 수 없다면? 경제적 자생력이라는 목표는 의심쩍은 것이다. 훨씬 더 부유한 국가들도 경제적으로 완전히 자족적이지 않으며 그러한 것을 바라고 있지도 않으니까. 경제적 자족성이란 그 자체의 보상이 아니다. 부유한 국가들도 여러 사회 시스템을 통해 필요한 물자를 공급, 조달하면서 가난한 국가들이 경제적 자생력을 배워서 추구해야 한다는 건 상식에 맞지 않는다."

급격한 사회변화와 높은 자살률

1960년대부터 마이크로네시아에 덧씌워진 서구화 또는 미국화의 물결 중에서 마이크로네시아 사회를 가장 근본적이고 철저하게 뒤바꾸어 놓은 것은 '화폐'의 도입이다. 전통적 자급자족 경제가 화폐경제로 전환되면서부터 마이크로네시아 전통사회가 보유하고 있던 친족관계, 전통적 권력체제, 공동체 정신, 확대가족에 기반한 가정생활 등의 토대가 크게 뒤흔들렸다. 화폐의 도입은 개인을 급여를 받아 생활하는 노동자로 변화시켰고, 도시와 시골을 분리시켰으며, 가족 구성원들의 분리, 핵가족의 증가, 연장자의 권위 감소, 남녀 성역할의 변화 등을 촉진시켰다.

이러한 대대적인 변화가 시작된 것은 미국 정부가 마이크로네시아 지역에 투자하는 원조액을 2배로 대폭 증가시킨 1960년대부터였다. 이러한 급격한 사회변화와 더불어 가족 간 구성원의 역할 변화, 전통적 가치의 붕괴 등이 가속화되고, 특히 젊은 세대들이 이러한 혼란의 가장 큰 희생자가 되었다.

결국 현재 마이크로네시아에서 진행되는 여러 문제의 근원은 여러 서구열강들의 반복되는 식민지배, 특히 미국에 의해 도입·이식된 서구적 시스템 (관료주의, 자본주의 등)이라고 할 수 있다. 판이하게 성격이 다른 새로운 문명이 마이크로네시아 전통사회에 덧씌워졌고, 마이크로네시아에는 이러한 급격한 변화로부터 자신을 지켜 줄 어떤 완충적 장치도 존재하지 않았던 것이다.

이러한 사회적 혼란으로 인해 1960년대부터 마이크로네시아 전역에서 뚜렷하게 증가하기 시작해 심각한 사회문제가 된 것이 젊은이들의 자살이다. 1960년대 초반에는 자살률이 10만 명당 10명 정도였지만 1980년대 초에는 그 수치는 거의 5배가 뛰어 10만 명당 약 50명 정도의 자살률을 보였다.

젊은층의 자살률 폭증은 마이크로네시아 사회에서 큰 이슈가 되었고 다양한 사회학적 논의를 불러일으켰다. 통계 자료에 따르면, 20세 젊은이들이 가장 많이 자살했는데 그 수치는 10만 명당 100명 정도로 이는 세계 수준에서 매우 높은 자살률을 보이고 있는 일본의 20세 젊은이 자살률보다 5배나 높은 수치였다.

또한 마이크로네시아 연방국의 지역 중에서는 축 주의 자살률이 가장 높았는데, 15~24세 사이 젊은이들의 자살률은 연간 10만 명당 200명이 넘는 충격적인 수치를 보였다. 이는 이 나이대의 축 주 소년 40명 중 1명이 자살한다는 것을 의미한다. 여기서는 마이크로네시아 연방국의 4개 주 중 자살률이 가장 높았던 축 주의 사례를 중심으로 소개하려고 한다.

왜 목숨을 끊는가?

마이크로네시아에서 발생한 젊은이들의 자살은 미국이나 기타 서구 국가들의 젊은이 자살과는 크게 다르다. 서구 국가 청년들의 자살을 분석하기 위한 사회학적·심리학적 이론도 마이크로네시아 자살의 분석에는 그리 유효하지 않다.

마이크로네시아 젊은이들의 자살은 매우 압도적으로 가족들과의 '관계'에서 유래하는 것이다. 마이크로네시아에서는 개인의 성취나 업적 등의 실패로 자살하지는 않는다. 그러한 이유로 자살을 저지른 사례는 보고된 적이 없다. 즉, 사업이 실패했거나 학교에서 쫓겨났거나, 직장을 잃었다는 이유로 자살하지는 않는다.

또한 서구의 자살에서 발견되듯이, 젊은 자살자들의 내면적인 실존적 괴로움이라든지 스스로가 무가치하다는 느낌 등도 크게 발견되지 않는다. 서구처럼 젊은이들이 '심각한 스트레스, 감정적 괴로움, 정신적인 불균형'을 겪고 자살하는 경우도 드문 것으로 드러났다.

미국의 정신의학 전문가들은 보통 자살의 원인을 피해자의 '내향화된 분노'로 보는 반면, 축 주의 자살을 연구한 루빈슈타인(Rubinstein)과 프란시스 헤젤(Francis X. Hezel)은 마이크로네시아의 자살이 내향화된 분노라기보다는 가족에 대한 (그동안 억압되었던) '일종의 복수나 공격심의 발로'라는 측면이 있다고 분석했다.

축 주의 지역용어 중 아문누문(amwunumwun)이란 말이 있는데, 이는 문화적으로 드러내기에 부적합한 매우 강렬한 감정(분노나 연장자에 대한 불만 등)을 느낄 때, 이러한 감정에 나름의 배출구를 제공하기 위해 다른 이들로부터 일정한 거리를 두는 것을 말한다. 즉, 부정적인 감정을 직접 드러낼 수 없어서 거기에 직면하기보다는 나름의 회피 전략을 사용하는 것이다. 혼자 있거나, 다른 이들과의 대화를 거부하거나, 극단적인 경우 목숨을 끊는 등의 모든 행동이 아문누문에 해당한다.

이러한 자살의 주요 원인으로는 여러 가지가 지적되었지만 그중에서도 확대

가족 시스템(씨족 시스템)의 붕괴를 가장 근본적인 이유로 들 수 있다. 이것은 1970년대부터 서구화·현대화 등으로 마이크로네시아 전통사회가 빠르게 변한 것과 연관이 있다.

과거 전통사회에서 확대가족 시스템이 견고하게 유지되었을 때는 젊은이들에게 여러 명의 친척과 연장자가 존재했다. 따라서 생물학적 부모의 중요성도 그리 크지 않았다. 누군가 부모에게 심한 꾸중을 듣거나 부모와 마찰을 겪었다고 해도 다른 친척이나 연장자들이 그를 위로해 줄 수 있었다. 그러나 화폐경제 및 급여에 기반한 현대적 노동 시스템이 도입되고 확대가족이 축소되면서 젊은층이 지속적으로 접촉하는 가족이 주로 그의 생물학적 부모에 국한되었다. 따라서 부모와 자식 간의 긴장이 증가했고, 그 사이에 갈등이 발생했을 때 이를 완화시켜 줄 완충제 역할을 하던 사람도 없다. 결과적으로 젊은이들이 부모와의 갈등에서 느끼는 고통이나 심적 부담이 매우 커진 것이다. 더 나아가 가치체계의 급격한 변화로 인해 젊은층의 안정적인 사회진입 및 사회화가 방해를 받았다는 분석도 제기되었다. 전통사회에서는 생애의 각 주기별 단계마다 개인이 느끼는 위기 및 갈등이 더 큰 친족사회로의 진입 및 그 안에서의 지위획득을 통해 해결되었다. 그러나 확대가족 시스템과 기본적인 씨족 마을 구조가 붕괴되고 나서 특히 젊은 남성들을 위한 문화적 위로기제가 거의 사라졌다. 이들은 순수하게 부모에 의존하는 존재가 된 것이다.

한편, 자살을 대수롭지 않은 문제로 보는 마이크로네시아 사람들의 세계관도 한 이유로 지적되었다. 이 젊은이들이 보기에 자살은 실존적 문제가 아니다. 풀 수 없는 문제를 해결하는 하나의 방법일 뿐이다. 우리의 눈에는 매우 충격적인 삶에 대한 미련 없음, 홀가분함 등이 높은 자살률을 설명하는 하나의 이유가 되기도 한다.

축 주에서 있었던 청년 자살을 분석한 일련의 연구에 따르면 자살의 이유는 대부분 가족들과의 관계에서 유래한다. 가족들과의 사소한 말다툼이나, 가족 중 연장자의 꾸중, 가족들에게 받아들여지지 않은 요구 등이 가장 큰 사인이다. 자살률이 폭증한 1980년대에 있었던 몇 가지 사례를 보면 다음과 같다.

9세 소년은 이웃집에서 TV를 보다 그날 저녁 집에 와서 목을 매달아 자살했다. 그 소년은 평소에 집에 늦게 들어온다고 아버지가 때리던 것을 두려워했다는 사실이 드러났다.

또 이 집 저 집 옮겨가며 살던 18세 소년은 연장자 친척에게 모욕적인 말을 듣고 목을 매어 죽었다. 또 15세 소녀는 부모님이 자신의 언니의 비디오 레코더를 사용하지 못하게 하자 과량의 약을 먹고 목숨을 끊었다. 또 24세 청년은 가족이 운영하는 가게에서 외상을 거부당한 뒤 목숨을 끊었다.

통계적 수치를 보면[6] 1970~1985년까지 축에서는 총 173명의 자살자가 발생했다. 이는 연평균 11명이 자살한 것으로 축 주의 인구가 4만 정도인 점을 감안하면 10만명당 33명 정도의 비율이 된다.

축 주에서 일어난 자살사건에는 몇 가지 특징이 발견되는데, 그중 인상적인 것은 90% 이상의 피해자가 남성이며 대부분 매우 젊다는 사실이다. 자살자의 평균 연령은 19세이며, 75% 정도가 15~29세 사이의 청년들이다.

위 사례들에서도 알 수 있듯이, 얼핏 보면 축 주의 자살사건들은 가족 구성원과의 사소한 말다툼이나 의견 불일치에서 유래하는 것 같다. 16세 소년은 아버지가 크리스마스용 새 셔츠를 사 주지 않자 자살했으며, 다른 소년은 실수로 돌을 던져 삼촌의 머리를 맞추었는데 나중에 심하게 매맞을 거라는 말을 듣자 목숨을 끊었으며, 어떤 젊은 남자는 집 안에서 노래를 너무 크게 부른다고 형이 욕을 하자 홧김에 목숨을 끊었다. 이러한 자살 이유는 외부인이 보기에는 매우 사소한 것이다. 흥미로운 것은 사업이나 학교시험에 실패하거나, 직위 및 직장을 잃거나, 기타 개인의 성취감에 상처를 입는 사건들 때문에 자살한 경우는 보고되지 않았다는 것이다. 이것은 사람과 사람 사이의 관계, 특히 가족관계가 축 사회의 가치체계 중 가장 높은 곳에 있음을 잘 보여 주는 것이다.

하지만 깊이 들여다보면 단순히 사소하고 불쾌한 가족 간의 다툼에서 일어난 것처럼 보이는 자살도 사실은 오랜 시간 누적되어 있던 가족 내 긴장과 갈등이 최종적으로 드러난 것이라는 것이 밝혀졌다. 대부분의 피해자들은 자살을 감행하기 전에 가족들과 수개월, 때로는 수년에 걸쳐 힘든 갈등을 경험했던 것이다.

또한 축 주의 높은 자살률은 축의 문화적·사회구조적 체계의 산물이기도 하다. 축 주의 자살유형 분석 결과에 따르면, 가장 많이 발견되는 유형(전체 자살의 81%)이 '분노'에 의한 것이다. 즉, 피해자인 대부분의 축 젊은이들(거의

[6) http://micsem.org/pubs/articles/suicide/frames/suiepidfr.htm](http://micsem.org/pubs/articles/suicide/frames/suiepidfr.htm)

남성)은 부모나 가족의 연장자, 형제들에 의해 비난을 받거나, 어떤 요청을 거절당했거나 할 때 홧김에 자살을 감행한다. 이것은 사회구조적으로 젊은 사람이 자신보다 나이가 많은 연장자에게 적절하게 분노를 표출할 수 있는 기제가 존재하지 않는 축 사회에서 그 나름의 분노를 다른 방식으로 표현하는 방법이기도 하다.

이러한 현상에 대해 화폐경제가 도입되고 전통적인 확대가족이 점점 와해되면서, 가족의 한 구성원에게서 받은 상처를 다른 구성원들이 어루만져 주고 달래 주는 기능이 사라지고 있기 때문이라는 분석도 있다. 과거에는 어떤 소년이 아버지나 형에게 혼났을 때 그를 위로해 줄 외삼촌이나 이모 등이 있었지만, 그러한 역할기능이 점점 약해지고 있다는 것이다.

또한 젊은 남성의 자살률이 유별나게 높은 이유는(동시에 음주와 마약, 폭력, 각종 구금, 정신질환의 비율이 높은 것은) 축 주 및 마이크로네시아 사회의 문화와 관련이 있다. 마이크로네시아처럼 위계화된 전통사회에서는 젊은 남성의 지위가 불안정하고 불분명한 편이다. 최소한 30세가 넘어야 가정을 꾸리고 안정된 자리를 잡아 그 사회에서 높이 평가하는 여러 성과를 쌓을 수 있다.

한편, 마이크로네시아 사회가 대부분 모계사회라는 점도 젊은 남성의 입지를 불안하게 만든다. 모계사회에서 젊은 여성은 상대적으로 더 많은 안정성을 갖는다. 그렇지만 보통 남성들은 사춘기가 되면 여자 자매들과 한 집에 머물러서는 안 된다는 근친상간 금기 때문에 집을 떠나야 한다. 그렇게 사춘기 내내 확고한 거주지 없이 지내다가 결혼을 하면 다시 아내 쪽 집으로 들어가서 살게 된다. 그러므로 축 주의 젊은 남성은 젊은 여성에 비해 더 불안정한 상황에 계속 놓여 있게 되는 것이다. 또한 이렇듯 자신의 뚜렷한 자리가 없는 뜨내기와도 같은 생활이 남성을 계속 자살로 내몬다는 해석도 있다.

이 외에도 축 주에서 남성의 높은 자살률을 설명하는 문화적 기제가 있다. 이것은 남성에게만 고유한 하위문화인데 위의 이유들 못지않게 중요하다.

첫째, 축 주 남성의 특징 중 하나는 남자다움을 과시하려는 충동이 매우 강하다는 것이다. 이것은 개인적 위험이나 죽음에 대한 태도 등에서 드러난다. 축 젊은이들은 매우 위험한 일을 아무렇지 않게 받아들이거나 적극적으로 찾아 나섬으로써 남자다움을 과시하려는 문화가 존재한다. 그래서 술을 먹고 거친

싸움을 벌이거나, 제3자가 보기에 매우 무모한 행위들을 공훈이나 영광으로 여기는 등의 일이 발생한다. 1980년대에 축 젊은이들 사이에서는 취한 채 배를 타고 바다로 뛰어내려 먼 섬까지 헤엄쳐 가는 일이 유행이 된 적이 있었다. 이러한 심리적 태도가 죽음을 별것 아닌 것, 두렵지 않은 것으로 여기게 하는 면이 있다고 생각된다.

둘째, 축 주 남성은 사랑의 열병으로 인한 고통을 높이 평가하고, 낭만화하는 경향이 있다는 것이다. 젊은 남성들은 모든 사람이 볼 수 있는 벽에 낙서를 하거나, 티셔츠 등에 글자를 씀으로써 사랑으로 인한 고통을 다른 이들에게 드러내 보인다. 또한 축 주의 젊은층 사이에서는 누군가의 사랑은 그 사람이 '고통 받을 준비'가 되어 있는가 아닌가로 증명될 수 있다고 믿는 경향이 있다. 이러한 태도가 18세기 독일 청년들이 베르테르의 자살을 낭만화했듯이, 사랑의 고통으로 인한 죽음을 낭만화시키고, 주변 사람들에게 큰 고통을 남기는 자살이라는 죽음의 방법에 일종의 속죄의 느낌을 부여하는 것으로 추정된다.

이 외에도 젊은 남성들이 자신의 분노나 부정적 감정을 쉽게 언어로 표현할 수 없게 만드는 문화적 구조, 인정받고자 하는 강한 열망 등도 자살에 일조하는 것으로 보인다.

셋째, 축 사회에서 자살은 이미 너무 유명하고 일상적인 이슈가 되었기 때문에, 그 문화적 관성효과가 계속 자살을 불러오는 측면도 있는 것으로 보인다. 자살이 삶을 끝낸다거나 이승에서의 생활을 마감한다는 식의 무겁고 어려운 선택이 아니라, 젊은이들이 매우 꺼내 들기 쉬운 카드라는 인식이 퍼져 있고, 이미 사람들의 삶의 일부가 된 것이다. 또한 자살은 축 지역의 유행가나 사랑노래의 주요 테마이기도 하다. 이러한 문화적 환경이 계속 젊은 층들을 자살로 불러들이는 것이다.

chapter
03

마이크로네시아
연방국의
이해

개 요

- 공식명칭 : 마이크로네시아 연방국(Federated States of Micronesia)
- 일반명칭 : 마이크로네시아(FSM)
- 수도 : 폰페이(Pohnpei) 섬 소재 팔리키르(Palikir)
- 인구 : 12만 600명(2011년 기준)
  축 주(5만 3,500), 폰페이 주(3만 4,500), 얍 주(1만 1,200), 코스레 주(7,700)
- 면적 : 705㎢
- 독립 : 1986.11.3
- 시차 : 2시간(한국보다 2시간 빠름)
- 인종 : 9개의 인종으로 구성(마이크로네시아 및 폴리네시아 그룹)
- 언어 : 영어(공용어), 8개 토착 언어(축어, 코스레어, 폰페이어, 얍어, 울리시어, 울레아이어, 누쿠오로어, 카핑가마랑기어)
- 종교 : 기독교(개신교 : 40.1% / 가톨릭 : 57.7%)
- 화폐 : 미국 달러
- 정부형태 : 대통령제(연방국가)
- 의회구성 : 단원제(의원 총 14명, 임기는 2년 10명, 4년 4명)
- 주요 정부인사(2014.1 기준)
  대통령 : 엠마누엘 모리(Emanuel "Manny" Mori)
  부통령 : 알릭 알릭(Alik L. Alik)
- 1인당 GDP : 3,479달러(2011년 기준)
- 연방구성 : 제2차 세계대전 후, 미국이 관리하던 태평양 신탁통치령 중에서 팔라우, 북마리아나 제도, 마셜 제도 지역을 제외한 4개의 개별 지역이 연방체제로 묶여 국가로 형성됨.
- 행정구역 : 북서태평양의 광대한 해역에 펼쳐진 607개의 섬으로 구성(이 중 65개가 유인도). 각각 독자적인 언어, 문화, 전통을 가진 4개의 주인 폰페이, 코스레, 얍, 축으로 구성됨.

마이크로네시아 연방국 국기와 국장(1979.11 제정)
국기의 파란색은 태평양을, 4개의 하얀색 별은 마이크로네시아 연방국을 구성하는 4개의 주(축 주, 폰페이 주, 얍 주, 코스레 주)를 뜻함.

마이크로네시아 연방국의 4개 주

깃발	주 명칭	주도	육상면적	인구(2010)	인구밀도	Time Zone
	Chuuk	Weno	127㎢	48,651	383 per ㎢	+10
	Kosrae	Tofol	110㎢	6,616	60 per ㎢	+11
	Pohnpei	Kolonia	346㎢	35,981	104 per ㎢	+11
	Yap	Colonia	118㎢	11,376	96 per ㎢	+10

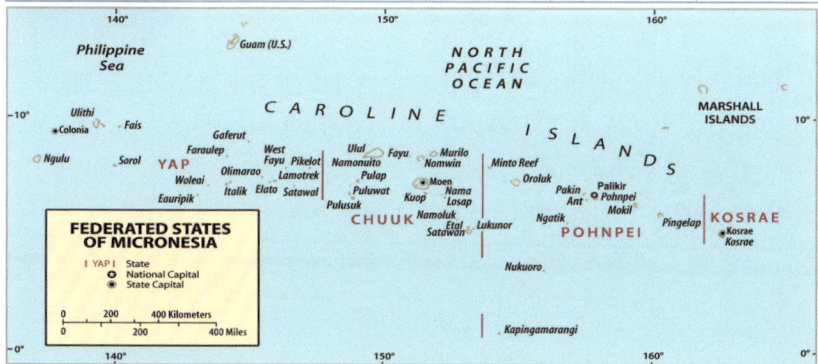

ⓒ 위키피디아

81

마이크로네시아 연방국의 이해

마이크로네시아 연방국 통계조사 현황(2000년)[7]

	축 주	코스레 주	폰페이 주	얍 주	마이크로네시아 연방국 총계
인 구	48,651	6,616	35,981	11,376	102,624
청장년 비율			52.8%		0~19세 : 55% / 0~9세 : 33%
주요 도시 거주	대중교통 없음				23%
도시/시골 사이의 중간 섬들 거주	작은 선박 및 사륜구동 자동차로 주요 도시 왕래				54%
외곽 섬들 거주	작은 선박으로 주요 도시 왕래 (대형선박의 경우, 노선 없음)				22%
영아 사망률					29.16/1000
평균 수명					70.05세
1인당 GDP	$1,246	$2,336	$2,845	$3,076	$2,032
1인당 의료지출비	$80(1999)	$169(2001)	$117(2001)	$125(2001)	$147
빈곤선 아래 인구비율					26.7%
연간 가구수입(1998년)	$9,819	$15,100	$11,783	$13,075	$11,240
평균 급여(2000년 기준)	$3,446	$6,346	$5,521	$3,665	$4,618
전기 보급률	9.6%	100%	33.7%	54.4%	30.4%
고등학교 또는 그 이상의 교육을 받은 25세 이상 주민 비율					31.7%

- 정부 형태 : 마이크로네시아 연방국은 미국과 자유연합협정(Compact of Free Association)을 체결한 제헌 정부임. 자유연합협정의 요지는 마이크로네시아 연방국이 자국 문제(국내, 국외)에 대한 전적인 자율권을 갖되 국방 및 안보는 미국이 책임지며, 이를 대가로 미국이 재정원조를 제공하는 것임. 1986년부터 15년간 제1차 자유연합협정이 실시되었고, 2004년부터 20년 더 연장되어 2024년까지 미국의 재정지원이 계속될 예정임.
- 인종 : 9개의 다양한 인종으로 구성(마이크로네시안, 폴리네시안 그룹)
- 주요직업 : 50% 이상이 정부 관련 공공기관 종사
- 헌법제정 : 1979년 5월 10일

---

[7] FSM Census 2000, FSM Statistics Division, Federated States of Micronesia
http://www.spc.int/prism/country/fm/stats/Publications/Census_Survey/Census_survey.htm

마이크로네시아의 사회·문화·환경적 특징

분야	내용
역 사	• 1899 독일 점령 • 1919 제1차 세계대전 후 일본이 점령 • 1947 제2차 세계대전 후 유엔 승인 아래 미국 신탁통치 • 1986 미국과의 자유연합협정을 통한 독립 • 2004 미국과의 자유연합협정 재계약
정 치	• 서구식 민주주의 시스템과 전통적 정치 시스템이 공존함으로써 비교적 안정되어 있지만 아직 정당들은 존재하지 않음
경 제	• 독립 후 미국의 재정지원으로 경제는 안정되어 있는 편이나, 대부분의 국내 경제가 정부 및 공공기관을 중심으로 형성되어 있고, 미국의 원조에 대한 지나친 의존, 시장 경쟁력을 가진 민간 부문 산업의 부재, 경제활성화에 걸림돌이 되는 관습적 토지제도 및 까다로운 행정절차 등으로 경제 전망이 밝다고는 할 수 없음. • 지역적 고립성, 후진적 인프라 역시 경제성장의 걸림돌로 지적되고 있음. 괌이나 팔라우 등의 이웃 섬나라들과 비교할 때, 마이크로네시아는 직항 교통편이 적고 외딴 느낌을 주어 관광업이 충분히 발달하지 못함. 인프라와 관련해서는 최근 정부에서 적극적으로 인프라 구축을 진행하고 있으나, 도로, 전기 등 기본적인 기반시설 현황은 매우 열악한 실정임. • 세계 최대의 참치 어장을 보유하고 있어 상당한 금액의 어업 허가권 발급 수입을 얻고 있음 • 마이크로네시아의 재정수입에 기여도가 높은 세 분야는 관광업, 농산물 수출, 어업 허가권 판매임. • 마이크로네시아 정부의 연간 예산 중 64% 정도는 타국 정부의 원조금임.
외 교	• 외교는 연방정부가 수행 • 1986년 11월 미국과의 자유연합협정이 발효되어 주권국가가 되었으며, 1991년에 유엔에 가입함. • 인접 태평양 도서국들과의 지역적 협력을 외교의 중요 요소로 여김. • 미국과 매우 밀접한 관계 유지 : 국방과 안보를 미국에 위탁 • 미국이 최대 재정지원국이며 그 외에 일본, 중국, 호주, 필리핀 등이 마이크로네시아를 지원하고 있음. • 마이크로네시아는 마셜 제도나 팔라우와 달리 대만을 인정하지 않고 중국과 수교
환 경	• 급격한 도시화 때문에 일부 도시 지역은 인구증가, 인프라 부족 등의 문제를 겪고 있음. 토양 침식, 연안자원의 질적 저하, 어류 남획, 공해 등도 발생하고 있지만 광활한 지역에 펼쳐진 대부분의 섬들은 천연의 자연상태를 유지하고 있음. • 다른 태평양 도서국들처럼 기후변화 역시 문제가 되고 있음.

문 화	• 서구적 교육, 정치, 경제 시스템이 도입되었지만 여전히 사회는 계층화되어 있으며, 사회적 지위와 친족 관계가 매우 중요함.
	• 마셜 제도와 마찬가지로 나무 조각과 조개껍데기 만든 해도 및 카누 제작이 중요한 문화유산임.
	• 전통춤이 마이크로네시아의 문화유산 중 하나이며, 특히 가장 서구화가 덜 진행된 얍주에 많이 보존되어 있음.
	• 마이크로네시아 관광국(FSM Visitor Board)에서는 현재 각 주들을 다음과 같이 홍보하고 있음. 각각 얍 주의 전통화폐, 축 주의 제2차대전 유적, 폰페이 주의 난 마돌(Nan Madol) 유적, 코스레 주의 청정한 자연을 부각시킨 것임.
	  - 얍 주 : 석폐의 섬(Land of Stone Money)
	  - 축 주 : 역사의 섬(Land of History)
	  - 폰페이 주 : 신비의 섬(Land of Mystery)
	  - 코스레 주 : 자연의 섬(Land of Nature)

교육	• 마이크로네시아 지도자들은 사회적·경제적·정치적 개발계획에서 우선순위를 교육에 두고 있음. • 마이크로네시아 정부는 매년 약 3,200만 달러를 유치원에서 고등학교까지의 교육에 투자함(이것은 학생당 매년 약 1,000달러를 투자하는 수준). • 25세 이상 성인의 경우 평균 49.2%가 고등학교를 가기 전에 학교를 그만둠. 그러나 중학교 2학년까지 완료한 사람들 중 78%가 고등학교를 졸업하고 대학에 진학하는 것으로 집계됨. • 마이크로네시아 학생 중 10명에 1명꼴로 전문대(COM : College of Micronesia)에 진학함. • 약 2,500명에 달하는 마이크로네시아 전문대(COM) 학생들 중 약 83%가 미국 정부로부터 등록금 지원을 받음[연간 400만 달러(약 48억 원) 규모]. • 사립고등학교의 경우 졸업 비율이 공립학교보다 20% 높으며, 평균 사립학교의 등록비는 학생당 약 500달러임.
알아 두어야 할 에티켓	• 지역 주민들의 사진을 찍기 전에 항상 허락을 맡아야 함. • 여성들은 허벅지를 가리는 단정한 옷을 입어야 함. • 수영복은 해수욕장과 수영장에서만 입어야 함. • 집에 들어갈 때 신발을 벗어 달라는 요구를 받을 수 있음. • 마을 어른들을 항상 존중해야 함.

01 자연환경[8]

마이크로네시아 연방국은 적도를 따라 펼쳐져 있는 607개의 섬으로 구성되어 있다. 이 섬들은 동에서 서로 약 2,700km 너비에 걸쳐 흩어져 있다. 동서로 길게 흩어진 이 섬들은 전체 면적이 약 705km²에 불과한데, 이는 우리나라 제주도 면적의 1/2에도 미치지 못하는 수준이다(제주도 면적은 약1,848km²). 섬들의 대다수는 작고 낮은 평평한 산호섬이며, 상대적으로 크고 산이나 언덕 등을 갖춘 섬도 있다.

한편, 좁은 육지면적에 비해 마이크로네시아 연방국의 배타적 경제수역(EEZ)은 약 260만km²로 매우 넓다.

- 육지면적 : 705km²(제주도 면적의 1/2이 조금 못 됨. 제주도 면적은 약1,848km²)
  - 육지면적이 가장 넓은 주는 폰페이 주로 347.06km²이며, 축 주가 그다음으로 127.43km²이다. 얍 주는 면적이 100km²인데 4개의 비교적 큰 섬과 7개의 작은 섬 그리고 134개의 산호섬으로 이루어져 있다. 코스레 주의 경우에는 주요 섬이 하나로, 섬의 고도가 비교적 높으며 면적은 109.56km²이다. 마이크로네시아 인구의 약 절반은 주요 도시에서 떨어진 외곽 섬들에 거주하고 있다.
- 해역면적 : 약 260만km²
- 연안길이 : 약 6,112km
- 동서길이 : 약 2735.89km

---

8) http://www.sids2014.org/content/documents/129NBSAP.pdf

- 지형 : 607개의 산악섬, 저지대 산호섬 등으로 이루어져 있음. 섬들은 지형과 크기가 다양하고, 약 40개의 섬이 비교적 크다고 할 수 있음. 섬들은 북위 4°~9°, 동경 137°~164° 사이에 있음.
- 행정체계 : 대부분의 도시들은 섬의 고지대에 위치함. 마이크로네시아에는 총 74개의 시(municipality)가 있는데 행정체계는 이 74개의 시를 중심으로 형성되어 있음.

마이크로네시아, 축 환초의 풍경

마이크로네시아의 74개 시(Municipality)

시 명칭	HASC[9]	MCD[10]	시 명칭	HASC	MCD
Dalipebinau	FM.YA.DA	005	Ngulu	FM.YA.NG	080
Dublon	FM.CH.DU	310	Nomwin	FM.CH.NW	500
eauripik	FM.YA.ER	010	Nukuoro	FM.PO.NU	060
Elato	FM.YA.EL	020	Onari	FM.CH.OR	510
Eot	FM.CH.EO	320	Oneop	FM.CH.OP	520
Ettal	FM.CH.ET	330	Ono	FM.CH.OO	530
Fais	FM.YA.FS	030	Oroluk	FM.PO.OR	070
Fala-Beguets	FM.CH.FB	340	Param	FM.CH.PR	540
Fananu	FM.CH.FN	350	Pingelap	FM.PO.PI	090
Fanif	FM.YA.FF	035	Pis-Losap	FM.CH.PL	570
Faraulep	FM.YA.FP	040	Pisaras	FM.CH.PS	550
Fefan	FM.CH.FF	360	Pulap	FM.CH.PP	590
Gaferut Island	FM.YA.GI	050	Pulusuk	FM.CH.PK	600
Gagil	FM.YA.GG	052	Puluwatol	FM.CH.PW	610
Gilman	FM.YA.GL	055	Romanum	FM.CH.RO	620
Ifalik	FM.YA.IF	060	Rull	FM.YA.RL	085
Kanifay	FM.YA.KA	065	Rumung	FM.YA.RM	087
Kapingamarangi	FM.PO.KP	020	Ruo	FM.CH.RU	630
Kitti	FM.PO.KT	025	Satawal	FM.YA.SA	090
Kolonia	FM.PO.KL	030	Satawan	FM.CH.SA	640
Kutu	FM.CH.KU	400	Sokehs	FM.PO.SO	102
Lamotrek	FM.YA.LA	070	Sorol	FM.YA.SO	100
Lelu	FM.KO.LE	010	Ta	FM.CH.TA	670
Losap	FM.CH.LO	410	Tafunsak	FM.KO.TA	030
Lukunor	FM.CH.LU	420	Tamatam	FM.CH.TM	680
Madolenihmw	FM.PO.MA	035	Tol	FM.CH.TL	700
Magur	FM.CH.MA	430	Tomil	FM.YA.TO	105
Malem	FM.KO.MA	020	Tsis	FM.CH.TS	710
Map	FM.YA.MA	075	Udot	FM.CH.UD	720
Moch	FM.CH.MC	450	Uh	FM.PO.UH	114
Moen	FM.CH.MN	460	Ulithi	FM.YA.UL	110
Mokil	FM.PO.MO	040	Ulul	FM.CH.UL	730
Murilo	FM.CH.MU	470	Uman	FM.CH.UM	740
Nama	FM.CH.NA	480	Utwe	FM.KO.UT	040
Namoluk	FM.CH.NL	490	Walung	FM.KO.WA	050
Nett	FM.PO.NE	045	Weloy	FM.YA.WE	115
Ngatik	FM.PO.NG	050	Woleai	FM.YA.WO	120

---

9) SC : Hierarchical administrative subdivision codes. The middle two letters identify the state. For key, see "Administrative Subdivisions of Countries."

10) MCD : Minor Civil Division code, as assigned by the Census Bureau. Note: to get a unique code, these must

지형 및 생물종[11]

지질학적으로 마이크로네시아의 섬들과 산호섬들은 수백만 년 전 있었던 화산활동의 결과이다. 이 화산의 꼭대기가 오늘날 바다 위로 솟구쳐 그 주위에 산호초가 형성된 것이다. 어떤 경우에는 화산 중심부가 사라지거나 함몰된 다음 고리 모양의 산호초 또는 라군만 남아 있는 경우도 있다. 이 과거 화산의 흔적들이 오늘날 마이크로네시아의 코스레 주, 폰페이 주, 축 주, 얍 주의 섬들을 형성하고 있다.

이 섬들은 크게 두 종류로 분류할 수 있는데, 하나는 폰페이 섬, 축 섬, 코스레 섬과 같은 비교적 지대가 높은 화산성 섬들이고, 다른 하나는 얍 섬과 같은 낮은 저지대 환초섬들이다. 폰페이나 축, 코스레 섬의 지형은 다소 가파르고 험준한 고지대로 구성되며, 반면 얍 섬의 지형은 조금 더 완만한 경사를 보이고 종종 늪과도 같은 저지대로 구성되어 있다. 마이크로네시아 연방국 섬들은 보통 숲으로 둘러싸여 있었으나 인간에 의한 경작지 확대 등으로 고지대 숲들이 빠르게 사라지고 있다.

과거 화산활동 및 판구조운동으로 인해 마이크로네시아 지역의 섬들은 동쪽에서 서쪽으로 서서히 이동해 간 것으로 추정된다. 따라서 마이크로네시아 연방국 중 제일 동쪽에 있는 코스레 섬의 연대가 가장 젊으며 서쪽으로 갈수록 섬들의 연대가 높아진다. 이 화산의 대부분은 해수면보다 고도가 낮아 바닷속에 잠겨 있지만 폰페이 섬(최고 해발고도 791m), 코스레 섬(635m), 축 섬(443m) 등의 섬들은 비교적 고도가 높다.

이렇게 고도가 높은 섬들에 위치한 삼림 고지대는 각 섬의 생물다양성 및 생태계 유지에 핵심적인 역할을 하는데 코스레 섬의 경우 전체 육지면적의 63%가 숲이며, 폰페이 섬은 56%, 얍 섬은 33%, 축 섬은 약 10%가 높은 산악지형으로 되어 있다. 이러한 산악지형 주변에는 보통 습지들이 발달해 있는데 연안 맹그로브 숲, 늪지 등의 지형이 관찰된다. 코스레 섬과 폰페이 섬의 경우, 높은 산맥에서 짧은 하천 등이 흘러와 물의 순환에도 중요한 역할을 한다.

---

be combined with the FIPS code for the state.

11) Federated States of Micronesia, Fourth National Report, Implementation of Article 6 of the Convention on Biological Diversity. http://www.sids2014.org/content/documents/129NBSAP.pdf

마이크로네시아 연방국의 주요 지형(생태 지역)

삼림 지대	• 열대 저지대 우림 지대 • 열대 고지대 우림 지대 • 강가 삼림 지대 • 일반 초원 • 관목 지대
내륙 습지	• 범람원 및 골짜기 • 습지 삼림 지대 • 하천 및 강 • 연안 민물 습지
연안 및 해양	• 맹그로브 습지 • 염생 습지 • 모래 해변 • 해초숲 • 환초 및 강어귀 • 산호초 지대 • 연안 해역
농업 지대	• 소규모 작물생산지(시트러스, 고추 등) • 야채 재배지(구근류 등) • 플랜테이션(야자나무 등) • 가정 원예지

생물상을 보면 마이크로네시아 섬들은 매우 높은 비율의 고유종을 보유하고 있는데, 이것은 부분적으로 마이크로네시아가 높은 생물다양성을 보유한 동남아시아 지역과 가깝기 때문이고, 또 부분적으로는 오랜 시간 고립되어 있었기 때문이다. 생물다양성 측면에서 마이크로네시아 연방국은 마이크로네시아 지역에서 생물다양성이 가장 높은 몇몇 육지, 연안 지형을 포함하고 있다. 현재 1,239종 이상의 식물이 마이크로네시아에서 확인되었는데 그 중의 782종은 현지에서만 자라는 고유종이다. 고유종 중에는 145종의 양치식물, 267종의 외떡잎식물, 370종 정도의 쌍떡잎식물이 포함되어 있다. 2002년 조사에 따르면 마이크로네시아 연방국에서 서식하는 식물 중 80% 정도는 지구상의 다른 어디에도 서식하지 않는 고유종인 것으로 추정된다.

육지에는 독특한 조류, 포유류, 파충류 등이 서식하는데 27종 이상의 파충류와 양서류가 확인되었고, 5종의 과일박쥐, 119종의 조류(31종의 바닷새, 33종의 연안철새, 19종의 습지철새 등 포함) 등이 확인되었다.

마이크로네시아의 자연환경은 크게 육지지형과 연안지형으로 나뉜다. 생태학적으로, 마이크로네시아 육지 지형은 산호숲/연안, 맹그로브 숲, 습지 삼림지대, 민물 습지, 강가 삼림 지대, 민물하천 및 강, 초원 지대, 농업 삼림 지대, 일반 삼림 지대(야자나무 포함), 우림 지대, 고지대 삼림 지대 등의 세부 카테고리로 나눌 수 있다. 한편 주요 연안 생태구역은 맹그로브 습지, 하구역, 해초숲, 환초 지대, 산호초 지대 등으로 나눌 수 있다.

마이크로네시아 연방국의 광활한 연안 해역에는 강어귀, 맹그로브 숲, 환초, 보초, 거초, 해초숲, 염생 습지, 모래 해변 등의 다양한 지형이 관찰된다. 마이크로네시아 연방국의 환초 지역은 총 7,190㎢이며(1997년 기준), 세계적인 수준의 엄청난 연안생물, 생태자원을 보유하고 있다. 마이크로네시아 연방국의 총 산호초 면적은 14,517㎢로 추정되며(Birkeland, Edward et al.), 이 지역에는 1,100종 이상의 어류, 350종의 산호, 수천 종의 해면, 무척추 동물이 서식하고 있는 것으로 조사되었다(CSP, NOAA, 2008).

마이크로네시아 해양환경 역시 육지 생태계(높은 산악지형 섬들과 낮은 환초섬)를 따라 크게 두 종류로 나뉜다. 하나는 높은 산악지형 섬들 주변에 조성된 연안환경이며, 다른 하나는 낮은 환초섬 주변에 조성된 연안환경이다.

높은 산악지형 섬들 주변에는 매우 광활한 연안 침강지형(marine depression) 만, 해초숲, 환초 통로 및 수로, 산호초 숲, 모래사장, 거초평면 등의 지형이 펼쳐져 있다. 한편, 저지대 환초섬 주변에는 모래 및 산호사 중심의 환초, 수로 및 산호초 지역이 발달해 있다. 마이크로네시아의 작은 섬들에 사는 대부분의 주민들은 이러한 연안 생태계에 의존하여 생활을 꾸려 나가고 있다.

마이크로네시아의 환초대 중에서 가장 잘 발달한 것은 축 섬의 환초대로서 이곳은 세계에서 가장 깊고 큰 환초대 중의 하나이며, 전 세계적으로 멸종 위기에 처한 그루퍼(농엇과의 식용어), 전갱이과, 상어, 바다거북 등의 산란지 및 집결지이다. 또한 이러한 연안지형은 마이크로네시아 주민들의 전통문화의 기반이 되어왔다.

축 환초 내에서 채집된 극피동물 ⓒ 박흥식

기후

마이크로네시아의 기후는 열대 해양성이다.[12] 태풍 벨트의 남쪽 끝자락에 위치한 동쪽 섬들은 연중 많은 강수량을 기록하며, 폰페이의 경우 세계에서 가장 강수량이 많은 지역 중 하나로 연평균 강수량은 8,382mm에 이른다.

대체적으로 연중 기온 차이가 크지 않아 온난한 날씨가 유지되며 평균 기온은 26.7℃(화씨 80도)이다(가장 추운 달과 가장 더운 달 간의 기온차는 1.5℃ 정도이며 우기는 일반적으로 5~9월, 건기는 11~4월 사이이다).

마이크로네시아 전역에 가끔 가뭄이 찾아오는데 엘니뇨가 서태평양 해역으로 이동할 때 특히 자주 발생하며, 이러한 때에는 지하수가 말라 위급한 사태에까지 이르기도 한다. 서태평양 몬순이 찾아오면 마이크로네시아 연방국 서쪽 해역에 더 많은 비가 내린다.

천둥 번개는 5월에서 10월 사이에 가장 많이 발생하며, 5월부터 9월 사이의 우기에는 열대수렴대(Intertropical Convergence Zone)의 영향을 받는다.

1950~2009년 사이의 추세를 살펴보면 연평균 기온이 증가하고 있으며, 1993년부터의 위성관측에 따르면 해수면 역시 연간 10mm씩 증가하고 있다. 그러나 강수량의 경우, 최소한 폰페이 주와 얍 주에서는 통계적 변화가 없다.

주요 이상기후 현상으로는 가뭄, 태풍, 해일, 범람, 산사태 등을 들 수 있다. 특히 태풍의 위험은 연중 존재하며 저지대 산호초 섬이 많은 피해를 입는다.

---

12) International Climate Change Adaptation Initiative – Pacific Climate change Science Program: Current and Future Climate of the Federated States of Micronesia, http://www.cawcr.gov.au/projects/PCCSP/pdf/7_PCCSP_FSM_8pp.pdf

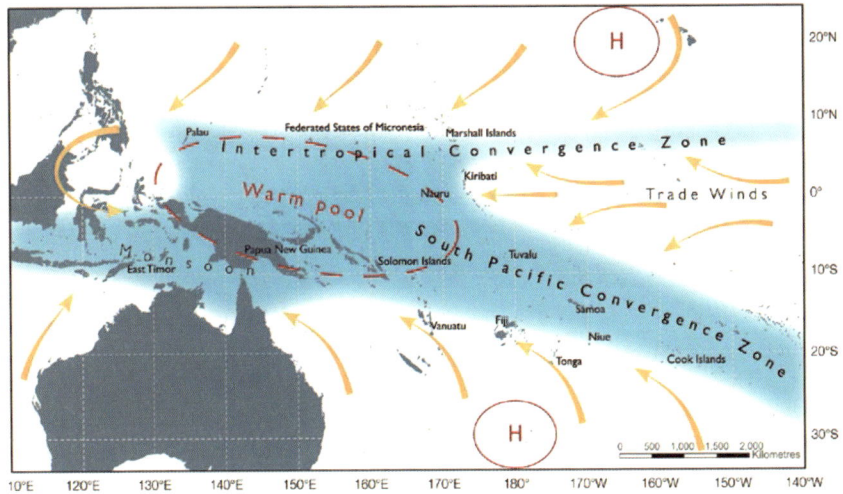

남태평양 수렴대의 위치와 무역풍의 방향(11~4월). 파란색으로 표시된 부분에 많은 강우가 집중된다.[13]

향후 기온 및 해수면 온도는 계속 증가할 것으로 예측되며, 연평균 강수량도 증가할 것으로 추정된다. 폭염 현상 및 폭우의 강도와 빈도수도 증가할 것이며, 가뭄의 빈도수는 감소할 것으로 예상된다. 한편 열대성 태풍의 빈도수는 열대 북태평양 해양분지 지역(0~15°N, 130°E~180°E)에서는 감소할 것으로 예상된다.

해양 부문에서는 해양산성화, 평균 해수면 상승이 지속적으로 진행될 것으로 예측된다. 연구에 따르면 열대 태평양에서는 해수 속 아라고나이트(aragonite : 칼슘으로 된 탄산염 광물. 화학성분은 $CaCO_3$) 포화도가 4 이상일 때 산호가 가장 잘 자란다. 수치가 3.5~4일 때도 산호가 자라기에는 무리가 없지만, 포화도가 3~3.5일 때는 다소 위태로우며, 3 이하 환경에서는 산호를 찾아볼 수 없다. 마셜 제도 해역의 아라고나이트 포화도는 18세기에 4.5였지만, 2000년도에는 3.9±0.1까지 내려갔다. 기후모델에 따르면 2035년경에는 아라고나이트 포화도가 3.5 아래로 내려갈 것이라고 한다. 이렇듯 해양산성화가 진행되면 산호 생태계 등 해양환경에 총체적인 영향을 미칠 것으로 보인다.

---
13) International Climate Change Adaptation Initiative - Pacific Climate change Science Program: Climate Change in the Pacific : *Scientific Assessment and New Research*, Volume 2 : Country Reports
http://www.pacificclimatechangescience.org/wp-content/uploads/2013/09/Volume-2-country-reports.pdf

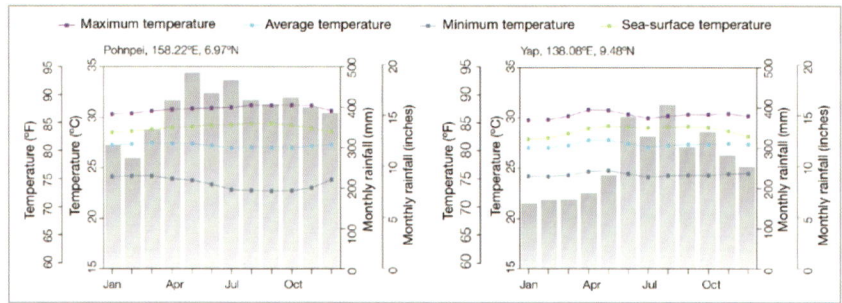

폰페이 주와 얍 주의 연평균 기온 및 강수량[14]

마이크로네시아는 열대 해양성 기후로 연중 온난한 기온분포를 보인다. 한편 폰페이 주는 세계에서 가장 강수량이 많은 지역 중 하나이다.

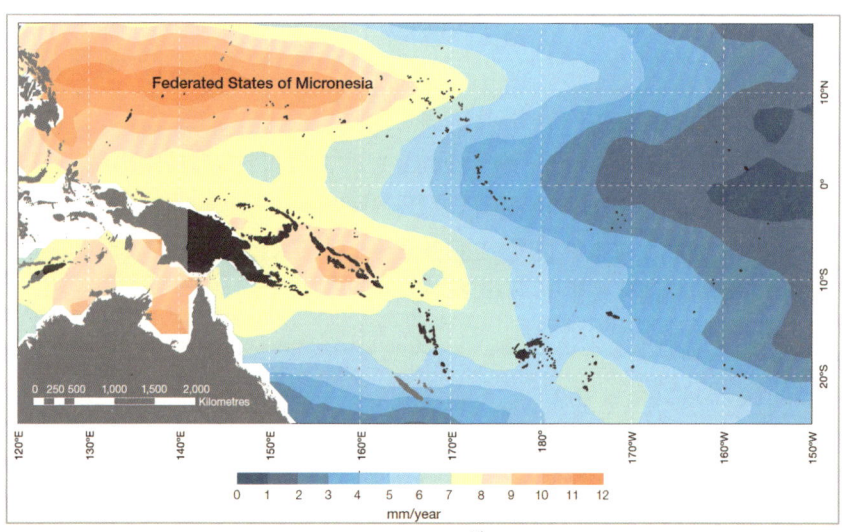

위성으로 관측한 태평양 지역 해수면 상승률 분포도(1993~2010)[15]

---

14) International Climate Change Adaptation Initiative - Pacific Climate change Science Program: Climate Change in the Pacific : Scientific Assessment and New Research, Volume 2 : Country Reports, Chapter 4 : Federated States of Micronesiahttp://www.pacificclimatechangescience.org/wp-content/uploads/2013/09/FSM.pdf

15) International Climate Change Adaptation Initiative - Pacific Climate change Science Program: Climate Change in the Pacific : Scientific Assessment and New Research, Volume 2 : Country Reportshttp://www.pacificclimatechangescience.org/wp-content/uploads/2013/09/Volume-2-country-reports.pdf

02 정치와 사회

마이크로네시아 헌법

마이크로네시아 헌법은 미국 헌법을 모델로 삼아 제정되었으며, 동시에 고유의 마이크로네시아 전통 및 관습법도 인정하고 있다. 마이크로네시아 헌법에는 정부를 행정부, 입법부, 사법부 3개 부문으로 나누어 구성하는 삼권분립의 원리, 연방정부와 주정부 간의 역할 분담, 마이크로네시아의 전통적 권리 및 관습법, 인권선언(Declaration of Rights) 등의 조항이 포함되어 있다. 그러나 성문화 된 헌법과는 별개로 실제 법 집행의 차원에서는 여전히 마이크로네시아의 전통적 정서 및 관습법의 영향이 매우 크다. 마이크로네시아 연방국의 헌법 구성을 간략히 살펴보면 다음과 같다.

마이크로네시아 헌법의 구성[16]
- 제1조. 마이크로네시아 연방국의 영토(Territory of Micronesia)
- 제2조. 마이크로네시아 연방국의 주권(Supremacy)
- 제3조. 마이크로네시아 연방국의 시민권(Citizenship)
- 제4조. 인권 선언(Declaration of Rights)
- 제5조. 전통적 권리(Traditional Rights)
- 제6조. 참정권(Suffrage)
- 제7조. 정부의 층위(Levels of Government)

---

16) FSM Constitution, http://www.fsmlaw.org/fsm/constitution/constitution.htm

제 8 조. 정부의 권한(Powers of Government)
제 9 조. 입법권(Legislative)
제10조. 행정권(Executive)
제11조. 사법권(Judicial)
제12조. 재정(Finance)
제13조. 일반 조항(General Provisions)
제14조. 개정안(Amendments)
제15조. 신탁통치령 법안의 이전(Transition)
제16조. 발효일(Effective Date)

〈헌법조항 예시〉

전문(前文)

여기에 우리 마이크로네시아인은 우리 고유의 주권을 행사하여 마이크로네시아 헌법을 제정한다.
  이 헌법을 통해 우리는 평화와 화합 속에서 살아가며, 과거의 유산을 보존하고, 미래의 약속을 보호하기 위한 우리 공통의 열망을 선언한다.
  많은 섬들로 이루어진 단일한 국가를 위해 우리는 우리 문화들의 다양성을 존중할 것이다. 우리의 차이는 우리를 풍요롭게 할 것이다. 바다는 우리를 하나로 뭉치게 하며 우리를 흩어놓지 않을 것이다. 우리의 섬들은 우리를 지탱할 것이며, 우리의 섬나라는 우리를 확장시키고 강하게 할 것이다.
  우리의 조상들은 이 땅을 그들의 고향으로 삼았다. 그들은 누구도 추방하지 않았다. 여기 남은 우리들은 이곳 외의 고향을 바라지 않는다. 전쟁을 겪었기에 우리는 평화를 희망한다. 분할된 적 있기에 우리는 통합을 원한다. 지배당했기에 우리는 자유를 추구한다.
  인간이 뗏목과 카누로 바다를 탐험하던 시절부터 마이크로네시아는 존재했다. 인간이 하늘의 별을 보며 항해하던 시대에 마이크로네시아는 태어났다. 우리의 세계 그 자체도 하나의 섬이다. 우리는 모든 국가들과 인간성에서 우러난 평화, 우정, 협력, 사랑을 주고받을 것이다. 다른 국가의 보호를 받았던 우리들은 이 헌법과 더불어 영원토록 우리 자신의 자랑스런 수호자가 될 것이다.

PREAMBLE

WE, THE PEOPLE OF MICRONESIA, exercising our inherent sovereignty, do hereby establish this Constitution of the Federated States of Micronesia.
  With this Constitution, we affirm our common wish to live together in peace and harmony, to preserve the heritage of the past, and to protect the promise of the future.
  To make one nation of many islands, we respect the diversity of our cultures. Our differences enrich us. The seas bring us together, they do not separate us. Our islands sustain us, our island nation enlarges us and makes us stronger.

Our ancestors, who made their homes on these islands, displaced no other people. We, who remain, wish no other home than this. Having known war, we hope for peace. Having been divided, we wish unity. Having been ruled, we seek freedom.

Micronesia began in the days when man explored seas in rafts and canoes. The Micronesian nation is born in an age when men voyage among stars; our world itself is an island. We extend to all nations what we seek from each: peace, friendship, cooperation, and love in our common humanity. With this Constitution we, who have been the wards of other nations, become the proud guardian of our own islands, now and forever.

제5조. 전통적 권리(ARTICLE V. Traditional Rights)

제1항 : 이 헌법은 마이크로네시아 관습 및 전통에 따른 전통적 리더들의 역할이나 기능을 박탈하지 않으며, 전통적 리더들이 받고 있는 인정, 존경, 그리고 이 헌법이나 법령에 규정된 바에 따라 전통적 리더들이 정부 차원에서 수행하는 일체의 공식적·기능적 역할을 차단할 수 없다.
(Section 1. Nothing in this Constitution takes away a role or function of a traditional leader as recognized by custom and tradition, or prevents a traditional leader from being recognized, honored, and given formal or functional roles at any level of government as may be prescribed by this Constitution or by statute.)

제2항 : 마이크로네시아 연방국 국민의 전통은 법률로 보호될 수 있다. 만약 헌법 제4조의 조항들을 침해하는 사건이 발생했을 경우에는 마이크로네시아 전통의 보호를 사회적 목적으로 간주하여 정부 차원의 조치를 취할 수 있다.
(Section 2. The traditions of the people of the Federated States of Micronesia may be protected by statute. If challenged as violative of Article IV, protection of Micronesian tradition shall be considered a compelling social purpose warranting such governmental action.)

제3항 : 마이크로네시아 의회는 필요한 경우, 각 주의 전통적 리더들로 구성된 추장위원회를 설립할 수 있으며, 만약 전통적 리더들이 없는 주에서는 선거로 선출된 대표자들로 이를 대신할 수 있다. 또한 전통적 리더들이 존재하는 주정부의 경우, 헌법을 통해 전통적 리더들에게 실실적이고 기능적인 역할을 부여할 수도 있다.
(Section 3. The Congress may establish, when needed, a Chamber of Chiefs consisting of traditional leaders from each state having such leaders, and of elected representatives from states having no traditional leaders. The constitution of a state having traditional leaders may provide for an active, functional role for them.)

마이크로네시아 헌법은 1975년 사이판에서 개최된 마이크로네시아 헌법회의(Micronesian Constitutional Convention)에서 처음 초안이 작성되었다. 이 회의에는 당시 미국의 태평양 신탁통치령(TTPI : Trust Territory of the Pacific Islands)에 속해 있던 폰페이 주, 코스레 주, 축 주, 얍 주, 팔라우, 마셜 제도, 북마리아나 제도의 대표들이 참석했다. 그 후 마이크로네시아 헌법은 1978년에 최종 비준되었다.

1975년 헌법회의가 열릴 무렵, 마이크로네시아 섬들은 미국의 신탁 통치에서 벗어나려고 노력하고 있었다. 따라서 이 회의에서는 마이크로네시아 도서 지역의 향후 향방에 대한 논의도 함께 진행되었는데, 몇몇 중요한 이슈들은 다음과 같다.

- 정부의 형태는 무엇으로 할 것인가?
- 국가 정부와 주정부 간의 관계는 어떠해야 하는가?
- 폰페이나 축과 같이 큰 주들과 작은 주들 간의 권력 균형은 어떻게 이루어야 하는가?
- 대통령의 선출은 어떻게 하는가?
- 정부에서 전통적 지도자들의 역할은 무엇인가?

이러한 이슈들에 대해 충분히 논의한 후, 각 지역의 대표자들은 그 논의 결과를 헌법 초안에 반영시켰다. 1975년의 헌법 제정은 마이크로네시아의 독립에 결정적인 역할을 했다. 이 법 조항들 중 어떤 것들은 마이크로네시아에 긍정적인 영향을 미쳤고, 어떤 것들은 부정적인 영향을 가져오기도 했다. 이러한 문제들은 제1차 헌법회의 후 매 10년마다 개최되는 헌법회의에서 수정되기도 하였으나 지금까지도 잔존하는 문제들이 있다. 제2차 헌법회의는 1990년 폰페이 주의 팔리키르에서 개최되었고, 제3차 헌법회의 역시 2001년 폰페이 주의 팔리키르에서 개최되었다.

마이크로네시아 정부 개황

행정부
- 대통령제 : 의회에서 선출하는 간접 선거제도(4년 임기)
- 2011년 의회의 간접 선거에서 엠마누엘 모리 전 대통령이 재선됨(부통령은 알릭 알릭)
- 연방제 국가로서 연방정부, 주정부, 지방정부 단위로 구성되며 연방정부와 주정부는 각각 독자적 행정·사법·입법 조직을 보유
- 대통령은 내각을 지명하며 의회는 이에 대한 승인권을 가짐.

입법부
단원제로서 총 14명의 의원으로 구성됨.
- 4년 임기 의원 : 주별로 1명의 4년 임기 의원 선출
- 2년 임기 의원 : 주별 인구 비율에 따라 축 5명, 폰페이 3명, 코스레 및 얍 각 1명씩 총 10명

사법부
네 지역에 각각 고유한 법체계가 있고 그 위에 연방 대법원이 존재

법 체계
미국 신탁통치 시기의 법령, 새로 제정된 법령, 지역 자치기관의 법령 및 전통적 관습법을 혼용해서 사용

참정권
18세 이상 보통선거

마이크로네시아 주요 인사 명단(2014년 7월 기준)

직책	성명
대통령	Emanuel "Manny" Mori - 1948년 12월 25일생(Chuuk의 Fefan 출신) - 일본 시코쿠 현의 사무라이의 아들인 Koben Mori의 증손자. Koben Mori는 마이크로네시아(축, 웨노 섬)에 정착했던 제1시대 일본인들 중 한 명임. - Emanuel Mori 대통령은 대통령이 된 후 마이크로네시아 - 일본 간의 외교수립 20주년을 기념하기 위해 2008년 일본을 방문하여, 증조할아버지의 고향을 찾기도 하였음. - 축 세비어 고등학교(Xavier High School) 졸업(1969) - 괌 대학교(University of Guam) 졸업(1973, 경영학과, 재무관리 전공) - 사이판 Citicorp에서 부본부장(assistant manager)(1974) - 미 신탁통치령 사회보장국 보조 행정관(1976) - 축 주 국세청 근무(1979) - 마이크로네시아 개발은행 감사관(1981~1983) - 마이크로네시아 개발은행 총재, 이사장(1983~1997) - 마이크로네시아 개발은행 부총재(1997) - 마이크로네시아 제11회 4년제 국회의원 당선(1999) - 처 : Elina Ekiek, Emma Mori. 자녀 : 4명 - 현실적이며 투명한 재정 정책으로 동료들 사이에서 높은 평가를 받고 있음.
부통령 	Alik L. Alik 1953 코스레 출생 1976 US 국제대학(US International University) 졸업(Hawaii) 1979 그레이스랜드 칼리지(Graceland College) 졸업(Iowa) 1984 하와이 법대(University of Hawaii Law School), Paralegal Program 수료 1998 최초의 피지 주재 마이크로네시아 대사(1989~1998) 2003 일본 주재 마이크로네시아 대사(1998~2003) 2003 13회기 4년제 국회의원 당선 2007 15회기 국회에서 부통령으로 선출
국회의장	Dohsis Halbert(Speaker of the Congress)
주미 FSM 대사	Asterio Takesy - 주미 FSM 대사관 1725 N Street NW, Washington, DC 20036(tel: 202-223-4383)
주 유엔 FSM 대표	Jane Jimmy Chigiyal
재무부 장관	Kensley Ikosia(Department of Finance & Administration)
법무부 장관	Mrs. April Dawn Skilling(Department of Justice)
자원개발부 장관	Marion Henry(Department of Resource & Development)
교육부 장관	Dr. Rufino Mauricio(Department of Education)

외교부 장관

Lorin S. Robert(Department of Foreign Affairs)

1979   산타페 칼리지 졸업(Santa Fe, New Mexico USA)
1982   아메리칸 대학, 국제학부 졸업(American University, Washington, DC USA)
1988   옥스퍼드 대학(Oxford University) 졸업

보건복지부 장관

Vita A. Skilling(Department of Health & Social Affairs)

1977   그랜드 밸리 주립대학 졸업(생물학 전공) (Bachelor of Science in Biology, Grand Valley State University, Allendale, Michigan)
1980   하와이 의대, 생체의학 과정 수료(Certificate in Biomedical Science, University of Hawaii School of Medicine, Honolulu, Hawaii)
1992   존 번스 의대, 커뮤니티 의료 및 시술 과정 수료 (Diploma in Community Health Medicine & Surgery; John A. Burns School of Medicine; Pacific Medical Officer Training Program, Pohnpei)
1994   하와이대, 공공의료학 과정 수료(Certificate in Public Health, University of Hawaii School of Public Health, Honolulu, Hawaii)
1996   피지 의대, 소아과 석사 졸업(Postgraduate Diploma in Pediatrics, Fiji School of Medicine, Suva)
1996   오타고 대학, 소아의료 석사과정 수료(원격교육) (Postgraduate Diploma in Child Health, University of Otago, School of Medicine Distance Learning Program, NZ)

교통통신인프라 장관

Francis I. Itimai(Department of Transportation, communication & Infrastructure)

1985   축 Xavier High School 졸업
1987   마이크로네시아 대학 졸업(College of Micronesia – FSM)
1990   파크 대학, 경영학과 졸업[Park University(BA, Business Administration, Academic; Focus n Management]
1991   펜 벨리 커뮤니티 칼리지 & 캔자스 시티 미주리 지역경찰 아카데미 (Pen Valley Community College & Kansas City Missouri Regional Police Academy)

 국선변호사무국장(Chief)	Julius Joey Sapelalut(Office of the Public Defender) 2002 애팔래치아 법대, 법학과 졸업(Appalachian School of Law, Grundy, Virginia)
 환경재해관리사무국장	Andrew Yatilman (Office of Environment & Emergency Management) 1975 사타왈 초등학교(Certificate Satawal Elementary School(Satawal, Yap)) 1977 외곽 섬 고등학교(Outer Island High School(Ulithi, Yap)) 1980 Xavier High School 졸업 1982 아네오 데 마닐라 대학(Aneo de Manila University, Phillippines(Jesuit Seminary)) 1991 괌 대학, 경영 및 공공행정 학사(Bachelor of Science, UOG, College of Business & Public Administration) 1992 Certificate UH, Manoa, School of Public Health, International Public Health Policy & Planning
우정부 장관 (Post Master General)	Ginger Porter Mida(FSM Postal Services)
통계예산경제기획해외개발원조 협정관리국장	Evelynn Adolph(Office of statistics, Budget & Economic Management, Overseas Development Assistance & Compact Management)

마이크로네시아 대학 전경

마이크로네시아 대학 ⓒ 박홍식

명문 고등학교인 세비어 고등학교 ⓒ 강대훈

기타 정부기관

부서명	책임자
공공감사원(Public Auditor)	Mr. Haser Hainrick PS05, Palikir, Pohnpei State, FM, 96941 Phone : (691) 320-2863 / Fax : (691) 320-5482
환경 및 비상사태 관리국 (Office of Environment & Emergency Management)	Mr. Andrew Yatilman Palikir Station, Pohnpei State, FM 96941 Phone : (691) 320-8815
통계예산경제기획해외개발원조협정관리국장 [Office of Statistics, Budget & Economic Management, Overseas Deveelopment Assistance & Compact Managment(SBOC)]	Ms. Evelyn Adolph Palikir Station, Pohnpei State, FM 96941 Phone : (691) 320-2823
우정국(Postmaster General)	Ms. Ginger Porter Mida Box 1376, Kolonia, Pohnpei State, FM 96941 Phone : (691) 320-2614 / Fax : (691) 320-2612
마이크로네시아 개발은행(FSM Development Bank)	President/CEO: Ms. Anna Mendiola Box M, Kolonia, Pohnpei State, FM 96941 Phone : (691) 320-2840 / Fax : (691) 320-2842
국립수산협회(National Fisheries Corporation)	President/CEO: Mr. Nick Solomon Box R, Kolonia, Pohnpei State, FM 96941 Phone : (691) 320-2529 / Fax : (691) 320-2239
코코넛 개발국(Coconut Development Authority)	297 Kolonia Station, Pohnpei State, FM 96941 Phone : (691) 320-2892 / Fax : (691) 320-5383
국립해양자원관리국 (National Oceanic Resource Management Authority (NORMA))	Mr. Patrick Mackenzie PS122, Palikir, Pohnpei State, FM 96941 Phone : (691) 320-2700 Fax : (691) 320-2383 Email : fsmfish@mail.fm
마이크로네시아 사회보장국 (FSM Social Security Administration)	Mr. Alexander R. Narruhn Box L, Kolonia, Pohnpei State, FM 96941 Phone : (691) 320-2706 / Fax : (691) 320-2607
마이크로네시아 통신협회 (FSM Telecommunications Cooperation)	Mr. John Sohl 1210 Kolonia Station, Pohnpei State, FM 96941 Phone : (691) 320-2740 / Fax : (691) 320-2745
마이크로네시아 칼리지 (College of Micronesia-FSM)	Dr. Joseph M. Daisy 158 Kolonia Station, Palikir, Pohnpei State, FM 96941 Phone : (691) 320-2480/2481 / Fax : (691) 320-2479

마이크로네시아 의회 상임위원회 및 위원장[17](17회기)

1	세입위원회(Ways & Means)	Dohsis Halbert
2	자원개발위원회(Resources and Development)	Roger Mori
3	교육위원회(Education)	Joseph Urusemal
4	사법정부운영위원회(Judiciary and Governmental Operations)	David W. Panuelo
5	외무위원회(External Affairs)	Paliknoa K. Welly
6	교통통신인프라 위원회(Transportation, Communication & Infra)	Pter M. Christian
7	보건사회위원회(Health and Social Affairs)	Tony H. Otto

마이크로네시아 국가[18]

현재 마이크로네시아의 국가는 '마이크로네시아의 애국자들(Patriots of Micronesia)'로 피커릴(Cy Pickerill)[19]이 작사하였다.

미국의 신탁통치가 끝나고 1979년 4개의 섬이 초대 헌법을 통과시키면서 마이크로네시아 연방국이 태어났는데 그때 잠시 '서문 Preamble'이라는 국가가 불리기도 했다. 이 초기 국가에 들어간 가사는 헌법에서 따온 것이었다.

Preamble	서 문
1. We people of Micronesia Exercise sov'reignty. Establish our Constitution Of Federated States. Affirm our common wish to live In peace and harmony. To preserve heritage of past And promise of future. CI IONUO! Make one nation Of many isles. Diversity Of our cultures. Our diff'rences Will enrich us. Waters bring us All together.	1. 우리 마이크로네시아인은 우리의 주어진 권한을 행사하리 우리의 연방국 헌법을 제정하고 평화와 조화 속에 살고자 하는 우리의 공통된 바람을 확인하리. 과거의 전통유산을 보전하고 미래를 약속하리. 후렴: 우리의 많은 섬들을 다양한 문화를 하나의 국가로 만들리 우리의 차이는 우리를 풍요롭게 하리.

---

17) 17th CFSM Conducts First Session. 15 May 2011. http://lists.spc.int/pipermail/piala_lists.spc.int/2011-May/003330.html 또는 http://kshiro.wordpress.com/2011/05/14/mori-reelected-fsm-president/ (Opened on 26 December 2011)

18) http://www.nationalanthems.info/fm.htm

19) 피커릴은 축에 건립된 Pacific Islands Central School(PICS)의 초대 교장이었다. 피커릴 교장은 엄격하고 성실한 여성 교장으로서, PICS를 마이크로네시아에서는 최고의 학교로 만들기 위해 노력했다. 피커릴 교장은 마이크로네시아의 외곽 섬들을 두루 돌아다니면서 전도 유망한 학생들을 모집하기도 했다.

They don't sep'rate. They sustain us. Our Islands Our nation Get larger And make us stronger And make us much stronger.	바다가 우리를 하나로 뭉치게 하며 우리를 존속시키리. 우리의 섬들과 우리나라는 더욱 커져 우리를 강하게 더욱 강하게 만들리.
2. Our Ancestors made their homes here. Displaced no other man. We who remain wish unity. Been ruled we seek freedom. Our days began when men explored Seas in rafts and canoes. Our nation born when men voyaged The seas via the stars.	2. 우리의 조상들은 이곳을 그들의 고향으로 만들었고 아무도 추방하지 않았네. 우리는 하나가 되기를 바라네. 지배를 당하면서 우리는 자유를 갈망했네. 우리의 날은 카누와 돛단배를 타고 탐험을 하면서 시작되었네. 우리나라는 별빛을 따라 바다를 항해하면서 태어났네.
3. The world itself is an island We seen from all nations. Peace, friendship, co-operation. love and humanity. With this Constitution, we now become proud guardian Of our beautiful islands.	3. 세계는 그 자체가 하나의 섬이네. 우리는 모든 국가에서 보았네. 평화, 우정, 협력, 사랑, 그리고 인류. 우리의 헌법과 함께 우리는 우리의 아름다운 섬 들의 자랑스러운 보호자가 되었네.

1991년에 채택된 마이크로네시아 국가의 명칭은 'Patriots of Micronesia'라고 하지만 또 다른 명칭은 'Across All Microneisa'이다. 곡은 독일 노래인 Ich Hab Mich Ergeben에 맞춘 것으로 이 곡은 서독일이 제2차 세계대전 후 잠깐(1949~1950) 자국의 국가로 사용하기도 한 곡이다. 'Patriots of Micronesia'는 1991년에 마이크로네시아의 국가로 공식 채택되었다.

Patriots of Micronesia	마이크로네시아의 애국자들
1. 'Tis here we are pledging, with heart and with hand, Full measure of devotion to thee, our native land, Full measure of devotion to thee, our native land. Chorus: Now all join the chorus, let union abide. Across all Micronesia	1. 우리는 여기서 맹세하리. 우리의 마음과 손으로 맹세하리. 우리의 고향 땅, 당신에게 우리의 모든 헌신적인 애정을 우리의 고향 땅, 당신에게 우리의 모든 헌신적인 애정을 후렴 : 모두 목소리를 함께 모아 하나로 함께 마이크로네시아 전역에서

join hands on every side,
Across all Micronesia
join hands on every side.

2. We all work together,
with hearts, voice and hand,
Till we have made these islands
another promised land,
Till we have made these islands
another promised land.

구석구석 손에 손 잡고
마이크로네시아 전역에서
구석구석 손에 손 잡고

2. 우리는 함께 일하며
같은 마음으로 같은 목소리와 같은 손으로
이 섬들을 또 다른 약속의 땅으로 만들 때까지
이 섬들을 또 다른 약속의 땅으로 만들 때까지

마이크로네시아 정부 구조의 특징

3개의 계층 : 연방정부, 주정부, 시 자치정부

마이크로네시아는 현재 연방제 정부 시스템을 채택하고 있다. 마이크로네시아 독립 당시 신생국의 정부 형태를 어떤 식으로 할 것인가에 대한 많은 논의가 있었는데 결과적으로 현재와 같은 연방제가 채택되었다. 연방제 정부 시스템은 하나의 국가를 여러 개의 주(state)로 나누어, 그 개별적인 주들에 상당한 수준의 자율적 통치권을 부여하는 시스템이다. 이때 그 각각의 주들 위에 연방정부가 존재하며, 이 연방정부는 각 주정부 위에서 일정한 권력을 행사하게 된다.

연방제 정부 시스템에서는 여러 지역에서 온 대표와 지도자들이 권력을 공유하며, 이들을 통해 각 지역과 그곳 주민들의 요구사항 등이 국가정책에 반영된다. 1975년 마이크로네시아 헌법 초안을 제정하기 위한 제1차 마이크로네시아 헌법회의에서 당시 미 태평양신탁통치령에 속해 있던 각 지역의 대표자들은 마이크로네시아가 워낙 넓은 지역이기 때문에 각각의 지역 및 그곳 주민들의 이해와 요구를 최대한 잘 이해할 수 있도록 지역 지도자들이 커뮤니티와 긴밀한 관계를 유지하고 있어야 한다는 판단이 내려졌다. 그렇게 연방정부 시스템이 결정된 것이다.

현 마이크로네시아 정부는 3개 계층으로 구성되어 있다. 연방정부(national), 주정부(state), 시 자치정부(municipal)가 그것이다. 이 세 수준의 정부는 사실상 미국의 신탁통치 시기에도 존재했던 것이다.

제일 먼저 연방정부는 국가적 문제들을 다룬다. 모든 연방정부의 권력은 헌법에 규정되어 있으며, 헌법에 규정되지 않은 권한은 주정부에 귀속된다. 그다음으로 주정부는 주와 지역적(local) 이슈들을 다룬다. 즉, 토지, 교육, 의료, 환경보호 등이 여기에 포함된다. 제일 아래 층위의 정부는 시 자치정부인데, 미 신탁통치 시절과 마찬가지로 자율적으로 보유하고 있는 권한이 거의 없다.

분권형 구조 : 주정부의 권한 강화

1975년 마이크로네시아 헌법제정을 위한 제1차 헌법회의에서 마이크로네시아 연방정부(중앙정부)와 주정부 사이의 권력 균형을 어떻게 잡아야 할 것인가 하는 문제가 대두되었다. 이때 미 신탁통치 시절, 사이판에 있던 중앙정부의 힘이 너무 강력해서 외곽 섬에 거주하는 지역 커뮤니티들이 그들의 전통과 문화와는 너무나 상이한 중앙정부의 정책을 대단히 버거워했던 사실이 쟁점으로 부각되었다. 즉, 각 도서 지역 주민들의 의견과 목소리가 충분히 반영되지 못했던 것이다. 또한 대부분의 중앙정부 정책들은 주요 대형 섬들을 위주로 결정되었으며, 외곽 섬이나 소형 섬의 의견은 반영되지 못하였다. 미국의 사이판 신탁통치는 지나치게 중앙 집권적인 성격을 띠었던 것이다.

이러한 경험을 교훈 삼아 마이크로네시아 정부의 구조로는 분권형 구조가 채택되었다. 분권형 정부(decentralized government) 구조란 중앙정부의 권력을 축소하고, 주정부 수준의 권력을 강화시키는 것을 말한다. 즉, 주정부가 중앙정부보다 훨씬 중요한 결정을 내릴 수 있다는 뜻이다. 초기 마이크로네시아 연방국의 헌법제정 위원들은 주정부가 중앙정부보다 각 지역 주민들의 요구와 목소리를 더 잘 파악할 수 있을 거라고 생각했다. 그에 따라 현재 마이크로네시아 연방국에서는 각 주정부와 주의회가 그들의 주와 관련된 의사결정에서 매우 큰 영향력과 권한을 행사하고 있다.

하지만 중앙정부(연방정부)와 주정부 간의 권력 균형이 그렇게 간단한 문제는 아니다. 양측 간에는 지금도 보이지 않는 줄다리기가 계속되고 있다. 두 정부 사이의 권력 및 국가 수입 배분에 대한 논의는 헌법수정에 대한 논의로까지 확대되기도 했다.

마이크로네시아 연방국의 헌법은 매 10년마다 개최되는 헌법총회에서 검토·수정될 수 있는데, 헌법을 개정하려면 마이크로네시아 4개의 주 중 3개의 주에서 주민들 중 75%가 찬성해야만 가능하다. 많은 사람의 동의를 얻어야 하므로 현실적으로는 상당히 어렵다고 할 수 있다.

마이크로네시아 제3회 헌법총회는 2001년에 개최되었다. 이 총회에서 주정부는 마이크로네시아 대법원이 마이크로네시아 토지와 수계(land or water)에 대한 소유권을 결정할 수 없도록 헌법을 수정하자는 의견을 제안했다. 대법원의 권한을 제한하여 어업을 통해 확보되는 수입을 주정부와 중앙정부가 나누자는 것이다. 그러나 주민들은 주 정부가 발의한 이 헌법 개정안에 대해서는 반대표를 던졌다.

현재 마이크로네시아 주정부는 해당 주에서 관할하는 거의 모든 쟁점을 결정할 수 있는 권한을 보유하고 있다. 특히, 주정부 자체적으로 예산을 관리할 수 있으며, 의료・보건・교육 등의 분야에 대한 결정권도 주정부가 가지고 있다.

주정부와 연방정부 간의 줄다리기는 지금도 현재진행형이다. 중앙정부나 주정부 모두 더 많은 권한을 갖기 위해 노력하고 있다. 주정부와 연방정부의 입장이 충돌할 경우, 마이크로네시아 대법원이 그 문제를 중재 또는 해결하며, 그 방법으로도 결정이 나지 않으면 최종적으로 주민들의 의견을 얻기 위해 주민투표를 실시한다. 헌법 개정을 위한 최종 결정권을 가진 것은 주민들이기 때문이다.

삼권분립제 : 견제와 균형의 원리

제1회 마이크로네시아 헌법총회에서는 마이크로네시아 주정부 및 연방정부의 구성에 대한 논의도 진행되었다. 그 결과, 미 신탁통치 시절 신탁정부의 시스템을 그대로 적용하기로 하였는데 견제와 균형을 유지하기 위해 정부의 영역을 3개로 나누는 삼권분립제가 도입되었다. 즉, 정부를 행정부(executive branch), 입법부(legislative branch), 사법부(judicial branch)로 분할한 것이다.

각 정부 영역의 역할을 살펴보면, 먼저 행정부의 의무는 정부를 운영하는 것이다. 국가 차원에서의 행정부 인사들은 대통령, 부통령, 그리고 각 정부 부처의 수장들이다. 주정부 차원에서의 행정부 인사들은 주지사, 부주지사, 그리고 관련부처 장관들이다.

입법부는 법안(bills)을 제정하고 통과시키는 역할을 한다. 국가 차원에서의 입법기관은 마이크로네시아 의회(congress)이며, 주정부 차원에서는 주의회(state congress)가 이 임무를 맡고 있다.

사법부는 마이크로네시아 헌법과 마이크로네시아 의회가 통과시킨 법률에 근거하여 법을 집행하는 임무를 맡고 있다. 국가 차원에서의 사법기관은 마이크로네시아 대법원(Supreme Court)이 되며, 주정부 차원의 사법기관은 주법원(state courts)이 된다.

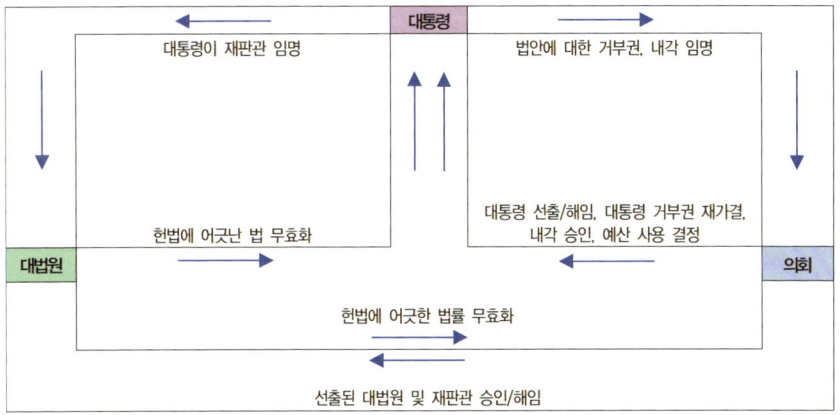

이 세 영역의 정부는 각각의 고유 권한을 갖는다. 그러나 한 영역의 정부가 너무 과도한 권력을 가지게 못하도록 마이크로네시아 헌법에는 견제와 균형의 원리가 천명되어 있다. 즉, 한 영역의 정부가 다른 두 영역의 정부를 견제할 수 있는 것이다.

행정부(대통령)는 마이크로네시아 의회에 대해 견제 권한을 갖는다. 마이크로네시아 의회가 통과시킨 법안이라도 대통령이 서명하지 않으면 법률로 발효될 수 없다. 대통령은 마이크로네시아 의회가 통과시킨 법안에 대한 거부권(veto power)을 갖는다. 또한 대통령은 마이크로네시아 대법원에 대한 권한도 갖는데 대법원의 새로운 재판관이 필요할 때 대통령이 임명할 수 있다.

마이크로네시아 의회는 대통령을 선임하는데 대통령은 의회의 4년제 의원이어야 한다. 만일 대통령의 국정 운영이 부적절하다고 판단되면 의회는 대통령을 탄핵할 수 있다. 마이크로네시아 의회는 대통령이 거부권을 사용한 법안을 재가결할 수도 있다. 이때 의회에서 대통령이 거부권을 행사한 법안을 재가결하여 법률로 발효시키려면, 마이크로네시아의 4개 주 중 3개 주의 지지를 확보해야 한다. 4개 주 중 3개 주에서 4년제 임기 의원들이 해당 법률을 재가결할 경우 그 법안은 대통령의 의사와 상관없이 법률로 발효된다.

마이크로네시아의 삼권분립 정부

행정부	
대통령	• 4년제 임기의 마이크로네시아 의회 의원 • 마이크로네시아 의회에서 과반수 이상의 지지로 선출 • 4년 임기 • 1회 재임 가능 • 마이크로네시아에서 태어난 국민으로서 마이크로네시아에 최소 15년 이상 거주한 자이어야 함.
부통령	• 4년 임기 • 대통령과 같은 절차로 선출 • 대통령이 서거하거나 해임되었을 경우 대통령직 수행 • 대통령과는 다른 주 출신
내각인사	• 정부의 각 부처 책임자 • 대통령이 임명하고 국회에서 승인
입법부	
마이크로네시아 의회	• 단원제 • 14명의 의원으로 구성 • 4개의 주에서 각각 1명의 4년제 임기 의원 선출 • 10명의 2년제 의원 선출 • 2년제 의원은 각 주의 주민 수에 비례 • 매 10년마다 각 주의 인구조사를 통해 2년제 의원 배분 • 의원직이 비었을 경우 특별선거를 통해 선출
의회 의원	• 의원은 각 주의 주민이 직접 선출 • 최소한 30세 이상 • 최소한 15년 이상 마이크로네시아에 거주한 국민 • 대표하는 주에서 최소 5년 이상 거주한 국민 • 주 법원 또는 연방 법원에서 중범죄 등으로 유죄판결을 받은 적이 없어야 함. • 다른 정부 직책이 없어야 함.
사법부	
마이크로네시아 대법원	• 1명의 대법원장과 2~5명의 대법관으로 구성
대법관	• 대통령이 임명하고 국회에서 승인 • 부적절한 행동으로 인해 해임되지 않는 이상 평생 근무

또한 마이크로네시아 의회는 대통령이 선임한 각 부처 위원들과 마이크로네시아 대법원 재판관들에 대해서 자문 및 동의권도 갖는다. 이것은 마이크로네시아 의회가 대통령이 뽑은 내각 인사 또는 마이크로네시아 대법원 재판관들을 승인 또는 거부할 수 있다는 뜻이다. 마이크로네시아 의회는 마이크로네시아의 대법원에 대해서도 권한을 가지고 있다고 할 수 있다.

마이크로네시아 대법원은 마이크로네시아 의회가 통과시키고 대통령이 서명하여 발효한 법률들을 검토할 수 있으며, 만일 그 법률이 마이크로네시아 헌법의 정신에 어긋난다고 판단되면 이 법률들을 무효화할 수 있다. 이 무효화를 통해 사법부는 의회와 대통령을 견제할 수 있는 권한을 갖는다. 그 외에 헌법의 해석 및 의미에 대한 논의가 있을 경우에도 마이크로네시아 대법원이 최고의 권한과 권위를 갖는다.

지도자의 선출
마이크로네시아의 첫 헌법총회에 참석한 대표들은 여러 지역 출신으로 나뉘어 있었다. 서부 선거구(district) 대표가 있는가 하면, 동부 선거구 출신도 있었다. 어떤 이들은 미군이 주둔한 지역을 대표했고, 어떤 이들은 인구가 많은 지역을, 어떤 이들은 인구가 적은 지역을 대표했다.

최초의 헌법총회에서는 인구가 적은 지역 대표들의 목소리도 국정에 반영되어야 하며, 그 지역에서도 대통령이 선출될 수 있도록 해야 한다는 합의에 도달했다. 오랜 토의 끝에 인구가 많은 지역과 적은 지역 간의 협의가 이루어졌고, 마이크로네시아는 국가지도자를 선출할 때 미국식 방법이 아닌, 마이크로네시아 의회가 대통령을 선출하는 방안을 채택했다. 마이크로네시아 행정부, 입법부, 사법부의 주요 인사 선출방법은 다음과 같다.

대통령과 부통령은 마이크로네시아 의회에서 선출한다. 대통령과 부통령은 4년제 임기를 가진 마이크로네시아 의회의 의원이어야 하며, 마이크로네시아의 각 주는 마이크로네시아 의회에서 1명씩의 4년제 임기 의원을 가질 수 있다. 대통령이 의회에서 선출되기 때문에 의회는 대통령에 대해 비교적 큰 견제 권한을 갖는다. 대통령직을 의회가 해임할 수 있는 권한도 있기 때문이다.

한편, 의회 의원은 주민이 선출한다. 마이크로네시아의 4개 주는 각각 2년제 의원과 4년제 의원을 마이크로네시아 의회에 천거할 수 있다. 이때 4년제 임기의 의원은 각 주를 전체적으로 대표하는 의원이며, 2년제 임기 의원은 소속 주의 인구수에 따라 할당되는 인구비례 선출직이라고 할 수 있다. 이는 미국의 상하 의원제도를 하나의 의회에 통합한 형태라고 할 수 있다. 따라서 인구가 더 많은 주에서는 더 많은 2년제 의원들을 보유하게 된다. 4년제 의원은 각 주에서

1명씩 천거하며, 이들은 향후 대통령 또는 부통령이 될 자격을 갖는다.

현재 마이크로네시아 각 주의 인구현황을 보면(표 참조), 축 주와 폰페이 주의 인구가 가장 많다. 따라서 2년제 의회 의원의 경우 축 주는 5석, 폰페이 주는 3석, 얍 주와 코스레 주는 1석의 의원직을 보유하게 된다.

마이크로네시아 대법원장은 대통령이 임명하며 국회에서 승인한다. 마이크로네시아 대법원은 최소 3명, 최대 5명의 재판관을 보유해야 한다. 만약 재판관 석이 공석일 경우 대통령이 새로운 재판관을 임명하며 여기에 대해 의회 의원의 2/3, 즉 14명의 의원 중 10명이 동의해야 한다.

헌법상의 원칙에도 불구하고, 실제 대통령은 마이크로네시아의 큰 주에서 더 많이 배출되었다. 초기 마이크로네시아 헌법 창시자들은 마이크로네시아 대통령직을 일종의 순환직으로 생각했다. 각 주마다 돌아가면서 대통령을 배출하는 것이 바람직하다고 여긴 것이다. 그러나 이러한 고려는 최종적으로 성문화되지 못했고, 대형 주에서 더 많은 대통령이 배출되었다.

의회 의원들의 가장 큰 권한과 책임은 법안 제정과 발효이다. 법안이 발의되면 이 법안은 의회에서 두 번씩 독회된다. 그다음 투표를 거치는데 첫 번째 독회에서는 14명의 의원이 모두 투표한다. 과반수 이상이 법안을 승인하면 첫 번째 독회를 통과하는데, 두 번째 독회에서는 4명의 4년제 임기 의원만 투표에 참가한다. 이때에는 4명 중 3명의 의원이 법안을 승인해야 한다. 두 번의 투표를 모두 통과하면 법안이 법률로서 발효된다.

마이크로네시아 4개 주의 인구분포[20]

	2000(107,008)	2010(102,624)
Chuuk	53,595(50%)	48,651(47.4%)
Pohnpei	34,486(32%)	35,981(35.1%)
Yap	11,241(11%)	11,376(11.1%)
Kosrae	7,686(7%)	6,616(6.4%)

---

20) Bill Jaynes, Micronesia census shows a pattern of out migration, The Kaselehlie Press, 08 April 2011, http://bild-art.de/kpress/index.php?option=com_content&task=view&id=1209 (opened on 26 December 2011)

마이크로네시아 역대 대통령 현황(1979~현재)

이름 및 임기	프로필
 초대 대통령(1979.5~1987.5) Tosiwo Nakayama	• 축 주 Onoun(Ulul) 출신 • 1931. 11. 23 출생(Namonwito 환초의 Piherath Island) • 하와이대학(University of Hawaii) 졸업 • 처 : Milter Haruo / 자녀 : 10명 • 괌 은행(Bank of Guam) 축 지점 근무(1987) • 2007.3.29. 하와이에서 만 75세로 사망
 2대 대통령(1987.5~1991.5) John Richard Haglelgam	• 얍 주 eauripik 섬 출신 • 1949.8.10 출생 • 하와이대학(University of Hawaii) 정치학 학사(1973) • 미국 일라미트 법대(Willamette University School of Law) 수료 • University of Hawaii 정치학 석사(1977) • 하버드 케네디 스쿨(Harvard Kennedy School) 공공행정학 석사(1993) • 제5회 국회에서 대통령으로 선출 • 유엔해양법협약(UNCLOS) 회의 시 마이크로네시아 대표로 참석 • 마이크로네시아 대학(College of Micronesia) 교수(1991) • 괌대학 마이크로네시아 연구센터(MARC) 방문교수(1995) • 호주국립대학 특별 태평양학자(1997) • 제3차 마이크로네시아 헌법총회 위원장(2001) • 처 : Paula Ori(축의 Uman 섬 출신) / 자녀 : 3명
 3대 대통령(1991.5~1996.5) Baily Olter	• 1932.3.27 출생(폰페이 Mwoakilloa) • 국가설립위원 / 초대헌법 제정위원 • 마이크로네시아 2대 부통령(1983~1987) • 저명한 사업가 • 1995년에 연임 성공 • 1996년 7월 16일 뇌졸중 발병. 차도가 없어 부통령 Jacob Nena가 1997년도에 대통령직 수행 • 하와이대학(University of Hawaii) 정치학 학사 • 처 : Malia Nanpei Olterm / 자녀 : 0명 • 1999.2.16 폰페이에서 향년 66세로 사망(마이크로네시아의 첫 국장으로 치루어 짐. 당시 중국, 한국, 일본, 미국 및 기타 태평양 도서국에서 파견된 조문객들을 수송하기 위해 Continental Micronesia 항공사는 폰페이 공항에 하루 3대의 비행기를 운행)

4대 대통령(1996.11~1999.5)
Jacob Nena

- 1941.10.10 출생(코스레, Lelu)
- 괌대학(University of Guam) 정치학 학사(1968)
- 하와이대학(University of Hawaii) 공공행정학 석사(1972)
- 코스레 주 초대 주지사(1979~1983)
- 마이크로네시아 부통령(1995)
- Olter 대통령의 건강 문제로 대통령 대리직무(1996)
- 4대 대통령 취임(1997)
- 처 : Lerina Jack / 자녀 : 10명

5대 대통령(1999.5~2003.5)
Leo A. Falcam

- 1935.11.20 출생(폰페이 주)
- 폰페이 주 주지사(1979~1983)
- 마이크로네시아 부통령(1997~1999)
- 하와이대학(University of Hawaii) 사회학 학사(1962)
- 프린스턴대학(University of Princeton) 공공행정 및 국제관계학 수료
- 초대 마이크로네시아 헌법 위원
- 마이크로네시아 개발은행 총장 및 이사
- 마이크로네시아 초대 우정부 장관(1984)
- 마이크로네시아 4년제 의회 위원 당선(1987)
- 태평양 도서국 정상회의 상임위원회 위원장(2001)
- 처 : Iris Falcam

6대 대통령(2003.5~2007.5)
Joseph J. Urusemal

- 1952.3.19 출생(얍 주의 Woleai 섬 출신)
- 축 주의 세비어 고등학교(Xavier High School) 졸업(1973)
- 미국 미주리 주 록허스트 칼리지(Rockhurst College) 법학 학사(1976)
- Jackson County의 교정부(Department of Correction)에서 6년 근무
- 1982년 마이크로네시아로 귀국
- 제5기 의회의 4년제 의원(얍 주)으로 선출(1987)
- 16년 동안 의회 의원으로 활동
- 제13회 의회에서 대통령으로 선출
- 전통적 가치를 중요시함.
- 처 : Olania Latileilam / 자녀 : 4명

7대 대통령
Emanuel "Manny" Mori
2007.5~현재(2014.1 기준)

- 1948.12.25 출생(축 주의 Fefan 출신)
- 일본 시코쿠 현 사무라이의 후손으로 Koben Mori의 증손자
  (Koben Mori는 마이크로네시아에 거주하기 시작한 첫 일본인 세대 중 1명임)
- 대통령이 된 후 마이크로네시아 – 일본 간의 외교수립 20주년을 기념하기 위해 2008년 일본을 방문, 증조할아버지의 고향을 방문함.
- 축의 세비어 고등학교(Xavier High School) 졸업(1969)
- 괌대학(University of Guam) 경영학 학사(1973)
- 사이판 Citicorp의 부본부장(1974)
- 신탁통치령 사회보장국 부행정관(1976)
- 축 주 국세청(1979)
- 마이크로네시아 개발은행 감사관(1981~1983) / 마이크로네시아 개발은행 총재, 이사장(1983~1997) / 마이크로네시아 은행 부총재(1997)
- 처 : Elina Ekiek, Emma Mori / 자녀 : 4명
- 현실적이며 투명한 재정 정책으로 동료들 사이에서 높이 평가받고 있음.

마이크로네시아 18회기 의회 현황(2013.5.11~2015.5.10)[21]

4년제 의원직	1	Wesley W. Simina	Chuuk
	2	Peter M. Christian	Pohnpei
	3	Joseph J. Urusemal	Yap
	4	Senator Yosiwo P. George	Kosrae
2년제 의원직	5	David W. Panuelo	Pohnpei
	6	Dohsis Halbert	Pohnpei
	7	Berney Martin	Pohnpei
	8	Florencio Singkoro Harper	Chuuk
	9	Victor Gouland	Chuuk
	10	Bonsiano Fasy Nethon	Chuuk
	11	Tiwiter Aritos	Chuuk
	12	Tony Otto	Chuuk
	13	Issac V. Figir	Yap
	14	Paliknoa K. Welly	Kosrae
	Chuuk(6명), Pohnpei(4명), Yap(2명), Kosrae(2명)		

마이크로네시아 정치의 문제점

의회의 권한 비대

마이크로네시아에서는 정부의 수장인 대통령을 의회에서 선출하며, 대통령의 국정 운영이 부적절한 경우 의회가 대통령을 해임시킬 수 있다. 따라서 마이크로네시아 대통령은 의회의 영향력에서 자유로울 수 없고, 늘 의회의 눈치를 볼 수밖에 없다. 대통령이 국가예산상의 부패를 바로잡는다거나, 기타 비효율적인 국정 운영을 개선하려고 하면 의회에서 대통령직을 해임한다는 소문이 난무하곤 하기 때문이다.

다시 말해, 마이크로네시아에서는 마이크로네시아 의회가 대통령을 견제하는 힘이 대통령이 의회를 견제하는 힘보다 훨씬 크다. 이것이 균형 잡힌 삼권분립

---

21) Federated States of Micronesia, Congress Members
http://www.fsmcongress.fm/18th%20Congress/member.html

의 원리를 방해하는 요소다. 의회는 대통령을 선출·해임할 수 있고 대통령의 거부권을 재가결할 수 있으며, 내각인사 임명동의 거부, 대법관 임명동의 거부 등의 조치를 취할 수 있다. 또 국가의 예산 사용을 결정할 수 있다.

그러나 대통령은 다만 의회에서 통과한 법안에 대해 거부권을 시행할 수 있을 뿐이다. 따라서 행정부의 수장인 대통령과 의회 사이에 자칫하면 매우 비대칭적인 관계가 형성될 수 있다. 대통령의 결정이 적절치 못할 경우에는 의회의 견제가 긍정적 역할을 할 수 있지만, 대통령이 공정하고 올바른 국정 운영을 하는데도 의회가 계속 발목을 잡는 체제가 만들어질 수 있다.

전통적 권력 시스템과의 마찰
마이크로네시아뿐 아니라 거의 모든 태평양 도서국이 당면하고 있는 또 하나의 문제는 현대적 정치 시스템(서구식 시스템)과 전통적 권력 시스템(추장제 등) 간의 충돌이다. 1975년에 치러진 제1회 마이크로네시아 헌법총회에서도 전통적 지도자들이 향후 독립할 연방정부에서 어떤 역할을 할 것인가에 대해 많은 논의가 이루어졌지만 합의점을 도출하지는 못했다.

1976년에는 이 부분에 대한 토론이 격해져 전통적 리더 자격으로 참가했던 지역 대표들이 회의 도중 회의실을 나가기도 했다. 전통적 리더들은 향후 마이크로네시아 독립 정부에서 전통적 리더들의 역할을 제한해야 한다는 의견에 분개하며 화를 내기도 했다. 결국 이 문제는 당시 헌법총회에서 합의점을 찾지 못하고 향후 마이크로네시아 정부의 지도자들이 결정하는 것으로 결론지었다.

마이크로네시아 헌법에는 마이크로네시아 중앙정부 및 주정부가 전통적 지도자들의 권한을 뺏을 수 없으며, 마이크로네시아인의 전통적 관습은 법으로 보호된다는 규정이 있다. 또한 필요한 경우, 마이크로네시아 의회는 정부 내에 전통적 지도자의 자리를 만들 수 있지만 이 내용이 강제력을 갖는 의무사항으로 규정된 것은 아니다.

마이크로네시아 초기 헌법총회가 개최되고 몇 년 후, 마이크로네시아의 4개 주는 각각 주 헌법총회를 개최하여 그들 각각의 헌법을 만들었다. 주정부 역시 전통적 지도자들의 역할에 대해 논의를 진행했다. 4개의 주는 각각 다른 전통과 관습, 권력 시스템을 보유하고 있어 서로 다른 토의들이 진행되었다.

전통을 가장 중시하는 얍 주의 경우, 전통적 지도자들을 위해 2개의 위원회를 창설했다. 얍 주의 전통적 지도자들은 주정부가 통과시킨 전통적(관습적) 활동과 관련된 법률에 대해서는 거부권을 행사할 수 있다. 얍 주의 경우 전통적 지도자를 국정 운영에 포함해야 한다는 의견이 많았으며, 실제 이를 반영하여 현재 얍 주의 전통적 지도자들은 얍 주 의회에서 통과시킨 법률을 검토하는 중요한 역할을 맡고 있다.

그러나 얍 주를 제외한 나머지 3개 주는 전통적 지도자들을 주정부에 공식적으로 편입시키지 않았다. 폰페이 주의 경우에는 전통적 지도자들이 주정부에 편입될 수도 있었으나 전통적 지도자들의 거부로 이는 결렬되었다.

실질적으로 마이크로네시아 연방국에서는 2개의 권력 시스템, 즉 공식정부의 권력 시스템과 전통적 권력 시스템이 존재한다고 할 수 있다. 법률 시스템 역시 2개가 존재한다고 할 수 있는데, 주정부 및 연방 의회가 통과시킨 법과 전통적 관습법이 그것이다. 가끔은 이 두 시스템이 충돌하여 혼란을 가져오기도 한다. 다음과 같은 사례가 있다.

1988년 얍 주에서 조지프 타미드(Joseph Tammed)라는 젊은 남성이 한 여학생을 성폭행했다. 10일 후 여학생의 친척들은 그 남자를 차로 유인하여 피해 여학생의 아버지 집으로 데려갔다. 거기서 그는 심하게 두들겨 맞았다. 사람들은 그를 때리고 모욕하면서 흉기로 위협하는가 하면, 그에게 소변을 보기도 했다. 그 뒤 '함부로 손을 놀렸다'는 이유로, 사람들은 타미드의 손을 커다란 나무 절구로 찧어 손가락뼈를 부러뜨려 놓았다.

그 뒤 타미드는 여학생을 성폭행한 혐의로 기소되었다. 피해자의 친척들과 타미드의 아버지는 "전통적 관습법의 측면에서 이 사건은 정의롭게 해결되었다. 타미드가 저지른 짓에 대해 여학생의 친척들이 그를 구타함으로써 문제가 풀렸기 때문이다"라는 입장에 공동으로 합의했다. 또한 국선 변호인 역시 타미드에 대한 구타는 "전통적 시각에서는 합당한 것이다"라고 언급했다. 또한 타미드 측 변호인은 사람들이 "전통적 관습에 따라" 타미드를 구타한 것이 일종의 감경요인(mitigating factor)으로 작용하기 때문에, 그의 형량을 낮추어야 한다고 주장했다. 그러나 당시 재판을 맡았던 지방법원은 이 구타를 감경요인으로 인정하기를 거부했다. 사람들이 자기 식으로 정의를 구현하려 들면 법이 무력화

될 수 있다는 입장을 견지했기 때문이다.

이 사건은 항소를 통해 마이크로네시아 대법원으로 넘어갔다. 대법원은 이전 판결을 무효화하고, 전통적 방식에 따라 가해자를 처벌한 것이 '감경요인'으로 인정되어야 한다고 언급했다. 당시 대법원의 성명은 다음과 같다.

"우리는 마이크로네시아 헌법 및 국가 형법에 근거하여 이 재판법원에 권고하건대, 관습법이나 관습법의 실행과 관련된 법적 문제는 매우 유의하여 처리해야 한다. 이 법원은 사건의 정확한 성격과 혐의를 파악하기 위해 노력해야 하며, 그 뒤 전통적 관습과 마이크로네시아 법률 간의 불필요한 마찰을 일으키지 않는 해결책을 찾아내야 한다."

이것은 마이크로네시아에서 전통적 관습법이 얼마나 중요한지를 잘 보여 주는 사건이며, 2개의 지배 시스템이 충돌할 경우 갈등 해결이 무척 어렵다는 사실을 잘 보여 주는 것이다. 마이크로네시아 헌법은 관습법을 존중한다고 명시하고 있지만 정부가 통과시킨 법은 추장 외의 사람에게만 적용되는 것이 아니라 관습적 계급에 상관없이 모든 사람에게 적용된다. 이러한 충돌은 풀기 어려운 문제로 남아 있다.

관료주의 및 인맥정치

마이크로네시아 정부에서의 업무는 아직까지 누가 누구를 아는가에 따라 크게 좌우되는 인맥정치의 성격을 띤다. 마이크로네시아 정부 역시 관료제(bureaucracy)의 형태로 운영되는데, 이 관료들은 주민들이 투표를 통해서 선출한 것이 아니라 민간 기업에서 일하는 사람들과 마찬가지로 고용된 사람들이다.

오늘날 모든 국가는 어떠한 형태로든 관료제를 도입하고 있다. 그러나 대부분의 관료제는 나름의 문제를 가지고 있다. 한 예로 정부가 제공하는 지원을 확보하기 위해서 주민들은 너무나 많은 제한규정 및 규제와 맞부딪쳐야 하며 너무나 많은 행정적 절차와 서류를 통과해야만 한다. 또 정부 관료들에게 어떠한 형태로든 뇌물을 주지 않고는 일처리가 어려워지기도 한다.

마이크로네시아의 경우 정부 부처마다 제공하는 서비스의 질에 어느 정도의 차이가 있는데 이러한 편차가 다른 국가에 비해 훨씬 크다는 문제점이 있다. 또한 '누가 누구를 어떻게 아는가' 하는 것이 업무처리에 큰 영향을 미치는 인맥정치 역시 문제이다. 마이크로네시아의 경우에는 이러한 경향이 매우 강하며 개인 인맥에 의해 많은 일이 좌지우지되는 경향이 있다.

예를 들어, 친가족 중에 정부 사무실에 일하고 있는 사람이 있을 경우에는 훨씬 좋은 서비스를 받을 수 있으며, 그 직책이 높으면 높을수록 서비스는 더욱 좋아진다. 또 법에 명시된 대로 모든 국민은 동일하게 대우받아야 한다는 원칙보다 전통 및 관습적 규율을 우선시하는 마이크로네시아의 정서상 전통적 지도자(추장 등)에 대한 서비스도 훨씬 좋다.

또한 서로 아는 사람 간에 주고받는 호의행위(favor)가 빈번한 것도 문제이다. 누가 누구에게 호의행위를 하면 호의행위를 받은 대상자는 그대로 갚아 주어야 한다. 이러한 부분은 마이크로네시아 지역에서는 아주 중요한 전통문화 중 하나라고 할 수 있다. 그러나 이 행위가 왜곡되어 정부기관에 종사하는 사람에게 돈이나 물품 같은 향응을 건네주면서 더 좋은 서비스나 도움을 요청하기도 하는데, 이것은 다른 사람들에게 공정하지 못한 처사가 된다.

마이크로네시아 관료정치의 또 다른 문제는 기밀정보나 극비자료, 사적인 뉴스 등이 커뮤니티 사이에서 매우 빠른 시간 내에 퍼진다는 것이다. 예를 들어, 에이즈 검사를 받으러 병원에 들르면 그 다음날 모든 사람이 알게 된다는 식이다. 또 정부청사 건설 프로젝트에 참여하기 위해 공모전에 응시하였다면 그 공시 제출가격 등의 세부적 제안사항이 모든 사람에게 알려진다는 것이다.

반대로 서로 공유해야 할 자료나 정보가 기밀이 되기도 한다. 즉, 정부에게는 수치스럽거나 곤란한 일이 될 수 있지만 주민들에게 도움이 될 수 있는 정보들이 비밀로 처리되는 일이 종종 발생하고 있다는 것이다.

마이크로네시아 전통사회에는 '곤란한 지식(embarrassing knowledge)'과 '특별한 지식(special knowledge)'이라는 두 종류의 지식이 있다고 본다. 곤란한 지식은 한 개인이 자신의 역량이나 영향력을 잃지 않기 위해 밖으로 새어 나가지 않으면 하는 지식이며, 특별한 지식은 일반인들이 가지고 있지 않은 지식으로서 이 지식을 보유한 사람은 그 영향력이 커진다.

이러한 전통 탓에 정치인을 선출할 때 알려져야 할 정보들이 알려지지 않는 경우가 많아 주민들이 충분한 정보를 확보하지 못한 채 투표를 할 때가 많다. 뿐만 아니라 선출된 국회의원들이 어떠한 정책을 추진하고 있는지, 또는 어떠한 법안을 만들고 있는지에 대한 정보가 공유되지 않아 주민들이 정부의 활동에 참여할 수 있는 기회가 좁아지게 된다.

정치인들은 되도록이면 관련 정보나 지식을 주민들과 공유하지 않는 경향이 있다. 마이크로네시아 주민들이 정부나 정치 관련 정보를 공유하는 방법은 언론을 통해서인데, 라디오나 소수의 신문을 통해 정보를 얻는다. 최근에는 인터넷을 통해서 많은 정보가 전달되고 공유되고 있어 주민들의 정부참여가 높아지고 있다.

마이크로네시아 관료정치의 이러한 폐해들은 마이크로네시아가 소규모의 작은 사회집단이 모여 구성되었다는 것에서 그 이유를 찾을 수 있다. 즉, 작은 소규모 사회집단은 자기 부족의 이익이나 지도자를 우선시하며, 작은 집단의 특성상 서로 대화를 나누면서 소문을 공유하는 것을 잠재우기는 어렵다.

어떠한 국가든지 완벽한 관료제는 없으며 마이크로네시아 관료들 역시 자신이 속한 문화적·사회적 환경에서 자유로울 수 없다. 즉, 자기 부족의 추장은 추장으로, 자기 삼촌은 삼촌으로 대할 수밖에 없는 것이 현재 마이크로네시아의 현실이다. 이러한 사회환경과 전통문화를 배경으로 정부 관료들이 어떻게 하면 가장 공정하고 공평하게 일할 수 있을까? 이것이 마이크로네시아 정부가 풀어야 할 어려운 과제라고 할 수 있다.

정부에 대한 주인의식 결여

미국의 신탁통치가 행해지며 1950년도에 폰페이 등의 마이크로네시아 도서에서는 '시/군' 등의 지방정부(municipality)가 만들어지고 있었다. 그 지방정부의 장들은 각 커뮤니티의 추장들이었다. 미국 정부의 지시에 따라 추장이 소속 주민들에게 학교를 짓기 위한 기자재를 가져오라고 하면 모든 주민은 추장의 말을 따랐다. 왜냐하면 추장은 자신들의 추장이고 추장의 정부는 자신들의 정부라고 여겼기 때문이다. 또한 건축된 건물의 시설이 고장이 나거나 부서지면 주민들은 적극적으로 수리하였다.

1970년대에 들어서도 주민들은 추장을 따랐다. 그러나 지방정부의 장은 추장이 아니었다. 따라서 이들은 주민들에 대한 영향력이 없었다.

1970년대에 미 신탁통치 임시정부는 사이판에 밀집되어 있었다. 신탁통치국가인 미국은 지방정부에 학교를 세웠다. 주민들은 그 기술과 건물에 많은 찬사를 보냈다. 그러나 미국이 세운 학교 건물이 부서지거나 고장나면 주민들은 더 이상 수리를 하지 않았다. 그 학교는 자기들의 학교가 아니라 미국인들의 소유라고 여겼기 때문이다. 주민들은 그것이 미국 정부가 세운 학교이며 자기 정부가 세운 학교가 아니라고 했다.

1979년 마이크로네시아는 독립국가가 되었다. 마이크로네시아는 그들만의 정부 지도자를 선출했다. 많은 마이크로네시아 주민은 그들만의 정부가 다시 만들어질 것으로 기대했다. 그들의 정부가 학교를 세우고, 만약 학교 건물이 훼손되거나 부서지면 자신들이 수리할 것이라고 생각했다.

그러나 현실은 그와 달랐다. 주민들은 독립 정부가 폰페이 주의 팔리키르(수도)에 있는 정부이지 그들의 정부라고는 생각하지 않았다. 학교 건물이 부서져도 팔리키르 정부의 것이기 때문에 유지 보수를 하지 않았다. 정부 청사에는 고장난 장비들이 넘쳐났다. 그렇지만 관료들은 수리를 하지 않았다. 새로 구입하면 그만이기 때문이다. 출근도 늦게 하거나 아예 하지 않았다. 왜냐하면 그들의 정부가 아니라, 팔리키르의 정부라고 생각했기 때문이다. 이러한 생각을 바꾸는 데는 많은 시간과 정부의 노력이 필요했다.

정부관료들 중에는 이러한 주민들의 무관심을 바꾸어야 한다며 주민들의 참여를 위해 노력하는 사람들도 있었다. 그러나 어떤 관료들은 주민들의 무관심을 환영하기도 했다. 즉, 그들이 무엇을 해도 괜찮을 것이라는 무사안일주의가 팽배해 있었다. 그러나 2000년대 들어서면서 주민들의 태도가 바뀌기 시작했다. 최소한 폰페이 주민들의 생각은 달라지기 시작했다.

특히 2004년에 논의된 사면법(Amnesty Bill)의 경우, 마이크로네시아 정부가 세워진 이래 주민들로부터 가장 많은 관심을 받았다. 이 법은 정부의 돈을 훔쳐도 벌을 받지 않게 하는 법이다. 사건의 전말은 이러했다. 마이크로네시아 정부로부터 120만 달러(미화)를 도둑질한 14명이 기소되었는데, 주민들은 분개했지만 놀라지는 않았다. 이러한 일은 빈번하게 일어났기 때문이다. 그러나 정부의 돈을 훔친 14명 중 4명은 마이크로네시아의 국회의원이거나 이전에 국회의원직을 지낸 사람들이었다.

　주민들은 국회가 이번에 통과시키고자 하는 법이 과거에 정부의 돈을 훔친 국회의원들과 미래에 돈을 훔칠 모든 국회의원을 보호하기 위한 법안이라는 것을 인식했다. 일각에서는 이번에 기소된 사람들이 벌을 받는 것은 그들이 축 주 출신이기 때문이라고 지역색을 걸고 넘겨졌다. 그러나 주민들은 도둑질은 누가 하든지 잘못된 것이며 도둑질한 사람은 다른 주 출신이더라도 벌을 받아야 한다고 했다. 이 사건은 주민들의 큰 관심을 끌어 국회의 주민 참관자 자리는 꽉 찼으며 밖에서도 결과를 기다리는 사람들로 넘쳐났다. 2004년의 사면법은 지속적으로 국회에서 발의되었으나 아직 한 번도 통과된 적이 없었다.

　소문이 퍼지면서 이 법안 통과를 반대하는 목소리가 커졌다. 얍 주는 만일 이 법안이 통과될 경우 마이크로네시아 연방체제를 떠날 것이라고 선포했다. 소문이 국외로 퍼지면서 다른 국가 정부도 항의서한을 보냈으며, 이러한 일들이 마이크로네시아 정부에게 창피스러운 일로 비쳐졌다. 결과적으로 법안은 통과되지 못했다. 주민들의 힘과 추장들의 힘이 결국은 법안 통과를 막은 것이다.

03 마이크로네시아의 4개 주(State)

1. 축 주(Chuuk State)

축 주의 주기

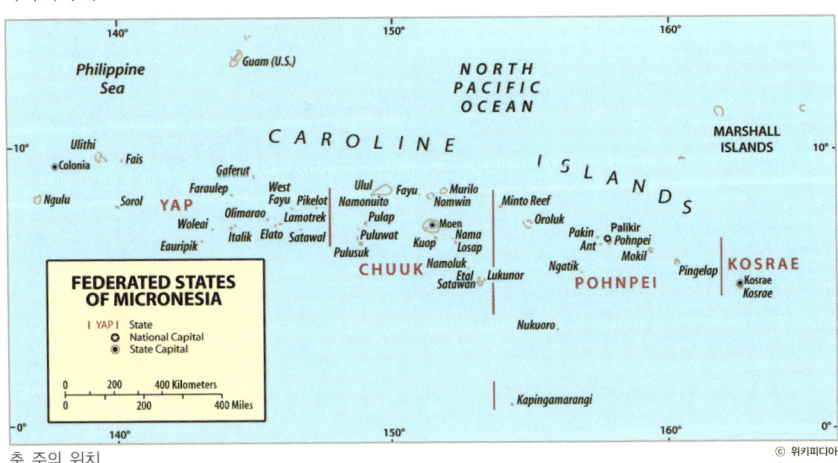

축 주의 위치

축 라군 근처의 3차원 해저지형 모델[22]

일반 개황[23]

축[24] 주는 남서태평양에 위치한 여러 섬으로 이루어져 있으며, 마이크로네시아 연방국의 4개 주 중 하나이다. 축 주는 마이크로네시아 4개 주 중에 육지면적이 두 번째로 넓으며, 인구는 가장 많다. 축이라는 명칭은 산(mountain)이라는 뜻을 가지고 있으며, 축 주 헌법을 통해 공식 명칭이 Chuuk으로 정해지기 전까지는 다른 여러 이름을 가지고 있었다. 과거 축은 트룩(Truk), 룩(Ruk(Truk의 잘못된 발음)), 호골레오(Hogoleu), 토레스(Torres), 우굴랏(Ugulat), 루굴루스(Lugulus), 등으로 불렸는데, 1990년대까지는 트룩이라는 명칭이 가장 많이 사용되었다.

---

22) Anthony Talouli, Trevor Gilbert, Rean Monfils Gilbert, 2009. Strategic Environmental Assessment and Potential Future Shoreline Impacts of the Oil Spill from Wwii Shipwreck Hoyo Maru Chuuk Lagoon- Federated States Of Micronesia, SPREP Report no. 23SM/Officials/WP.11.1/Att.1.10 November 2009, SPREP, http://www.sprep.org/att/publication/00 0851_SEA_HoyoMaru_ChuukLagoon.pdf
23) 위키피디아 : http://en.wikipedia.org/wiki/Chuuk (2012.1.11)
24) http://www.treelang.net/dictionary/chuukese.php#download

축 주는 캐롤라인 제도의 중앙부에 위치해 있으며, 폰페이 주에서 서쪽으로 660km, 얍 주에서 남동쪽으로 1,475km 떨어져 있다. 또한 괌에서는 약 1,000km 남동쪽에 위치해 있다.

축 주는 약 294개의 섬으로 이루어져 있으며 총 육지면적은 127㎢ 규모이다. 주요 환초섬은 총 10개이며, 2개의 침수된 환초섬과 2개의 독립된 섬이 있다.

축 라군(Chuuk Lagoon)은 축 주의 상징이라고 할 수 있는데, 라군의 총 면적은 약 2,129㎢이다. 라군 내에는 14개의 화산섬이 있는데 이 섬들의 면적은 약 72㎢이다. 축 라군의 보초(barrier reef)에는 69개의 산호섬이 위치해 있다. 축 라군 내의 주요 고지대 섬으로는 톨(Tol) 섬(34.2㎢), 웨노(Weno) 섬(18.8㎢) 등이 있는데, 가장 높은 산은 톨 섬에 위치한 Mount Winipat(439m)이다.

축 주의 섬들 중 11개의 섬은 축 라군 내에 있으며, 이들은 빽빽한 맹그로브로 둘러싸여 있다. 한편 축 라군 밖으로는 14개의 저지대 외곽 환초섬들이 축 라군을 둘러싸고 있다. 축 주의 주요 섬은 웨노(Weno), 토노아스(Tonoas), 우만(Uman), 페판(Fefan) 섬 등이며, 축 라군 주변에는 제2차 세계대전시 가라앉은 다수의 난파선이 있어 이를 이용한 관광업이 행해지고 있다.

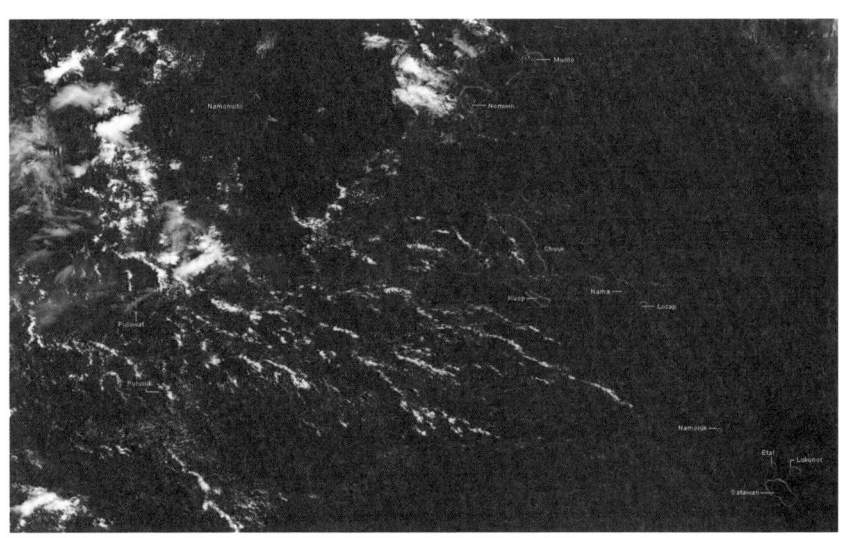

미국 NASA의 존슨우주센터(Johnson Space Center)에서 촬영한 축 주의 섬들

축 환초의 산호초 ⓒ 정무용

자연환경

축 제도는 대략 북위 7° 25'N, 동경 151° 50'E에 위치하며 약 98개의 섬들로 이루어져 있다. 그중 주요 섬은 11개이며, 대부분 화산섬이다. 축 라군의 보초에는 5개의 주요 통로(passage)와 다수의 작은 통로가 있다.

축 라군 내의 큰 섬들은 현무암으로 되어 있으며, 삼림과 높은 산봉우리가 있는 곳도 있다. 연안의 저지대에는 야자나무들과 맹그로브 나무들이 무성하다. 모래 연안은 드물지만 웨노 섬 주변에서 일부를 볼 수 있다. 축 라군 내의 작은 섬들에도 모래 연안이 있지만 부서진 산호들이 섞여 있어 맨발로 걷기에는 적합하지 않다.

축 라군과 외곽 섬들

축 주에서 가장 인구가 많은 지역은 축 라군이다. 이 라군은 행정적으로 2개의 지역으로 나누어져 있는데, Faichuuk(서부 섬들)과 Namoneas(동부 섬들)가 그것이다.

축 주에는 축 라군 외에도 일군의 외곽 섬(outer islands)들이 있는데, 남동부의 모틀록 섬(Mortlock Island), 북부의 홀 섬[Hall Islands(Pafeng)], 북서쪽의 나모누이토 환초(Namonuito Atoll), 서쪽의 파티우(Pattiw) 지역[25] 등이 그것이다.

축 라군 내에서 가장 큰 섬은 웨노 섬으로, 웨노 섬에서 가장 눈에 잘 띄는 자연 지형은 테로켄 산(Mount Teroken)이다. 웨노 섬의 서쪽 연안 저지대는 비교적 넓은 편이며 민물 습지도 있다. 동쪽 저지대에는 맹그로브 습지가 넓게 펼쳐져 있다. 또한 웨노 섬에는 큰 계곡으로 나누어진 2개의 산이 있는데, 남쪽 봉우리는 톨라자우산(Mount Toladjau)이라고 하며 가파른 암석질로 되어 있다. 북쪽 봉우리는 바인푸르산(Mount Vine Pur)이라고 하며 약간 낮고 둥그렇게 생겼다.

행정적으로 축 주에는 40개의 시(municipalities)가 있으며 그중 16개가 축라군 내에 있다. 나머지 24개는 외곽 섬에 위치한다.

축 라군의 해양환경을 살펴보면 조석차는 작다고 할 수 있다. 평균 조석범위는 두블론(Dublon) 섬의 경우 0.4m, 웨노 섬의 경우 0.5m 정도이다. 대략 두 달마다 조차가 높아져 평균 0.6m에 이르기도 한다. 최고 조차 범위는 0.9m 정도이다. 조석은 대략 하루에 두 번, 두 시간 이내에 일어난다. 그러나 불균형이 있을 경우 하루에 한 번만 일어나기도 한다.

조류의 경우, 고조와 저조 시 그 방향이 바뀐다. 알려진 바에 따르면 북동(NE) 항로의 경우, 해도에 나와 있는 속도보다 해류의 속도가 빠르다고 한다. 그곳의 해류 속도는 주변 항로의 바람에 따라 달라지는데, 최고 5knt의 속도에 도달하기도 한다.

초승·보름경에 일어나는 사리(spring tide) 때에는 높은 파도가 발생하고 강한 북동바람이 분다. 북쪽 항로들의 수심은 보통 16.8m이며, 가끔 모래톱이 만들어지기도 하므로 조심해야 한다. 축 라군에서 항행에 가장 안전한 항로는 북동항로(7°30ˊN, 151°59ˊE)이다.

---

25) Pattiw 섬들은 압 주의 외곽 섬들처럼 매우 전통적인 풍습을 유지하고 있다. Pattiw 지역 섬들은 폴랍(Pollap), 탐마탐(Tamatam), 폴루왓(puluwatol), 호욱(Houk) 등의 섬그룹으로 구성되어 있는데, 특히 Pollap 섬과 puluwatol 섬은 뛰어난 전통 항해사들과 전통 카누(outrigger)로 유명하다. 이 지역에는 웨리양(Weriyeng)과 팔루우쉬(Faaluush)라고 하는 전통적 항해사 학교가 아직 남아 있다. Pattiw 지역은 교통편이 발달하지 못해 접근하기는 어려우나, Houk 섬에는 작은 활주로가 있어 1~2주마다 비행기가 오고 간다.

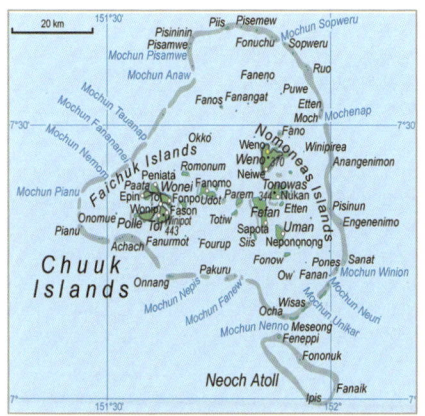
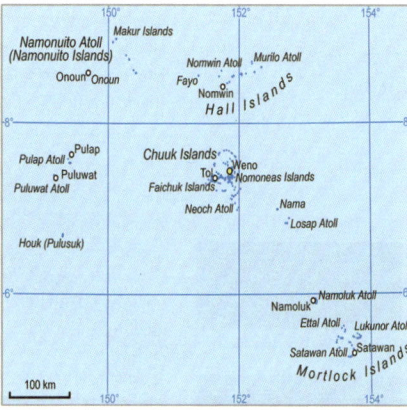

축 주의 축 라군과 외곽 섬의 위치

ⓒ 위키피디아

축 주의 섬들[26]		
지역	특징	시
축 라군		
Northern Nomoneas (Shiki) Islands	웨노 섬이 속한 섬 그룹이다. 웨노 섬 서쪽에는 축 부두가 있는데, 약 92~99m 길이이며, 수심은 약 7.3~8.5m이다.	Weno(Moen)
		Fono
		Pis-Paneu
Southern Nomoneas (Shiki) Islands	Kuop Atoll은 축 라군 보초군의 약 3km 남쪽에 있는 atoll로서 4개의 산호섬으로 이루어져 있다. 총 땅의 면적은 0.5km²이며 라군은 비교적 깊다. 남동쪽에 좁은 통로가 있고 18.3~43m의 깊이에서 계류할 수 있다. Kuop은 직사각형 모양으로 길이는 21.5km, 최고 폭은 8km 정도 된다. 가장 큰 섬은 북동부에 위치한 섬이다.	Fefan
		Tonowas
		Uman[Kuop(Neoch) atoll 포함]
		Parama
		Tsis
Faichuuk[27] (Shichiyo) Islands (Eot, Fanapanges, Oneisom, Paata, Polle, Ramanum, Tolensom, and Udot)	Faichuuk은 톨 섬으로도 불리는데 좁은 수로로 나누어진 4개의 섬으로 이루어져 있으나, 통계 및 행정적 목적으로 하나의 섬으로 취급되고 있다. 이 지역은 Parata(Pata, 4.4km²), Polle(0.3km²), Wonei(Onei, 10.0km²) 그리고 Tol(10.3km²) 섬으로 구성되어 있으며, 총 면적은 34km²이다. 현재 약 2,000명이 거주하는 것으로 알려져 있다. 대부분의 섬들은 작은 산이 많아 기복이 심하고 최고점은 톨 섬에 있는 Mount Winipot으로 해발고도가 443m이다.	Tol
		Wonei(Onei)
		Polle
		Paata(Pata)

Nomwisofo	축 라군 서쪽에 있는 톨 섬 오른편의 섬그룹이다. 이 섬들에는 약 3,800여 명이 거주하는 것으로 알려져 있다. Udot의 경우 삼림이 울창한 섬으로 크기는 약 4km×2.6km이며, 대략 1770여 명이 거주하고 있다.	Udot
		Fanapanges
		Romanum
		Eot

외곽 섬

Hall Islands(North) Nomwin & Murilo Nomwin	Murilo와 Nomwin은 동일한 해산이 가라앉은 뒤 그 2개의 봉우리에 생겨난 atoll로서 이러한 이중 atoll은 보기 힘든 것으로 알려져 있다. Murilo는 약 38km 길이(북동–남서)이며, 너비는 19km(북동), 4km(남서)이다. 라군의 넓이는 약 350km²이며 남쪽에서 깊어진다. 이 atoll에는 28개의 작은 섬이 있으며 총 육지 면적은 1.3km² 정도이다. Nomwin은 길이 30km(남동), 너비 18km(남동–북서)의 atoll이다. 라군 중간은 52m로 깊고, 남동쪽에 작은 섬들이 있으며 총 땅 면적은 1.8km²이다	Nomwin (Fayu Atoll 포함)
		Fananu
		Murilo
		Ruo (Murilo Atoll의 남동쪽의 작은 섬)
Namonuito Atoll (Magur Islands) (북서) Namounito atoll Ulul Namonuito	Namonuito atoll은 Caroline Islands 중에서는 가장 큰 atoll이다. 축 라군에서 북서쪽으로 170km 떨어져 있으며, Nomwin에서 서쪽으로 137km에 위치해 있다. Namonuito는 큰 삼각형 구조로서 길이는 84km 이며, 남북 길이는 50km이다. atoll의 총 면적은 2,260km²인데 태평양에서는 가장 큰 atoll 이다. 그러나 atoll의 형태는 알아보기 힘들며 대부분 물에 잠겨 있다. 육지는 대부분 남서쪽의 Ulul(Onoun) 섬에 있으며, 이 atoll의 섬들의 총 면적은 4.4km² 정도이다.	Pisaras
		Magur(Makur)
		Ono
		Onari(Unanu)
		Ulul
Pattiw (서쪽) Houk puluwatol	Houk 섬은 축 주의 남서쪽에 위치해 있으며 넓이는 2.8km² 정도이다. puluwatol는 5개의 섬으로 이루어져 있으며 축의 서북쪽에 위치하고 있다. 5개 섬의 해저에는 35km 길이의 해저퇴(bank)가 길게 형성되어 있다. 5개 섬의 면적은 약 3.4km²이다. 이 섬들의 명칭은 puluwatol(남동 섬), Bangelab 및 To(북쪽 섬), Alet(북서 섬), 그리고 Sau(남쪽 섬)이다.	Pollap(Pollap Atoll의 북쪽 작은 섬)
		Tamatam(Pollap Atoll 남쪽 작은 섬, 중간의 Fanadik 작은 섬 포함)
		Houk(Pulusuk)
		puluwatol(Puluwat)
Eastern Islands(Morlock Islands의 위쪽) Namoluk Losap atoll	Namoluk 섬은 마이크로네시아 연방국에서 가장 작은 atoll(0.31km²–육지면적)이며 총 범위는 13km² 정도이다. 이 섬은 Eastern Islands 또는 Upper Mortlock Islands 그룹에 속하며, 축 라군에서 서동쪽으로 185km, Etal Atoll에서는 50km 떨어져 있다. Namoluk 섬은 이 섬 그룹 중 유일한 유인도이며, 3개의 마을(Saponwell, Nukolap, Pokos)이 있고 라디오 기	Nama
		Losap

![Nama] Nama	지국이 있다. 그 외 섬들은 Lukan(0.015㎢), Toinom (0.21㎢), Umap (0.015㎢), Amas(0.28㎢) 등이 있다.	Pis-Losap(Losap Atoll의 작은 섬)
		Namoluk
Mortlock Islands (Nomoi Islands) ![Mortlock Etal Lukunor] Mortlock Etal Lukunor ![Satawan] Satawan	Mortlock Islands는 3개의 큰 atoll로 이루어진 그룹으로서 축 라군의 남쪽 250㎞에 위치해 있다. 이 중 Satawan 섬이 가장 크며 Etal 섬과 Lukunor 섬은 비교적 작다. 이 섬들은 1795년 11월에 James Mortlocks 선장이 발견하여 그의 이름이 붙게 되었다. Satawan atoll은 90여 개의 섬으로 이루어져 있으며, Satawan 섬 북쪽 끝에는 부두가 있다.	Etal
		Lukunor
		Oneop(Lukunor Atoll 서쪽 작은 섬)
		Satawan
		Kutu(Satawan Atoll 서쪽 작은 섬)
		Moch(Satawan Atoll 북쪽 작은 섬)
		Ta(Satawan Atoll 남동쪽 작은 섬)

기 후[28]

축은 연중 온난한 열대 해양성기후를 띤다. 마이크로네시아에는 크게 두 계절이 존재하는데 11월부터 4월까지는 건기이고 5월부터 10월까지는 우기가 찾아온다. 건기에는 무역풍인 북동무역풍의 영향을 크게 받는다. 강수량은 우기인 7월부터 10월까지에 집중된다.

마이크로네시아의 연평균 온도는 약 27℃이며, 1년 중 가장 더운 달은 5월경이며 평균 최고온도는 약 30℃이고, 가장 시원한 달은 1월경이며 평균

---

26) http://www.oceandots.com/pacific/caroline/pulusuk.php
 http://islands.unep.ch/CLV.htm
27) 최근 축 주의 Faichuuk(Tol) 지역이 마이크로네시아 연방국을 탈퇴하여 독립국을 선언한 적이 있었다. 이러한 움직임은 국제적 정치무대에서 코미디로 비쳐지기도 하는데 'Faichuuk Republic'의 대통령 대리라고 하는 'Kachutosy Paulus'라는 인물이 'Faichuuk Republic'의 독립을 선언했고 괌에서 이러한 선언을 발표하기도 했다. 또한 자칭 'Faichuuk Republic'의 주중국대사라고 하는 인물(괌에 있는 Red Dragon Construction 회사 대표)이 폰페이에 나타나 중국의 상주 대사에 자기를 소개하기도 했다. 상주 중국대사는 여기에 불쾌함을 표시하며 마이크로네시아 연방국에 항의했고, 마이크로네시아 연방국은 당황스러워 했다. 2000년도에 진행된 Faichuuk 헌법 국민투표에서는 96%의 Faichuuk 주민이 독립에 찬성했다. 또한 축에서도 2002년도에 Faichuuk이 축과는 독립적인 주(state)가 되는 것에 찬성하기도 했다.
 http://bild-art.de/kpress/index.php?option=com_content&task=view&id=1392%20&Itemid=2/t_blank
 http://archives.pireport.org/archive/2012/april/tcp-마이크로네시아.htm
28) NOAA National Weather Service WSO Chuuk, 마이크로네시아. http://www.prh.noaa.gov/chuuk/

최저온도는 약 24°C이다. 연평균 강수량은 3,560㎜인데 강수량이 가장 높은 달은 5월(360㎜)이며 가장 적은 달은 2월(170㎜)이다.

평균 풍속은 16㎞/h이며 6월이 12㎞/h로서 평균 풍속이 가장 낮다. 그 외의 시기에는 대부분 14~17㎞/h를 기록하고 있다.[29) 30)]

바람의 경우 11월부터 4월 사이에는 북동무역풍이 안정적으로 분다. 이 시기에는 평균적으로 85%의 바람이 북북동이나 동쪽에서 불어온다. 그러다 7월이 되면 여름 몬순이 유입되면서 남쪽에서 바람이 불어온다. 그 후 10월까지는 남쪽 및 서쪽에서 불어오는 바람이 무역풍과 부딪쳐 이 중 약 13%가 무풍이 되기도 한다.

정치와 사회

축 주정부

축은 마이크로네시아 연방국의 4개 주 중 가장 인구가 많은 주로서 2014년 7월 기준 약 5만 3천 명이 거주하고 있다. 이 중 약 4만 명 정도가 축 라군의 큰 섬들에 거주하고 있다.

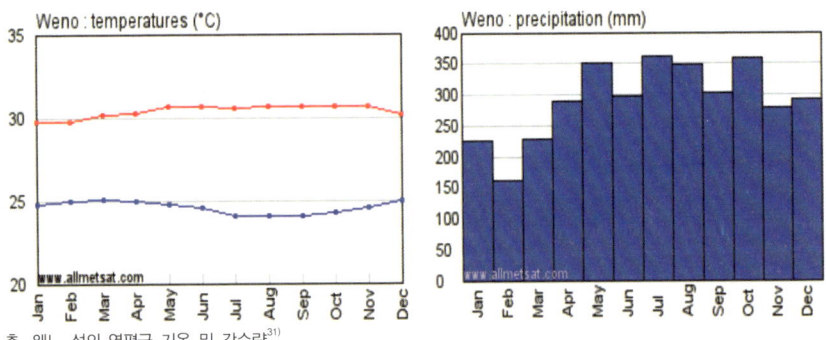

축, 웨노 섬의 연평균 기온 및 강수량[31)]

---

29) Weatherhbase : Chuuk Islands, Federated States of Micronesia. http://www.weatherbase.com/weather/weather.php3?s=43319&refer=wikipedia&cityname=Chuuk-Islands-Chuuk-Federated-States-of-Micronesia&units=metric http://www.weather.com/weather/today/Chuuk+FM+96942?lswe=96942&lwsa=WeatherLocalUndeclared

30) The Weather Channel, Chuuk, FM(96942) Weather. http://www.weather.com/weather/today/Chuuk+FM+96942?lswe=96942&lwsa=WeatherLocalUndeclared

31) Climate : Weno, Weno Island, Micronesia, Chuuk http://en.allmetsat.com/climate/north-pacific.php?code=91534

축 환초의 모습   ⓒ KIOST

    축 주의 주정부도 마이크로네시아 연방정부와 마찬가지로 행정부, 입법부, 사법부의 3개 영역으로 구성되어 있다. 각 영역의 임무와 권리는 축 주 헌법에 명시되어 있다.

행정부
축 주 행정부의 지도자는 주지사와 부주지사이며, 이들이 축 주정부의 주요 정부행정 업무를 담당하고 있다. 축 주에서는 지금까지 모두 7명의 주지사가 배출되었다. 이를 간략히 정리하면 다음과 같다.[32]

---

32) http://www.worldstatesmen.org/Micronesia_states.html
    http://members.fortunecity.com/ar1932/micrstat.html

축 주 행정부 현황

명칭 변경		
1947	Truk District	
1977.10	State of Truk	
1989.10.24	State of Chuuk	국민투표를 통한 공식적 명칭 변경(공식 변경 일자는 1989년 10월 1일)
축 주의 역대 지역행정관(District Administrators)		
1947~1951	없음	
1951~1956	Willard Chester Muller	1916~2008
1956	George C. Shumard(acting)	
1956~1960	Roy Trent Gallemore	1985~1977
1960~1963	Robert Halvorsen	
1963~1966	James Boyd McKenzie	1918~1978
1966~1968	Alan Mills MacQuarrie	1913~2000
1968~1968	Raymond Setik(acting)	1930~1997
1968	Robert D. Law(acting)	
1968~1969	Jesse Robert Quigley	
1970~1974	Juan Atalig Sablan	
1974~1978	Mitaro S. Danis	
역대 주지사(Governors)[33]		
1978~1978.10	Bermin F. Weilbacher(대행)	
1978.9~1986.5 (부주지사 : Bob Mori)	Erhart Aten • Xavier High School 졸업(1962) • Truk으로 불리던 축이 Chuuk 지방자치구로 긴환된 1978년에 첫 주시사로 당선. • 4년 더 연임한 뒤 1986년에 주지사직 내려놓음. • 2004년 11월, 3명의 남성과 같이 배를 타고 축 라군을 항해하면서 웨노섬으로 오던 중 태풍으로 인해서 배가 뒤집힘. 이로 인해서 배에 타고 있던 모든 사람이 사망함.[34]	1932~2004
1986.5~1990 (부주지사 : Bob Mori)	Gideon Doone • Xavier High School 졸업	
1990~1996.6 (부주지사 : Marcellino Umwech)	Sasao H. gouland	1933~2011

1996.6~1997.4	Marcellino Umwech	
1997.4~2005.4 (부주지사 : Manuel D. Sound)	Ansito Walter[35] · US International Uni/Alliant International Uni 에서 박사학위 취득 · 괌 대학 공공행정학 교수(School of Business and Public Administration) (2006) · 태평양아시아 관광협회(Pacific Asia Travel Association) 및 괌 자율형 공립학교 정책위원회(Guam Charter Schools Policy Board) 위원 · Ctr for Micronesia Empowerment 창시자	
2005.4~2011.7 (부주지사 :Johnson Elimo)	Wesley W. Simina	1961년생
2011.9~현재	Johnson Elimo	1961년생

---

33) http://en.wikipedia.org/wiki/Governor_of_Chuuk
34) http://www.rnzi.com/pages/news.php?op=read&id=13687
35) http://gcatradesacademy.org/testimonials/ansito-walter/

입법부

축 주 입법부는 주의회(Legislature)를 통해서 법을 제정한다. 축 주의회는 2개의 의회로 구성되는데 상원(senate)과 하원(House of Representative)이 있다. 축 주의 상원은 10명의 의원으로 구성되며, 상원의장(President of the Senate)이 가장 높은 직책이다. 하원은 28명의 의원으로 구성되며, 역시 하원의장(Speaker of House of Representatives)이 가장 높은 직책을 맡고 있다.

축 주 헌법에 의하면 상원의원직은 지역균등제로 선출되고, 하원의원직은 지역별 인구수에 따라서 선출된다. 10명의 상원의원은 상원의원을 선출하는 선거구에서 균등하게 2명씩 선출되는데, 축에는 총 5개의 상원의원 선거구가 있다. 각 상원의원의 임기는 4년이다.

한편 28명의 하원의원은 인구비례에 따라 각 지역에서 최소한 1명 이상씩 선출된다. 각 하원의원의 임기는 2년이다.

각 의회의 의장직은 2년마다 선출하며 각 의회의 규정에 따라 기타 임원을 선출한다. 상원과 하원이 공동 의회를 개최할 때에는 상원의장이 공동 의회장 역할을 한다. 만일 어떠한 사건으로 공석이 발생할 때에는 특별선거를 통해 새로운 의원을 선출한다. 그러나 공석이 발생한 의원직의 잔여임기가 1년 미만일 경우에는 주지사가 이를 임명할 수 있다.

	상원의원 선거구	포함 지역(섬들)
1	Northern Namonas	Weno, Fono, Piis-Panewu
2	Southern Namoneas	Tonoas, Etten, Fefen, Parem, Siis, Totiw, Uman
3	Faichuuk	Udot, Fot, Ramanum, Fanapanges, Polle, Paata, Wonei, Tol(Udot, Eot, Ramanum, Fanapanges, Polle, Paata, Oneisom, Tolensom)
4	Mortlocks	Nema, Losap, Piis-Emmwar, Namoluk, Ettal, Moch, Kuttu, Ta, Satowan, Lukunoch, Oneop
5	Northwest Islands	Fananu, Ruo, Murilo, Onoun, Makur, Onou, Unanu, Piherarh, Houk, Polowat, Tamatam, Pollap

	지 역	하원의원 선거구	포함 지역(섬들)	의석 수
1	Northern Namonas	지역구 1	Weno, Fono, Piis-Panewu	5
2	Southern Namoneas	지역구 2	Tonoas, Etten	2
		지역구 3	Fefen, Parem, Siis, Totiw	2
		지역구 4	Uman	2
3	Faichuuk	지역구 5	Udot, Eot, Ramanum, Fanapanges	2
		지역구 6	Polle, Paata, Wonei	2
		지역구 7	Tol	3
4	Mortlocks	지역구 8	Nema, Losap, Piis-Emmwar	2
		지역구 9	Namoluk, Ettal, Moch, Kuttu	2
		지역구 10	Ta, Satowan, Lukunoch, Oneop	2
5	Northwest Islands	지역구 11	Norwin, Fananu, Ruo, Murilo	1
		지역구 12	Onoun, Makur, Onou, Unanu, Piherarh	1
		지역구 13	Houk, Polowat, Tamatam, Pollap	1

축 주 의회 의원이 되기 위해서는 일정한 요건이 필요하다. 하원의원의 경우 선거일에 최소한 만 25세 이상이어야 하며, 상원직의 경우 최소한 만 35살 이상이어야 한다. 의원 후보자는 축에서 태어난 주민이어야 하며 대상 지역구의 거주자여야 한다. 또한 지역구 후보로 등록되어 있어야 하며 마이크로네시아 연방국 시민이어야 한다. 중죄로 유죄판결을 받은 경험이 있거나 면죄를 받은 적이 있어도 안 된다. 의원직을 수행하는 동안 중죄로 유죄판결을 받았을 경우에는 자동적으로 의원직을 상실하게 된다. 그러나 법원에서 무죄판결을 받으면 다시 의원 후보로 출마할 수 있다. 각 의회는 소속 의원들의 자격 및 선거 결과에 대해 판정을 할 수 있으나 다른 의회의 의원에 대한 권한은 갖지 않는다. 의회는 법에서 정한 바에 따라 연중 60일이 넘지 않는 선에서 정기적으로 회기를 개최한다.

각 의원들의 급여는 규정에 따라 주어지며 이들의 총 급여는 주지사의 총 급여의 3/4을 넘을 수 없다. 주지사 또는 의회 의장의 요청이 있을 경우 선거위원회에서는 다음 선거 때 주지사, 부주지사, 또는 의원들의 급여를 증액할 것인가를 투표에 부칠 수 있다. 만일 다수가 동의할 경우 의회에서는 미화 2,000달러가 넘지 않는 선에서 급여를 증가시킬 수 있다.

만일 의회에서 통과한 법안이 주지사의 거부권 행사로 인해 다시 의회로 돌아올 경우 의회 참가 의원들의 2/3 이상이 찬성하면 주지사의 동의 없이도 그 안을 법률로 공포할 수 있다. 주지사의 탄핵 제청은 하원에서만 가능하며 모든 하원의원 중 2/3 이상의 동의가 있어야 한다. 탄핵 재판은 상원에서만 가능하며 최종 탄핵은 모든 상원의원의 2/3 이상의 동의가 있어야 한다. 재판 시 의장은 법원장이 한다.

사법부

축의 최고 사법기관은 축 주 대법원(Chuuk State Supreme Court)으로, 대법원은 축 주의 40개 시(municipalities)들 간의 분쟁이나 헌법의 해석과 관련된 분쟁에 대해 판결을 내린다.

축 주 대법원은 주정부 행정기관들의 업무활동을 검토할 수 있으며 헌법 및 법령 문구에 대한 해석, 각 정부기관의 권한과 그 응용에 대해 법적 판결을 내릴 수 있는 권한이 있다. 축 주 대법원은 1명의 대법원장과 4명의 대법관으로 이루어져 있다. 만일 대법원장의 요청이 있을 경우에는 대법관의 수를 늘릴 수도 있다.

대법원장과 대법관은 주지사가 상원의 동의를 거쳐 임명한다. 만일 대법원장이 주어진 임무를 수행하지 못하는 상황이 발생할 경우에는 가장 임기가 오래된 재판관이 대법원장의 역할을 대리 수행한다.

대법원장이나 대법관이 6개월 이상 임무를 수행하지 못하거나 공석이 발생했을 경우, 주지사는 새로운 대법원장이나 대법관들을 상원의 동의를 거쳐 임명할 수 있다.

대법원장이나 대법관은 최소한 35세 이상 축 태생이어야 하고, 마이크로네시아 시민이어야 하며, 축에 최소한 25년 이상 거주한 인물이어야 한다. 또한 중죄가 없어야 한다.

축 주지사 급여 규정 (단위 : 미국 달러)[36]

급여(salary)	36,000/년
주 거	7,000
자동차	20,000
기타 업무비	37,000
총 액	100,000

축 주 행정부의 주요 인사(2014년 7월 기준)[37]

직책	성명
주지사(Governor)	Hon. Johnson Elimo
부주지사(Lt. Governor)	Hon. Ritis Heldart
참모/수석보좌관(Chief of Staff)	Mr. Wilfred Robert
의회 특별보좌관(Spec. Asst., Legislative Affairs)	Mr. Masachiro Christlib
사회 특별보좌관(Spec. Asst., Soc. Affairs)	Mr. Kichy Joseph
검찰총장(Attorney General)	Hon. Sabino Asor, Esq
행정국장(Director(Dir.) Admin. Services)	Hon. Jesse Mori
농업국장(Dir., Agriculture)	Hon. Kandito Kanas
교육국장(Dir., Education)	[대행] Hon. Noah Ruben
교육부국장(Deputy Dir., Education)	공석
보건국장(Dir., Health Services)	Hon. Julio Marar
교통공공활동국장(Dir., Transportation/Public Works)	Hon. Johnny Killion
교통공공활동부국장(Deputy Dir., Transportation/Public Works)	Binasto Ruben
해양자원국장(Dir., Marine Resources)	Hon. Tesime Kafot
공공안전국장(Dir., Public Safety)	Hon. Kerson Rizal
재해사무실장(Disaster Office)	Mr. Frank Cholymay
선거위원회장(Election Commission)	Mr. Yasen Harry
토지관리위원회장(Land Commission)	Mr. K. M. Mailo
관광청장(Visitors Authority)	Mr. Mason Fritz

---

36) http://www.fsmlaw.org/chuuk/code/title04/T04_Ch03.htm
37) http://www.fsmlaw.org/chuuk/

축 주 입법부(주의회)의 주요 인사(2014년 7월 기준)

직책	성명
상원의장(President, Senate)	Hon. Mark Mailo
상원부의장(Vice President, Senate)	Hon. Ichiro Choram
원내총무(Floor Leader)	Hon. Alanso Cholymay
상원 원내서기(Chief Clerk, Senate)	Mrs. Songkinita Bossy
하원의장(Speaker, House of Rep.)	Hon. Innocente I. Oneisom
하원부의장(Vice Speaker, House of Rep.)	Hon. Karson Billy
원내총무(Floor Leader)	Hon. Marius Akapito
하원 원내서기(Chief Clerk, House of Rep.)	Mrs. Florence P. Stanley
고문(Legislative Counsel)	Brian Dickson, Esq

축 주 사법부의 주요 인사(2014년 7월 기준)

직책	성명
대법원장(Chief Justice)	Hon. Camillo Noket, Esq
대법관(Associate Justices)	Hon. Keske S. Marar Hon. Midasy O. Aisek Hon. Repeat Samuel Hon. Jayson Robert
법원서기(Chief Clerk of Courts)	Mr. Kency Conrad
법원 항소서기(Appellate Clerk of Courts)	Mr. Kereta Dereas
행정국장(Director of Administration)	Mr. Isauo Kuena
주대법원 변호사(State Sup. Ct. Attorney)	Michael R. Watson, Esq

축 주의 기타 정부기관 주요 인사(2014년 7월 기준)

직책	성명
공선 변호인(Public Defender)	Mr. Bethwel O'Sonis, Esq
마이크로네시아 법률협회 감독변호사(MLSC(Micronesia Legal Services Corporation), Directing Attorney)	Deren Konman, Esq.
마이크로네시아 법률협회 직원변호사(MLSC, Staff Attorneys)	Michael Marco Pastor Suzuki Fanes Meika Jane Iwo
공공회계감사(Public Auditor)	공석
수석토지위원회장(Senior Land Commissioner)	Mr. K. M. Mailo

축 주의 기반시설 현황

축 주의 도로 및 교통 시스템은 거의 최악에 가깝다고 할 수 있다. 포장된 도로도 적을뿐더러, 흙길 중간 중간이 패인 곳이 많아 비가 오면 길 한복판에 커다란 웅덩이가 만들어지기도 한다. 이러한 길은 어지간한 자동차로 다니기가 힘들고 4륜구동으로도 매우 천천히 이동해야 한다.

이러한 상황을 개선하기 위해 2000년대 후반에 축 주 인프라 재개발 사업이 시작되었다. 이 사업은 5단계로 진행되는데 현존하는 축 주의 하수도, 상수도, 배수 시스템을 완전히 재건조하고, 웨노 섬의 주요 도로에 10인치 (25.4cm) 두께의 콘크리트 도로를 만드는 계획이 포함되어 있다. 이 사업의 최종 입찰은 2008년도에 완료되었으며, 공사는 2009년 6월에 시작되었다.

축 주의 공항은 웨노 섬에 있는 축 국제공항(Chuuk International Airport)으로 United/Continental Micronesia 항공사가 서비스를 제공한다. 국제공항이라고는 하지만 우리나라의 단층으로 된 시골분교를 보는 느낌이다. 공항에서 축 주의 주요 호텔인 Blue Lagoon Resort까지는 5마일(8km) 거리이지만, 도로 사정이 워낙 열악해 자동차로 35분 이상 소요된다.

축 주 정부는 1개의 라디오 기지국을 운용 중이며 섬들 간의 통신은 시민 밴드(CB : Citizens band) 라디오를 사용한다. 전화는 축 라군 내에서만 사용 가능하며, 현재 핸드폰 네트워크도 라군 내에 설치되어 있다. 이 서비스는 향후 외곽 섬에서도 제공될 예정이다.

인터넷의 경우 축 주에는 고속 ADSL 인터넷이 구축되어 있으며, 2010년 5월부터 웨노 섬을 중심으로 이용 가능하다.

현재 축 주의 가장 큰 산업은 관광이며 특히 축 라군 내의 많은 난파선(제2차 세계대전 시 침몰한 일본의 군용 선박들)을 활용한 스쿠버 다이빙 관광이 가장 유명하다. 농산업으로는 코코넛 열매의 과육을 말린 코프라 산업이 있지만 경제적 가치는 아주 미미하다. 축 주 외곽 섬에서는 자급자족적 경제활동에만 전념하고 있는 실정이다.

교 육

축 주의 현대적 교육은 1800년대에 프로테스탄트 선교사들이 들어오면서 시작되었다. 현재 축 주에는 여러 공립학교와 사립학교가 있는데 초등교육(Elementary)은 1학년에서 8학년까지이며 유치원은 다섯 살부터 갈 수 있다. 교육을 위한 공식 언어는 영어이지만 축 주의 고유 언어도 많이 사용된다(축 주에는 3개의 방언이 있으며 대부분 서로 의사소통이 가능하다).

초등교육 후에는 중고등학교에 진학하는데 축 주에서 가장 유명한 고등학교는 뉴욕 예수회(New York Province of the Society of Jesus)가 축 주의 웨노 섬에서 운영하고 있는 세비어 고등학교(Xavier High School)이다. 세비어 고등학교는 일본이 제2차 세계대전 시 통신 센터로 활용했던 건물을 그대로 사용하고 있다. 통신센터는 중요한 기반시설이었기 때문에 당시 일본군들이 매우 공들여 지었고, 그 견고성 때문에 아직까지 사용하고 있다.

세비어 고등학교는 마이크로네시아 연방국 전체에서 손꼽히는 명문고로, 이곳 출신 인사들이 마이크로네시아의 정재계 및 국가 요직(대통령 포함)을 거의 장악해 왔다. 이 학교는 남녀공학이며 마이크로네시아 전역은 물론 팔라우와 마셜 제도에서도 학생들이 몰려든다. 학교 교사들은 예수회 수사나 일반인이며, 교사의 국적은 미국, 인도네시아, 일본, 호주, 마이크로네시아 등 다양하다.

마이크로네시아 연방국의 명문고등학교 Xavier High School ⓒ 강대훈

Xavier High School을 졸업한 주요 정부인사(숫자는 졸업연도)[38]

MANNY MORI(1969)	현 마이크로네시아 대통령
JOSEPH URUSUMAL(1973)	전 마이크로네시아 대통령
LAZARUS SALII(1956)	전 팔라우 대통령
PETER CHRISTIAN(1966)	마이크로네시아 의회의장
ERHART ATEN(1962)	축 주 초대 주지사
JESSE MAREHALAU(1970)	주미 마이크로네시아 대사
SEIT ANDRES(1970)	팔라우 상원의원
JIMATA KABUA(1973)	마셜 제도 경찰청장
VICTOR YANO(1971)	팔라우 보건부 장관
BERNARD THOULAG(1970)	마이크로네시아 국립해양자원관리국(NORMA) 국장
MATHIAS EWARMAI(1973)	마이크로네시아 대학 해양수산연구소 소장

38) Xavier High School, http://xaviermicronesia.org/, Last accessed 23 August 2012
    이 명단 외에도 법률, 의료, 교육, 언론 등 각계 각층에서 활약하고 있는 인물이 많이 있음.

역사와 문화

축 주의 역사

축 제도에 언제부터 사람들이 거주하게 되었는지는 확실치 않다. 초기 태평양 원주민들이 언제 마이크로네시아 지역으로 이주했는가에 대해서는 아직 관련 연구가 충분히 행해지지 않아 상대적으로 밝혀진 것이 많지 않다. 그러나 대략 2,000년 전부터 사람들이 거주했을 것으로 추정된다.

언어학적·고고학적 조사에 따르면 오늘날 마이크로네시아 지역으로의 주민 이주는 두 방향에서 이루어졌다. 하나는 서쪽에서 온 흐름이고, 다른 하나는 남쪽 및 동쪽에서 이주해 온 흐름이다.

오늘날의 얍 주와 팔라우 등이 속한 서부 마이크로네시아 지역은 현재의 필리핀이나 인도네시아 지역에서 주민들이 이주했을 것으로 추정된다. 이 경우 최초의 주민들은 서쪽 동남아 지역에서 온 것이다. 그러나 마이크로네시아 동부의 코스레, 폰페이, 축 주의 경우 오늘날의 키리바시, 솔로몬 제도 남동부에서 최초의 주민들이 이주했던 것으로 추정된다. 이 경우 가장 동쪽에 있는 코스레에서부터 폰페이를 거쳐 축 주로 주민들이 유입되었을 가능성이 크다.

축 주에 사람들이 거주했다는 고고학적 증거는 거의 발견된 것이 없다. 기원후 200년에서부터 1300년경까지의 유적들은 아직 발굴되지 않았다. 폴리네시아나 멜라네시아 지역에 비해 마이크로네시아 지역에 대한 고고학 연구는 부족한 편이며, 향후 연구가 이루어진다면 새로운 사실들이 밝혀질 것이다.

마이크로네시아 연방국의 역사는 제1장, 마이크로네시아 편에서 상세히 기술했다. 축 라군은 제2차 세계대전 시 일본군이 매우 중요하게 여겼던 중서태평양의 군사거점으로, 오늘날 축 라군 주변에는 수십 척의 일본 군함 잔해가 가라앉아 있다.

제2차 세계대전 시 축 라군에 주둔한 일본군인의 규모를 살펴보면, 해군중장 마사미 고바야시(Masami Kobayashi)와 주이치 하라(Chuichi Hara) 아래 2만 7,856명, 소장 가네노부 잇신(Kanenobu Ishuin) 아래 1만 6,737명 등 약 4만 5천여 명의 군인들이 상주했다. 일본 해군병력 대부분은 축 라군에 주둔했는데 당시 주요 행정거점은 오늘날의 주요 섬인 웨노 섬 남쪽에 위치한 토노아스(Tonoas) 섬이었다.

축 주는 연합군이 주둔하고 있었던 파푸아뉴기니와 솔로몬 제도를 공격하기 위한 거점기지로 활용되었다. 접근이 매우 까다로운 환초 및 보초 지형으로 구성되어 천연의 요새 역할을 했던 축 라군은 연합군들에게 태평양의 지브롤터 해협(접근이 어렵다는 의미)으로 알려져 있었다.

결국 연합군은 축 라군의 일본군 거점을 파괴하기 위하여 축 라군으로 직접 선박을 투입시켜 작전을 전개하는 대신, 축 라군 바깥에서 장거리포로 일본군 기지를 폭격하는 작전을 실시했다. 이것이 제2차 세계대전 시 미국이 전개했던 '우박작전(Operation Hailstone)'이며, 그 결과 일본 측의 해군 전함 12척, 해군 상선 32척, 항공기 249대가 파괴되었다. 이것은 태평양 전쟁에서 가장 중요한 해군 공습 중의 하나로 일본의 패배에 크게 기여했다.

축 주의 신화 및 전설

우리나라의 단군신화처럼 축 주에도 최초의 거주민과 인간들에 대한 전설이 존재한다. 마이크로네시아의 축 주뿐 아니라 태평양 지역의 전설이나 신화에서는 '최초의 조상', '항해를 통한 새로운 섬(거주지)의 발견'이라는 테마가 반복되어 나타난다.

축 주에서는 소우카초(Sowukachaw), 소우우니라스(Sowuwooniiras), 니코웁웁(Nikowupwuupw)에 대한 전설이 유명하다. 이들은 모두 축 주 주민들의 최초 조상인 신화적 인물이다. 이들에 대한 전설은 축 주에 어떻게 사람들이 살게 되었는가를 잘 보여 준다.

축 주의 전설에 따르면 축 주의 최초 거주민은 카초(Kachaw)라고 하는 아주 거룩하고 먼 땅에서 왔다. 카초는 폰페이에서도 잘 알려져 있는 곳으로 폰페이 토속 신앙에 중요한 역할을 한다. 어떤 이들은 카초가 천국 또는 극락과 비슷한 곳이라고 하고, 어떤 사람은 코스레 주라고 하기도 한다.

이 카초라는 땅에서는 축 주의 모든 이의 어머니라고 불리는 니코웁웁 - 축 주 언어로 '출산하는 여성' 또는 '탄생시키는 여성'을 의미 - 이 태어났다. 니코웁웁은 카초에서 소우카초 - 카초의 주인이라는 뜻 - 라는 남자와 행복하게 살면서 가족을 이루고 있었다.

그러던 어느 날, 니코웁웁과 소우카초는 카초를 떠나기로 결정했다. 가족이 너무 커졌기 때문에 살 만한 다른 땅을 찾아야 했기 때문이다. 그들은 자녀들에게 나무를 가져오게 하여 뗏목을 만들고 식량을 최대한 확보하여 대양으로 나아갔다. 그 후 며칠 만에 그들은 축 주에 도착했다.

처음에는 니코움움과 소우카초, 그리고 그들의 자녀들만 축 주에 거주했다. 그 후 니코움움의 남편인 소우카초는 소우우니라스 - 축 주의 통치자라는 의미 - 가 되었다. 소우우니라스가 된 소우카초는 가족들에게 그들만의 땅을 찾으라고 말하면서 그들을 다른 땅으로 보냈다. 그는 남자와 여자로 된 커플들을 각각 북쪽, 남쪽, 동쪽, 서쪽으로 보냈다. 각 커플은 자기가 찾은 땅을 돌로 표시하였으며 그것이 그들의 새로운 부족 땅, 즉 가족의 사유지가 되었다.

그 후 새로운 사람들이 축 주로 오거나 기존 거주민의 후손들이 새로운 땅을 찾아서 축 주 구석구석으로 퍼져 갔다. 그 결과 축 주에는 더 이상 남아있는 땅이 없었다. 따라서 자식들이 결혼을 해도 밖으로 나가 새로운 땅을 소유할 수 없어 젊은 남편은 (모계사회의 전통에 따라) 부인의 가족이 소유한 땅에서 거주하게 되었다. 이렇게 결혼하여 부인의 가족 땅에서 거주하게 된 젊은 부부는 부인 가족 사유지의 일부를 소유하게 되었다.

그러나 몇몇 젊은이는 여기에 만족하지 않고 새로운 땅을 찾아서 떠났다. 그들은 축 주 근처의 아무도 살지 않는 섬을 찾아가 자기의 소유로 만들었다. 그리고 자신의 가족을 자기 소유의 섬으로 이주시켜 그들만의 사유지를 만들었다. 그러나 시간이 흐르면서 인구가 불어나자 그 섬들도 사람이 넘쳐났다. 이제 용감한 사람들은 축 라군을 벗어나 더 멀리 떨어진 외곽 섬들로 이주해 정착하기 시작했다.

시간이 흐르면서 각각의 땅에 정착한 최초의 가족들은 씨족과 부족을 이루었고, 그 부족의 지도자가 추장이 되었다. 축 주 주민들은 자신들의 모든 부족의 조상이 카초라는 섬에서 왔다고 믿는다. 또한 추장들 역시 자신이 공평하게 소우카초와 니코움움의 후손이라고 생각한다. 그래서 축 주에서는 부족 간 위계나 추장 간 위계가 그렇게 발달하지 못했다. 어느 부족도 다른 부족보다 특별히 높은 지위를 갖지 않으며, 한 추장이 다른 추장보다 더 많은 지역과 사람들을 대규모로 통치하는 일도 없었다.

추장 제도

축 주에서도 마이크로네시아에서 흔히 볼 수 있는 전통 추장제가 나타난다. 이러한 전통적 권력 시스템은 축 라군뿐 아니라 외곽 섬들에서도 볼 수 있고, 폰페이와 코스레 주에서도 발견된다.

먼저 추장의 승계방식을 보면, 모계사회인 축 주에서는 가장 연장자인 여성이 속한 모계 가문의 가장 나이 많은 남자가 추장직을 맡는다. 즉, 주요 모계의 남성 연장자가 추장을 맡는 것이다. 이러한 추장은 특정 부족의 상징적 추장(symbolic chief)이라 할 수 있다. 1년 중 그해 수확한 첫 작물로 성대한 잔치를 여는 것은 바로 이 상징적 추장을 위해서이다.

그러나 현실에서는 이러한 상징적 추장과 실제 추장 업무를 수행하는 실무적 추장(executive chief)이 서로 다를 때가 많다. 실무적 추장은 주요 모계의 가장 나이 많은 남성이 아니라, 보통 그 부족에서 가장 유능한 인물이 맡게 된다. 이때 축 언어로 상징적 추장은 음식의 추장(Chief of Food) [소무넌 음웬게(somwoonun mwenge)]이라 불리고, 실무적 추장은 '대화의 추장(Chief of Talk)'[소무넌 카파스(somwoonun kkapas)]라 불린다. 보통 상징적 추장과 실무적 추장이 쌍두마차처럼 함께 부족을 통치하다가, 상징적 추장이 충분히 성장하면(30대 후반이나 40대에 들어서면) 두 사람이 나누어 수행하던 역할을 혼자서 수행하는 경우도 있다.

이제 추장의 권한 및 역할을 살펴보자. 마이크로네시아 전통사회의 계층은 추장과 일반 부족민이라는 두 계급으로 나뉜다. 그러나 마이크로네시아 지역에서 추장이 무소불위의 권력을 보유한 것은 아니다. 어떤 학자들은 마이크로네시아의 추장제에는 오늘날의 민주주의와 흡사한 요소가 많이 포함되어 있다고 말한다.[39]

마이크로네시아 전통사회에서는 부족원들의 의견이 매우 중요하다. 부족원들이 추장의 말에 동의한 경우에는 추장의 말을 듣지만, 동의하지 않으면 추장이 원하는 대로 움직이지 않는다. 추장의 권한과 힘이 부족원들보다 높다고 볼 수는 있지만 특출나게 높다고 볼 수는 없다. 전체적인 사회 시스템하에서는

---
39) Riesenberg, 1968

일반 부족민들의 힘이 강한 것이다.

일반 주민들은 자신이 섬기는 추장이 관대하고 겸손할 것을 기대한다. 무슨 일을 시킬 때도 추장은 부족원들에게 직접적으로 명령하지 않는다. 추장이 원할 경우, 부족 구성원 중 누군가를 추방하거나 그의 토지를 빼앗을 수도 있지만 그러한 일은 많이 일어나지 않는다.

일반 주민들은 보통 자신의 추장에게 말과 행동으로 존중의 표시를 한다. 부족원들은 자신의 머리를 추장의 머리보다 높은 곳에 두지 않으려 한다. 예를 들어 추장이 앉아 있는데 부족원들이 서 있지는 않는다. 특별한 경우에는 부족원들이 엎드려서라도 추장의 머리보다 낮아지려는 존중의 표시를 하기도 한다.

또 마이크로네시아에도 존댓말이 존재한다. 특히 추장에게만 사용되는 존칭어가 발달되어 있다. 최근 서구화 및 자본주의의 물결이 마이크로네시아에도 유입되면서, 전통추장의 힘이 많이 약해졌다고 볼 수 있다. 그러나 일반 주민들이 추장에게 보여 주는 존중의 표시는 더욱 강해졌다고도 할 수 있다. 그 이유는 많은 사람에게 추장은 마이크로네시아의 문화를 상징하는 존재로 여겨지기 때문이다.

축 전통사회에서 추장의 역할은 다음과 같다.

- 부족 전체를 대표해서 의견을 전달한다.
- 그의 토지에 거주하는 거주민들이 수확한 그해의 첫 작물을 공물로 받는다.
- 추장에게 존중의 뜻으로 공물(대부분 식량이나 음식)을 바치지 않거나 기타 부적절한 행동을 한 가족 및 부족구성원들을 추방하거나 토지를 빼앗는다.
- 연안에서의 공동조업을 명령하거나 기타 부족 차원의 프로젝트를 추진한다.
- 부족구역에 거주하는 가족들 간의 분쟁을 해결한다.
- 다른 부족과의 전쟁을 치룬다.

추장은 부족이나 가족 간에 분쟁이 발생했을 때 이를 중재하는 역할을 하는데, 분쟁의 해결이 원만히 이루어지지 않을 경우 강압적인 방법으로 문제해결을 명령할 수는 없다. 따라서 축 주의 추장들에게는 설득력이 중요하다.

추장은 부족원을 이끌고 전쟁을 치를 수는 있지만, 전쟁을 치르겠다는 결정이나 세부 전술 등을 독단적으로 결정할 수는 없다. 부족의 모든 가족 단위의 지도자들이 추장의 집이나 회의실에 모여 논의한 다음 결정을 내려야 한다. 또한 이 회의에서도 추장이 아니라 전쟁에서 가장 경험이 많은 사람이 회의를 주도하게 된다.

마이크로네시아의 문화적 정서상 어떤 사건이나 인물에 대한 직접적 언급이나 비판은 피하려는 경향이 있다. 이들은 제3자를 통하거나, 돌려서 간접적으로 말한다. 추장이 부족원들을 통치할 때도 마찬가지인데 이때 추장의 남동생이 추장을 보좌하며 간접적 커뮤니케이션 창구 역할을 한다.

추장과 추장의 남동생은 회의장에서 가장 중요한 장소에 앉는다. 추장은 부족원들에게 명령할 것이나 부탁할 것이 있으면 동생을 통해서 넌지시 하기도 한다. 일이 잘못되면 부족원들은 추장의 동생에게 화를 낸다. 폰페이에도 유사한 시스템이 있는데, 계급이 높은 추장과 낮은 추장이 함께 작업을 하며 계급이 낮은 추장이 부족원들과의 연결고리 역할을 한다.

부족원들은 추장에게 공물을 바치는 것을 기쁘게 여긴다. 공물을 바침으로써 추장에게 존중을 표시할 수 있고, 추장은 자신의 몫을 제하고 받은 공물을 다시 부족원들에게 나누어 주기 때문에 어느 정도의 공물을 되받을 수 있기 때문이다. 이러한 공물의 주고받음은 대부분 그 해 첫 수확물이 채취될 무렵 실시하는 축제를 통해 이루어진다.

이러한 축제는 부족구성원의 각종 경조사 때 실시하기도 한다. 결혼이나 장례식이 있을 경우, 각종 음식과 공물이 대규모로 교환된다. 이때는 결혼 등으로 부족을 떠나간 구성원들도 행사에 참여하기 때문에 이 기회를 이용해 추장은 권위를 세우고 다른 부족의 추장들이나 이제는 외부인이 된 구성원들과의 유대를 강화할 수 있다. 이러한 기회를 통해 다른 부족과 유대를 형성해 두는 것은 중요한 일인데, 추장이 다른 부족과 전쟁을 치를 때 이들이 동맹자가 되어 주기 때문이다.

그렇다면 이 추장들은 어떻게 세력을 확장할까? 앞에서 언급한 바와 같이 일반적으로 축 주의 추장들의 권력은 제한적이다. 그들의 영향력은 자신이 관할하는 부족을 벗어나지 못한다. 이때 추장이 자신의 부족뿐 아니라 섬의 모든 사람으로부터 존경을 받게끔 자신의 영향력을 확대할 수 있는 두 가지 방법이 있다.

하나는 자신이 이땅(Itang)임을 보여 주는 것이다. '이땅'이란 축 주의 전통과 역사, 전설, 기예, 마술 등에 대한 전문가로, 이러한 지식은 아무에게나 전수되지 않으며 보통 늙은 스승에 의해 몇몇 사람에게만 전해진다.[40] 이땅은 전통적 지혜와 이야기를 노래나 시의 형태로 사람들에게 들려주는데, 거기에는 축 주 주민들의 역사와 전통, 그리고 무엇이 옳고 그른가에 대한 도덕적 교훈들이 담겨 있다. 전설에 따르면 이땅이 하는 말들은 매우 강력한 힘을 가지고 있어 사람을 죽일 수도 있다. 이땅은 아무나 될 수 있는 것이 아니며, 보통 추장이나 그 가족들 중의 누군가가 이땅이 된다.

추장이 꼭 이땅이어야 할 필요는 없지만, 이땅인 추장은 훨씬 더 존경을 받게 되고 그의 지혜가 섬 전체로 퍼져 영향력이 더욱 커진다. 오늘날 국가 지도자가 단지 강력한 권력자이기만 한 것이 아니라, 예술적 교양이나 역사적 지식을 갖춘 경우 더 존경받을 수 있는 것과 마찬가지이다.

추장이 영향력을 키울 수 있는 또 다른 길은 전쟁 시 강력한 전사임을 증명하는 것이다. 추장이 되기 위해 모든 이가 이땅이거나 강력한 전사여야 할 필요는 없다. 그러나 강력한 전사이면서 동시에 이땅인 추장이라면, 그의 영향력은 모든 축 섬으로 퍼져 나갈 수 있다.

축 주의 가장 기본적인 정치적 단위는 마을 또는 부족 영역이라고 번역되는 Soopw이다. Soopw에는 그곳을 관할하는 고유의 부족이 존재한다. 축 주의 부족 영역을 살펴보면 거기에는 어떤 정해진 규칙이나 모양은 없다. 영역이 크다고 부족원이 많은 것도 아니며, 영역이 작다고 해서 부족원이 적은 것도 아니다. 히니의 부족 영역 안에는 보통 90~130명 성도의 수민이 살고 있다.

축 주에서는 어떠한 씨족이라도 아직 누군가의 소유지가 아닌 땅을 발견하면 자기 소유로 삼고 자신의 부족을 만들 수 있다. 이렇게 축 지역 전체는 여러 가족(씨족)이 점유한 토지구역으로 구성되어 있는데, 이러한 토지 중 가장 중요한 것은 그 부족의 지도자인 추장의 땅이다. 축 주에서는 땅에 중요한 사회적·정치적 역할이 부여되어 있어 땅만 보고도 누가 부족의 지도자인지 알 수 있다.

---

40) '이땅'에 딱 맞아떨어지는 현대사회의 직군은 존재하지 않는다. 대략적으로 말하면 사제, 시인, 역사가, 예술가, 뛰어난 이야기꾼 등의 무언가 특별하고 비밀스런 지혜를 가진 이들을 뭉뚱그려 놓은 전문가라고 볼 수 있다.

보통 추장의 가족은 이 땅에 처음 도착한 이들이거나, 그들의 후손이다. 제일 먼저 땅을 점유한 사람이 그 지역에 대한 권한을 갖는다는 이러한 인식은 오늘날의 축 사회에도 널리 퍼져 있다. 그래서 추장들이 부족 토지의 진정한 소유자로 간주되는데, 반대로 이러한 땅이 실질적으로 추장에게 힘을 부여하고 있다고 할 수 있다.

마이크로네시아 지역의 전통적 리더십은 서로 유사한 점이 많으나, 주별로 차이점도 있다. 가장 큰 차이는 축 주의 추장제에서는 계급이 크게 발달하지 않았다는 점이다. 폰페이와 얍 주의 경우 지도자와 추장들 간에도 계급이 있다. 그러나 축 주에는 지도자들 간의 계급차가 거의 없다. 축 주의 추장이 권위가 있는 이유는 추장이 그곳에 최초로 정착한 가족의 후손이기 때문이다.

축 주의 추장은 대부분 폰페이나 얍 주의 추장보다는 권한이 적으며 추장들 간의 위계도 별로 없다. 또 축 주의 추장들은 강력한 권위보다는 설득력과 중재력으로 사람들을 다스려야 한다. 축의 추장들은 상대적으로 실질적인 힘이 다른 주의 추장들보다 적고, 또 축에서는 부족이나 추장들 간의 위계도 거의 동등하기 때문에 자신의 주장을 관철시키려면 다른 부족원이나 추장들을 설득해야 한다. 즉, 평화나 전쟁을 위해서, 아니면 다른 큰 목표를 위해서 다른 이들의 동의를 구해야 하기 때문에 설득 및 중재의 능력이 훨씬 중요한 것이다.

소유 관념

미국의 인류학자 워드 구디너프가 1951년 출판한 『축 섬의 소유권, 친족, 커뮤니티(Property, Kin, and Community on Truk)』은 축 주의 소유권과 친족제도를 다루고 있다.

구디너프에 따르면 축 주민의 소유관념의 특징은 재산을 사회적 위신이나 비물질적인 보상과 연계시키지 않는다는 점이다. 대신 그들은 철저하게 실용적 잠재성의 관점에서 재산을 바라본다. 만약 어떤 사물이나 토지가 생산적·실용적 가치를 갖는다면 이는 재산으로 간주된다. 예를 들어, 좋은 카누를 만들 수 있는 나무는 재산으로 인정되지만 숲에 굴러다니는 땔감용 나무는 아무도 거들떠보지 않는다.

이때 축 주 사람들은 개인 혹은 공동으로 재산을 소유한다. 특히 집단이 하나의 단위가 되어 재산을 소유하는 경우가 많다. 이때 축의 친족 집단에서 가장 중요한 것은 형제자매 관계인데 대개 가장 나이가 많은 남자형제(mwaaniici)가 그 친족을 대표한다.

구디너프는 축 사회의 재산 소유 주체를 corporation으로 표현하는데, 그에 따르면 corporation의 기본이 되는 것은 같은 어머니에게서 태어난 한 쌍의 형제자매이다. 축 사회는 모계사회이기 때문이다. 이러한 모계 집단은 크게 혈연집단(descent line)과 씨족(lineage)으로 구성된다. 혈연집단의 경우 언제나 더 큰 집단의 일부이며, 씨족은 그 자체로 하나의 독립된 공동체가 된다. 이때 이 모계 집단에서 태어난 아이들을 jefekyr라 한다.

축 사회의 소유권 형태는 다음과 같다. 먼저 이 사회에는 두 종류의 소유권 형태가 있다. 하나는 전적인 소유권(full ownership)이고 다른 하나는 분할된 소유권(divided ownership)이다. 전자의 경우 개인이나 집단이 특정한 재산을 전적으로 점유하는 것을 말한다. 이들은 전권(full title)을 보유한다. 반면 후자의 경우 특정한 재산을 두 주체(개인이든 집단이든)가 나누어서 소유하는 것을 말하는데, 이 소유권 관계는 평등하지 않고 비대칭적이다. 즉, 한쪽은 임시권리(provisional title)을 갖고, 다른 한쪽은 잔여권리(residual title)를 갖는다. 축 사회에서 특히 중요한 소유권 형태는 후자인데, 토지나 재산을 임대해 준 사람은 잔여권리를, 그 토지나 재산을 임차해 사용하고 있는 사람은 임시권리를 갖는다.

한편, 재산 거래의 종류를 보면 새로운 재산의 창출 및 발견, 판매 또는 교환, 계승, 정복 또는 강탈, 키이스(kiis) 증여, 니팍(niifag) 증여, 강제적 파괴 등이 있다. 여기서 제일 중요한 거래는 니팍 증여인데 이는 서구사회에서의 임대-임차 관계와 유사하다. 그러나 니팍은 단순한 재화와 서비스의 교환이 아니라 엄연한 증여이며 무언가 되돌려 받을 것을 기대하는 증여, 사실상 그러한 되갚음이 의무처럼 되어 있는 증여이다. 예를 들어, 추장이 평민에게 자신의 토지에 대한 사용권을 부여했다면 이것은 그가 소작인에게 니팍을 준 것이다. 이 경우, 소작인은 추장에게 일정한 공물 등을 바치는 식의 의무를 져야 하며, 만약 그가 이 의무를 충실히 이행하지 않을 경우 추장은 나누어 준 토지를 몰수할 수 있다.

한편, 축 사회 소유권 중 독특한 것은 '분리 가능 재산(separable property)'이 있다는 것이다. 이는 누군가 자신이 개선(improvement)시킨 부분에 대해서는 전권을 주장할 수 있는 것을 말한다. 예를 들어, 남에게 토지를 빌려 경작하는 소작인의 경우라도 자신이 가꾼 나무는 그의 소유가 되며, 특정한 집에 세 들어 사는 사람의 경우 그 집을 수리하려고 자신이 보강한 기둥, 지붕 등은 그 집을 비울 때 가지고 나가도 무방하다. 또 돼지치기를 고용해서 돼지를 기를 경우 엄마 돼지는 원래 소유자의 것이지만 그 돼지가 낳은 새끼는 돼지치기의 소유가 된다. 그 밖에 황무지를 빌린 사람이 그 황무지를 개간해 훌륭한 밭이나 정원을 꾸몄을 경우, 거기서 나는 소출은 전부 경작자가 차지한다. 이러한 분리 가능 재산의 인정은 축 사회의 소유권을 복잡하게 만들고 종종 재산분쟁의 빌미가 되기도 한다.

2. 폰페이 주(Pohnpei State)

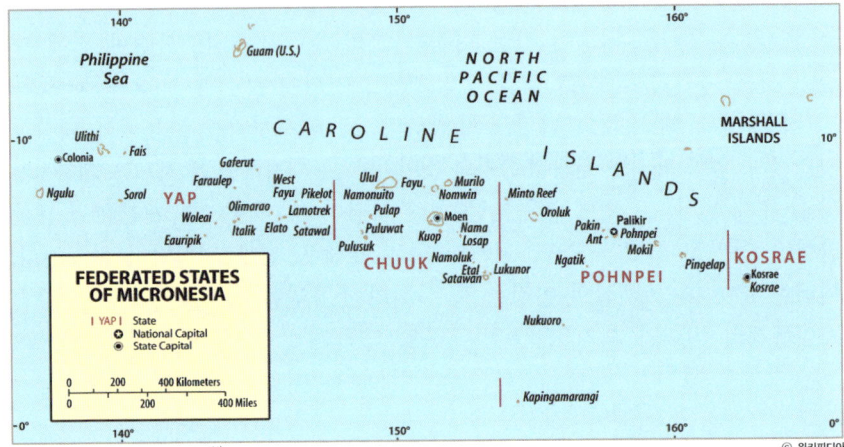

마이크로네시아 연방국 지도[41]

폰페이 주의 본섬인 콜로니아(Kolonia) 섬

일반 개요

폰페이 주는 마이크로네시아 연방국의 4개 주 중의 하나로 축 주 오른편에 위치해 있다. Pohnpei는 pohn(~위에)과 pei(돌로 만든 제단)가 합쳐진 단어로 '돌로 만든 제단 위'라는 의미를 가지고 있다. 과거에는 폰페이가 아니라 포나페 (Ponape)로 불렀다.

---

41) 지도 출처 : 마이크로네시아 연방국 정부 홈페이지(http://www.fsmgov.org/info/maplg.gif)

폰페이 주의 본섬은 콜리니아(Kolinia) 섬이며 이 섬에 마이크로네시아 연방국의 수도인 팔리키르가 위치해 있다. 폰페이 국제공항은 콜리니아 섬 옆의 데케틱(Deketik)이라는 작은 섬에 위치해 있다.

폰페이 주는 마이크로네시아에서 육지면적이 가장 넓은 주이다. 특히 본섬인 콜리니아 섬은 섬 하나만 놓고 봤을 때 마이크로네시아에서 가장 크고 높으며, 사람이 많이 거주하고 있는 발달된 섬이다. 생태적으로는 높은 생물다양성을 보유한 섬일 뿐 아니라 세계에서 가장 많은 연간 강수량(>7,600㎜)을 기록하는 곳이기도 하다.

자연환경[42]

폰페이 주는 캐롤라인 제도(파푸아뉴기니 북부 서태평양 상에 흩어진 섬들의 집단. 오늘날의 팔라우와 마이크로네시아 연방국을 포함) 동부에 위치한 섬 그룹으로, 하와이 호놀룰루와 필리핀의 마닐라 중간쯤에 위치해 있다. 폰페이 주 섬들의 평균 해발고도는 46m이며 지리적 위치는 대략 06°58′N 158°13′E 이다. 폰페이 주의 외곽 섬으로는 핀지랩(Pingelap), 모킬, 안트(Ant), 파킨(Pakin), 엥가틱(Ngatik), 누쿠오로, 카핑가마랑기 등이 있다.

폰페이 주에는 12개의 시 자치 단위(municipalities)가 있지만, 그중 1개의 시는 장기 거주자가 거의 없는 실정이다.[43]

폰페이항(6°59′N., 158°12′E, World Port Index No. 56590)은 산호초로 둘러싸인 천연 항구이다. 폰페이항의 조류 속도는 약 0.5~1kt로 해류는 폰페이 만에서 빠져나오며 서쪽으로 흘러간다. 그러나 동쪽 해류도 보고된 적이 있다.

주요 항로는 소케스[Sokehs(Jokaj)] 항로이며 부이, 신호, 경고등 등으로 잘 표시되어 있다. 가끔 항로 입구에 모래톱이 쌓이기도 하지만 입구가 비교적 넓어서 작은 배는 쉽게 피할 수 있다. 항로의 수심은 최저조시에 대략 10m이다.

---

42) Sailing Directions (Enroute) Pacific Islands, Publication 126, 2011, National Geospatial Intelligence http://msi.nga.mil/NGA Portal/MSI.portal?_nfpb=true&_pageLabel=msi_pub_detail (http://msi.nga.mil/NGAPortal/MSI.portal)

43) http://www.statoids.com/yfm.html

폰페이 공항 © 위키피디아

소케스 암릉(Sokehs Ridge)
소케스 섬에 있는 소케스 암릉은 일본점령기 때 일본군이 요새로 사용한 곳이다.
일본군은 이 지역에 대공포 등을 배치하고 여러 터널을 뚫었다.
© 위키피디아

폰페이 주의 섬들

섬	시	특징	형태
본섬인 Kolonia 섬	Kitti	Kolonia 섬 남서부의 시 자치 단위로 Ant 환초섬 등 몇 개의 환초섬을 포함하고 있다. Ant Atoll(6°48'N., 158°01'E)은 2개의 큰 섬과 12개의 작은 섬으로 구성되어 있다. 라군 내부에는 소규모 산호 군락들이 환초섬 근처에 형성되어 있다. 남서쪽에 Tauenai 항로가 있어 라군 내부로 연결되며, 항로 입구의 폭은 90m, 깊이는 15.2m 정도이다. 밀물의 경우 조류속도가 1kt 정도이지만 썰물의 경우에는 2kt 정도가 된다. 항로 입구에는 와류가 형성되기도 하므로 조심해야 한다.	
	Kolonia	폰페이의 행정 및 상업중심지로 총 인구는 6,068명 정도이며 육지면적 1.5㎢가량 된다. 옛 명칭은 Mesenieng(바람의 얼굴)이었으며 스페인 점령기에는 행정수도로서 Santiago de la Ascension이라고도 했다. 지금도 당시에 스페인 사람이 지어놓은 벽을 볼 수 있다. 일본 점령기에는 일본인이 폰페이 사람들보다 많았는데 이들은 대부분은 오키나와에서 왔다. 제2차 세계대전 시에는 대부분의 시내 지역이 118톤의 폭탄과 600개의 소이탄, 해군포격 등으로 파괴되었다. 미국, 호주, 중국, 일본 대사관 및 각종 국제구호기구, 종교기관 등이 위치해 있다.	
	Sokehs	마이크로네시아의 수도인 Palikir가 위치한 시로, Kolonia 섬의 북쪽에 위치해 있다.	
	Madolenihmw	본섬 동부에 위치하며 연안에는 큰 만이 있다. 이 만에는 마이크로네시아의 고대 거석 유적인 Nan Madol이 있는 Temwen 섬이 있다.	
	Nett	폰페이 본섬의 6개 시 자치 단위 중 하나로 북쪽 중앙에 있다. 2010년도 인구조사에 의하면 약 6,542명이 거주한다.	
	U	마을 이름이 U이며, 인구는 3,192명(2010년 기준)이다. 주요 마을은 Alohwapw이며 Kepidewen Alohkapw 수로가 U 시와 Madolenihmw 시 사이의 경계를 이룬다. 훌륭한 호텔들이 이 지역에 있다.	
Kapingamarangi	Kapingamarangi[44]	폰페이 주의 본섬에서 740km 남서쪽에 떨어진 외딴 환초섬 군집으로 총 면적은 74㎢, 육지면적은 1.1㎢이며 총 인구는 대략 500명이다. 동쪽에는 약 30여 개의 나무가 많은 섬이 있고, 서쪽에는 고조에 거의 잠기는 저지대 환초섬이 있다. 마이크로네시아에 위치하지만 폴리네시아 계통의 언어를 사용하며, 한때 나병 환자 섬이라는 소문도 있었으나 확인되지는 않았다.	

Kapinga marangi	Kapinga marangi	시의 깃발	
Mokil Atoll	Mokil Atoll[45]	폰페이 본섬에서 약 153km 동북쪽에 위치한 환초섬 군락으로, 대략 세로로 긴 직사각형 형태를 띠며 남북 길이는 약 4.5km이다. 남쪽의 Urak, 동쪽의 Mokil, 그리고 서쪽의 Manton 3개의 섬으로 구성되며 Mokil 섬에만 사람이 산다. 총 육지면적은 1.24 km^2이며, 2000년도에는 177명의 사람들이 거주했으나 2008년도에는 147명으로 감소했다. 언어는 MoKil 방언을 사용하는데 폰페이어와 유사하며 마이크로네시아 언어군에 속한다. 인종은 폴리네시아인과 Mokil 인으로 구성된다.	
Sapwuahfik	Sapwuahfik (Ngatik)	폰페이에서 남서쪽으로 150km 떨어져 있는 섬 군집으로 10개의 작은 섬으로 구성되어 있다. 서쪽 끝의 Ngatik 섬이 가장 큰데 이 섬에만 사람이 거주한다. 라군의 면적은 78.56km^2이며 총 육지면적은 1.75km^2이고, 제일 큰 Ngatik 섬의 면적은 0.91km^2이다. 6개의 다른 큰 섬은 무인도이지만, 코코넛이나 타로, 돼지, 닭 등을 기르는 목축·농경지가 조성되어 있다. 이 환초군은 1773년 Felipe Tompson이 발견했으며, 1837년 발생한 Ngatik 대학살로 유명한 섬이다. Ngatik 대학살은 1837년, 하트(C. H. Hart) 선장이 beachcomber – 먼 바다에서 한 밑천 잡아보려고 선원이 된 뜨내기, 부랑아 등을 총칭하는 말 – 들을 이끌고 이 섬으로 가 약 50명의 주민을 무차별 학살한 것을 말한다. 하트 선장은 이 섬에 귀중품인 거북 등껍질이 많이 있는 것으로 여겼다. 폰페이에서 남서쪽 475km에 있는 환초군으로 46개의 작은 섬으로 이루어져 있다. 위치는 대략 3.85° N, 154.9° E이다. 해발 평균고도가 3.9m인 낮은 섬들이다.	
Nukuoro	Nukuoro[46]	Kapingamarangi를 제외하면 마이크로네시아에서 가장 남쪽에 위치한 시 자치 단위이다. 2010년 기준 총 210명의 인구가 거주하며, 폰페이에도 수백 명의 Nukuoro인들이 살고 있다. 라군의 총 면적은 40km^2이며 직경은 대략 6km이다. 육지면적은 1.7km^2인데 Nukuoro 섬이 가장 크다.	

44) http://darkwing.uoregon.edu/~mspp/kapingamarangi/k08-land.htm
　　http://darkwing.uoregon.edu/~mspp/kapingamarangi/Kpg-l.htm
45) http://en.wikipedia.org/wiki/Mokil_Atoll

Nukuoro	Nukuoro	이 지역에서는 타로, 코프라 농업 등이 행해지며 최근에는 흑진주 양식을 하고 있다. 항공편은 없고 몇 달에 한 번씩 여객선이 운행한다. 가끔 작은 요트관광선이 찾아오지만 관광업이 주요 산업은 아니다. 4개의 교실이 있는 학교가 있으나 14세 이상인 학생들은 폰페이로 가서 고등학교를 다녀야 한다. 방언으로 Nukuoro 언어를 사용하는데 이는 Kapinga marangi 언어와 유사하며, 동시에 폴리네시아 방언인 Tokela 언어와 유사하다. Nukuoro와 Kapingamarangi는 폴리네시아 외곽 섬 문화권에 속한다. 전설에 따르면 18세기 토켈라우(Tokelau)에서 한 남자와 그의 선원 6명이 건너와서 이곳에 정착하였다고 한다.	
Oroluk	Oroluk[47]	이 시 자치 단위는 거의 무인도라고 할 수 있는데, 약 10명의 주민이 거주하는 것으로 파악된다. Oroluk 환초군이 32km 길이에 총 면적이 420㎢이다. 25개의 모래섬이 있으며 그중 일부에서 타로와 바나나가 경작된다. 6주마다 이 섬에 보급선이 온다. 이 지역에는 폰페이 주에서 지정한 Minto Reef Marine Sanctuary가 위치해 있다.	
Pingelap	Pingelap	폰페이 주에서 가장 동쪽에 위치한 환초군이다. Mokil에서 113km 떨어져 있고 폰페이에서는 남동쪽으로 265km 떨어져 있다. 이 시 자치 단위로부터 남동쪽으로 260km 위치에 코스레가 있다. 환초군의 길이는 4km이며 밀림이 울창한 3개의 섬이 있고 총 육지면적은 1.8㎢이다. 이 중 Pingelap 섬이 가장 크고 나머지 섬들은 Takai, Tugulu이다. 중간의 산호초를 중심으로 라군 분지는 2개로 나누어지는데, 남쪽 분지는 깊고 북동 분지는 비교적 얕다. 언어는 Pingelap어를 사용하며 인구는 대략 258명(2010년 기준)이다.	

http://www.oceandots.com/pacific/caroline/mokil.php
46) http://www.evs-islands.com/2006_07_09_archive.html
http://earthobservatory.nasa.gov/IOTD/view.php?id=6732
47) http://www.pbif.org/ppa/view2.asp

폰페이 해변의 모습 ⓒ KIOST

　소케스 항로에서 동쪽으로 가면 폰페이 항로가 있으며 이 항로는 정박지 중 하나인 Langer road와 연결되어 있다. 해도에 기록된 최저 깊이는 7.5m이나 일반적으로 수심은 그보다 더 깊은 편이다. 비교적 큰 선박은 라군 내 Sapwtik 동북부에 정박하는 것이 좋다. 북동무역풍이 불기는 하지만 산호초 등이 큰 파도를 막아주기 때문이다.

해도에 없는 산호초 군집이 많이 있기 때문에 배를 입항시킬 때 항상 조심해야 한다. 보통 도선사를 고용할 수 있는데 도선사와는 소케스 항로 입구에서 만나게 된다. 소형 선박의 경우 가장 적절한 정박지는 Langer Road이다. 또 폰페이는 폭우가 자주 오는 곳이라 항로 표시등이나 지표가 보이지 않을 때가 많다는 것도 염두에 두어야 한다.

폰페이 주의 영토와 관할권은 주 헌법에 아래와 같이 명시되어 있다.

"기선에서 200해리까지가 폰페이 주의 영해이다. 그 안에 있는 해저지형, 수계, 작은 섬, 기타 대륙붕, 역사적·전통적으로 폰페이 주에 속했던 모든 지역이 폰페이 주의 영토이다. 섬과 Reef 사이의 해역은 그 크기에 상관없이 폰페이 주의 영해이며 법에 의거해 새로운 영토가 추가될 수 있다."

폰페이 주의 면적은 345㎢이며 일부 연안 평야, 사면 경사지, 충적 선상지 등을 제외하면 대부분 나무들이 울창한 삼림지대이다. 폰페이 섬의 가장 높은 곳은 해발고도가 791m이다. 내륙에는 울창한 열대우림이, 연안 저지대에는 맹그로브 숲이 넓게 발달되어 있다.

폰페이 섬 자체는 둥근 모양이며 섬 둘레는 약 130㎞로, 산호초가 섬을 둘러싸고 있다. 폰페이는 새로도 유명한데 수십 종이 서식하는 것으로 알려져 있고, 그중 4종이 고유종(the Pohnpei Lorikeet, the Pohnpei Fantail, the Pohnpei Flycatcher, the Long-billed white-eye)이다. 예전에는 다섯 번째 고유종인 Pohnpei Starling도 있었으나 최근 멸종했다.

폰페이 섬에는 몇 종류의 도마뱀(파충류)이 있으며, 고유 포유동물은 3종이 알려져 있는데 들쥐, 박쥐, 개이다. 돼지와 사슴은 나중에 유입되었으며 그중 일부는 야생화되었다.

폰페이의 기후는 다른 마이크로네시아 지역과 유사한 열대 해양성 기후를 띠지만, 강수량이 매우 많은 것으로 유명하다. 연평균 온도는 섭씨 26℃이며 연평균 최고온도는 30.2℃, 연평균 최저온도는 22.6℃ 수준이다. 폰페이의 연평균 총 강수량은 4,778㎜이며, 본섬인 폰페이 섬의 경우 연 강수량이 7,000㎜를 넘기도 한다. 4~5월에 비가 가장 많이 오며 1~2월에 가장 적게 온다. 이 지역의 기후는 엘니뇨나 라니냐 등 전 지구적 기후변화에 의해 많은 영향을 받는다.

폰페이 주의 고유 조류종[48]

Pohnpei Lorikeet : (Trichoglossus rubiginosus)
폰페이 섬과 Ahnd Atoll에 서식하는 토착 앵무새로 Psittacidae과(family)에 속한다. 역사적으로 축 주 근처 Namoluk Atoll에도 살았으며, 마이크로네시아 지역 전체에 서식했을 것으로 추정된다. 24cm 길이에 약 80g 무게의 새이다. 깃털은 빨간계통의 적갈색이며 날개 깃과 꼬리 깃은 올리브색이다. 다리는 회색이며 수컷은 오렌지색 부리와 노란 눈을 가지고 있으나 암컷은 노란 부리와 회색 눈을 가지고 있다. 어린 새들은 갈색 부리와 갈색 눈을 가지고 있다. 먹이는 코코넛 나무의 과즙과 꽃가루, 열매, 벌레 유충이다. 나무 구멍에 둥지를 틀고 하나의 알을 낳는다. 현재 멸종위기종으로는 분류되어 있지 않다.

Pohnpei Fantail : (Rhipidura kubaryi)
공작비둘기처럼 부채꼴의 꼬리를 가진 새로서 폰페이 섬의 토착새이다. 삼림지역에 많이 서식하며 벌레를 먹고산다. 크기는 15cm의 작은 새로서 깃털은 대부분 검은 회색이지만 눈썹과 수염, 그리고 꼬리털 끝부분은 하얀색을 띠고 있다. 아래 배 부분도 하얀색이며 가슴은 흰색과 까만색이 섞여 있어 비늘을 보는 듯한 착시현상을 준다.

Pohnpei Flycatcher : (Myiagra pluto)
Monarchidae과(family)에 속한 새이다. 다른 이름은 Pohnpei Broadbill이라고도 한다.

Long-billed White-eye : (Rukia longirostra)
Zosteropidae과(family)에 속하며 아열대 및 열대의 강수량이 많은 지역에 살고 있다. 최근 들어 서식지가 사라지면서 위험에 처해 있다. 큰 나무의 가지를 기어 올라가는 버릇이 있고, 특히 길고 약간 휜 부리를 가지고 가지 끝에서 절지벌레를 잡아먹는 것이 특징이다. 깃털, 몸구조, 서식지 등이 다른 Rukia 새들과는 다르기 때문에 향후 분류군이 변경될 수도 있다.

Pohnpei Starling : (Aplonis pelzelni)
Pohnpei Mountain Starling 또는 Ponape Mountain Starling이라고도 하는데 이미 멸종했다고 알려져 있다. 폰페이어로는 sie(see-ah)라고 불렀다. 몸길이가 16cm로 작고 색상이 어두운 새로서 갈색 눈과 흑색 부리 및 다리를 가지고 있다. 암수컷이 비슷하며 어린 새들은 색상이 보다 갈색에 가깝다. 서식지 감소, 인간의 포획 등이 멸종에 기여했지만 그보다는 들쥐가 많은 피해를 주었을 것으로 추측된다. 먹이는 대부분 과일과 씨앗 그리고 벌레 등이었다. 이들은 나무 구멍에 둥지를 틀며 보통 2개의 알을 낳았다.

---

48) http://www.hdouglaspratt.com/stamps/micronesia_sei.html, http://en.wikipedia.org/

정치와 사회

주정부

폰페이 주에는 12개의 시 자치 단위(municipalities)가 있지만 그중 1개의 자치 단위에는 장기 거주자가 거의 없는 실정이다. 폰페이 주의 총 인구는 계속 증가하고 있는데, 2010년 기준 총 3만 5,981명의 주민이 거주하고 있는 것으로 파악되었다. 주민들 대부분은 폰페이 섬(2만 4,574명)에 거주하고 있으며 외곽 섬에는 약 1만 1,407명이 거주하고 있다. 2010년 기준 인구 분포도를 살펴보면, 수도인 팔리키르가 있는 소케스 시에 가장 많은 사람이 살고 있다.

Table 1B. Population by Municipality: 1985 to 2010				
Municipality	1985	1994	2000	2010
TOTAL	28,671	33,692	34,486	35,981
Pohnpei Proper	26,198	31,540	32,395	34,574
Madolenihmw	4,340	4,951	5,420	5,662
U	2,588	3,001	2,685	3,192
Nett	4,067	5,977	6,158	6,542
Sokehs	5,047	5,773	6,444	6,640
Kitti	3,987	5,178	6,007	6,470
Kolonia	6,169	6,660	5,681	6,068
Outer Is.	2,473	2,152	2,091	1,407
Mwokilloa	268	209	177	133
Pingelap	737	518	438	258
Sapwuafik	564	603	640	456
Nukuoro	393	349	362	210
Kapingamarangi	511	473	474	350

Note: Excludes FSM persons residing outside FSM
Sources: 1985 Pohnpei State Census; 1994 FSM-Wide Census;
FSM-Wide Census; 2000 Census of the FSM;
Preliminary Counts, 2010 FSM-Wide Census

폰페이 주의 12개 시별 인구 현황

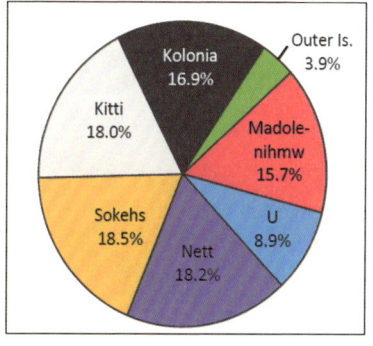

폰페이 주의 주 인장과 깃발[iii]

---

49) Pohnepei Governor Bio Information : http://www.pohnpeimet.fm/governor_bio.htm

폰페이의 주조(bird)는 Trichoglosus rubiginosus(Pohnpei lorikeet)로 현지에서는 'serehd'라고도 한다. 주가(anthem)는 'I sohte kak Moanok ehla Pohnpei'이다.

미 신탁통치 시기부터 현대까지의 폰페이 주의 주요 인사는 다음과 같다. 폰페이 주는 지금까지 모두 6명의 주지사를 배출했다.[50]

폰페이 주의 변천사[51]

시기	주의 명칭	출생/사망
1947	Ponape district	
1978.5	Ponape state	
1984.11.8	새 헌법에 따라 Ponape가 Pohnpei로 변경됨.	
지역 행정관(District Administrators)		
1947.9~1949.3	Willis D. Mooney	
1949.6~1950.9	Lewis H. Hanthorn	
1950.12~1951.3	Roland W. Kenney	
1951.6	Robert P. Thacker	
1951.7~1953.3	Kevin M. Carroll	b.1920?~d.1957
1953~1958	Henry M. Hedges	b.1901~d.1969
1958.10~1959.6.12	David Donald Heron	b.1903~d.1964
1959.8.24~1960	William E. Finale	b.1924~b.2006
1960~1963	Maynard Neas	b.1906~d.1979
1963~1968	Robert Halvorsen	
1969~1972	James Boyd MacKenzie	b.1918~d.1978
1972.9.16~1976	Leo Amy Falcam	b.1935
1976.12.4~1977.11.30	Resio S. Moses	b.1944~d.2009

---

50) http://www.worldstatesmen.org/Micronesia_states.html#Pohnepi
51) http://www.worldstatesmen.org/Micronesia_states.html#Pohnepi

주지사(Governors)[52]		
1977.12~1979.4	Bermin F. Weilbacher(대행)	
1979.5.1~1983.5.1	Leo Amy Falcam(부주지사 : Strik Yoma) 부통령(1997~1999) 5번째 대통령(1999~2003)	1935년생
1983.5.1~1992.1.	Resio S. Moses(부주지사 : Johnny P. David)[53] U municipality 처 : Susan Moses 자녀 : 2남 2녀 폰페이 지역 행정관 마이크로네시아 헌법회의 위원장 마이크로네시아 유엔 대사 16th 연방정부국회의원 부위원장	1944년생 2009.6.22 사망
1992.1.3~1996.1.8	Johnny P. David(1차) (부주지사 : Victor Edwin)	b.1937
1996.1.8~2000.1.10	Del S. Pangelinan (부주지사 : Dion Neth)	b.1937
2000.1.10~2008.1.14	Johnny P. David(2차) (부주지사 : Jack E. Yakana)	
2008.1.14~현재	John Ehsa(부주지사: Churchill B. Edward) Madolenihmw, 폰페이 출생 처 : Julinida Weital 자녀 : 5명 Xavier High School 졸업(1975)	1958년생

---

52) http://en.wikipedia.org/wiki/Governor_of_Chuuk
53) http://www.fsmgov.org/press/cn062309.htm

폰페이 공항

폰페이 대학

폰페이 주 행정부의 주요 인사[54]

(2014년 7월 기준)

직 책	성 명
주지사(Governor)	Hon. John Ehsa
부주지사(Lt. Governor)	Hon. Marcello K. Peterson
특별보좌관(Special Assistant)	Hon. Valerio Hallens
검찰총장(Attorney General)	Hon. Judah Johnny
교육국장(Dir., Education)	Hon. Joseph Villazon
보건국장(Dir., Health Services)	Hon. Simao Nanpei
토지천연자원국장(Dir., Land & Natural Resources)	Hon. Pius Hadley
공공안전국장(Dir., Public Safety)	Hon. Lucas Carlos
재무행정국장(Dir., Treasury & Admin)	Hon. Thomas Pablo

폰페이 주 입법부의 주요 인사

(2014년 7월 기준)

직 책	성 명
의장(Speaker, Pohnpei Legislature)	Hon. Peter M. Lohn
부의장(Vice Speaker, Pohnpei Legislature)	Hon. Fernando Scaliem
원내총무(Floor Leader)	Hon. Francisco L. Iaonis
원내서기(Legislative Clerk)	Charles Johnson
고문(Legislative Counsel)	Tom Beckmann, Esq

폰페이 주 사법부의 주요 인사

(2014년 7월 기준)

직 책	성 명
대법원장(Chief Justice)	Hon. Benjamin F. Rodriguez
대법관(Associate Justices)	Hon. Nelson A. Joseph Hon. Yoster Carl Hon. Nickontro Johnny Hon. Mayceleen David
법률자문(Legal Counsel)	David C. Angyal
법원서기(Chief Clerk of Courts)	Leon Felix

---

54) http://www.fsmlaw.org/pohnpei/

직책	성명
토지법원 수석판사(Court of Land Tenure Principal Judge)	Hon. Tadasy Yamaguchi
토지법원 판사(Court of Land Tenure Associate Judges)	Hon. Neives G. Pelep Hon. Gusto Ligor
토지법원 행정관(Administrative Officer)	Goodwin Etse

폰페이 주의 기타 정부기관 주요 인사 (2014년 7월 기준)

직책	성명
부 공선 변호인(Asst. Public Defender)	Timoci Romanu
마이크로네시아 법률협회 감독변호사(MLSC(Micronesia Legal Services Corporation), Directing Attorney)	Tino Donre, Esq.
마이크로네시아 법률협회 직원변호사(MLSC, Staff Attorneys)	Salomon M. Saimon, Esq. Danally Daniel, Esq.
공공회계감사(Public Auditor)	Hon. Ihlen Joseph

비교적 최근인 2010년 2월, 중국의 지원으로 새로운 폰페이 주정부 청사가 들어섰다. 이 건물은 폰페이 주에서 가장 큰 건물로 2만 1,000㎡ 규모의 2층 빌딩이며 30개의 방을 가지고 있고 150명이 일할 수 있다. 이 건물은 중국 닝보 건설그룹(China Ningbo Construction Group Co. Ltd)에서 건축하였으며 100여 명의 현지 노동력이 고용되어 지어졌다. 총 건설비용은 380만 달러(미화) 규모로 중국이 투자했다. 청사 개관식에는 미국, 중국, 호주, 일본 대사, 마이크로네시아 대통령 및 정부 관계자, 폰페이의 최고 추장 등 많은 인사가 참석했다.

입법부

폰페이 입법부[55]의 주의회 의원이 되기 위해서는 만 25세 이상이어야 하고 폰페이에 거주한 지 최소한 25년이 되어야 하며, 대표하는 지역구의 시민으로서는 최소한 3년 이상 거주해야 한다. 의원의 임기는 4년이며 주 의회는 매년 1월 두 번째 월요일에 개회한다. 투표는 만 18세 이상 보통선거이며 주의원들은 각 선거구에서 규정된 절차에 따라 선출된다. 주지사, 부지사, 의회 의원들은

---

55) http://www.fsmlaw.org/pohnpei/constitution/article8.htm

4년마다 동시에 뽑으며 투표일은 11월의 두 번째 화요일이다. 결선 투표는 일반선거일로부터 28일 후에 치러진다. 의회 선거구는 다음과 같다.

구 역	지역구	2011년 선출된 의원 (다음 선거는 2015년)	선출인원[56]
District 1	Madolenihmw	Bellarmine B. Helgenberger Nelson N. Pelep Nixon B. Soram Shelten Neth	4
District 2	Kitti	Alpino Kerman Dahker D. Daniel Francisco L. Ioanis McGarry Miguel	4
District 3	Sokehs	Ausen T. Lambert Magdalena A. Walter Peter M. Lohn Rensper M. Liwy	4
District 4	Nett	Robert Nakasone Salter Layola	2
District 5	U	Aurelio P. Joab Ioseph M. Edgar	2
District 6	Kolonia Town	Fernando Scaliem Marvin (Mabo) Yamaguchi	2
District 7	Mwoakilloa	Isimiel Lebehn	1
District 8	Pingelap	Nihlis Ernest	1
District 9	Sapwuahfik	Stevick A. Edwin	1
District 10	Nukuoro	Sendilina Lekka	1
District 11	Kapingamarangi	Edgar W. Likaneth	1
	11개 선거구		23명

---

56) http://www.vanuatu.usp.ac.fj/library/Paclaw/마이크로네시아/Code%20of%20the%20State%20of%20Pohnpei/Digital%20Code/Division%20I/Title%202010%20final.htm#S3_103

한편, 마이크로네시아 연방정부 의회의 폰페이 주 의원은 총 4명(4년제 1명, 2년제 3명)이며, 2년제 대표의 선거구는 다음과 같다.

4년제 임기 의원		1명
2년제 임기 의원		3명
선거구	포함구역	
선거구 P-1	Kapingamarangi, Kolonia, Sapwuahfik, Nukuoro, Sokehs	1명
선거구 P-2	Kitti, Madolenihmw	1명
선거구 P-3	Mwoakilloa, Nett, Pingelap, U.	1명

사법부

법안을 통과시키려면 두 번의 독회를 거쳐야 하며 이 독회는 각기 다른 날에 실시되어야 한다. 법안 통과는 다수결로 결정하며 주지사는 의회에서 통과한 법안을 10일 내에 거부하거나 서명하여 법으로 확정시킨다.

폰페이 주 헌법은 폰페이 전통왕국들의 전통과 관습들을 지지, 존중, 보호한다고 명시하고 있다. 또한 전통법에 따라 자녀들에 대한 권한은 부모에게 있으며 자녀들은 부모와 연장자를 존중할 책임이 있다고 명시되어 있다. 또한 필요시 전통 및 관습의 보호를 위한 법률을 만들 수도 있다고 명시했다.

폰페이 주 헌법에는 토지의 소유권에 대한 조항도 포함되어 있다. 폰페이 헌법에 따르면 폰페이 주의 땅은 최대 25년까지 임대될 수 있으며 폰페이 주정부의 경우 예외를 인정할 수 있다. 땅을 소유할 권리는 오직 폰페이 주민에게만 있으며 외부인은 폰페이 땅을 소유할 수 없다. 또한 폰페이 주의 토지는 법으로 허용된 것 외에는 매매가 불가능하다.

폰페이 주정부의 경우 공공 목적을 위해 땅을 취득할 수 있는데 이때 토지 소유주와의 성실한 협의를 거쳐야 하며, 이때 주정부는 동일한 가치를 지닌 다른 땅을 보상으로 주거나 적절한 금액을 지불하여야 한다.

역사와 문화

역사

폰페이 주의 역사

시기	연도
고대 시기	기원전 1000(?)
Mwehin Kawa/Mwehin Aramas	<1100
Mwehin Sau Deleur	1100~1628
Mwehin Nahnmwarki	1628~1885
스페인 통치 이전	1825~1886
스페인 통치기	1886~1899
독일 통치기	1899~1914
일본 통치기	1914~1945
미국 통치기	1945~1986
독립	1986~

고대 역사

폰페이 주의 고대 역사는 크게 세 시기로 나뉜다.

- Mwehin Kawa 또는 Mwehin Aramas
  (왕국 건설 및 주민 이주의 시기 - 1100년 이전)
- Mwehin Sau Deleur(Deleur왕의 통치기 - 1100~1628년경)
- Mwehin Nahnmwarki(Nahnmwarki왕의 통치기 - 1628~1885)

여기서 1,100년 이전의 시기, 즉 주민들이 이주하기 시작한 므위힌 카와(Mwehin Kawa) 시기에 대해서는 현재 우리가 입수할 수 있는 자료가 많지 않다. 아마 역사적 증거나 사료가 부족하기 때문인 것으로 추정된다.

사우델레우르(Saudeleur) 왕국(1100~1628년경)

두 번째 시기인 사우델레우르 왕국 시기에 대해서는 비교적 뚜렷한 역사적 증거나 유물이 존재한다. 사우델레우르 왕국은 폰페이에서 등장한 최초의 통일된 지역국가로 1100~1628년까지 존속했다. 여기서 델레우르(Deleur)는 폰페이를 지칭하는 옛 명칭이다.

폰페이 전설에 따르면 사우델레우르 왕국의 통치자들은 외국에서 온 사람들로 그 생김새가 폰페이 원주민들과 많이 달랐다고 한다. 점점 중앙집권적 성향을 띠어 가던 사우델레우르 왕국은 시간이 흐르면서 점점 억압적으로 변해 갔다. 주민들에게 변덕스럽고 과중한 요구를 하거나, 폰페이의 토속 신앙을 무시하는 행동으로 주민들의 원망을 샀고, 결국 이 왕국은 또다른 전설적 인물인 이소켈레켈(Isokelekel)의 침입으로 멸망하게 되었다.

난 마돌(Nan Madol) 유적

폰페이 섬 동부 연안에는 과거 사우델레우르 왕국의 수도였던 난 마돌이라는 옛 도시의 유적이 남아 있다. 난 마돌은 1628년까지 폰페이 섬의 수도였으며 지금은 폰페이 주 Madolenihmw 시 자치 단위에 속해 있다. 난 마돌은 라군 위에 지어진 도시로, 거의 100여 개에 가까운 인공 섬과 복잡한 수로들로 구성되어 있다. 부지의 총 면적은 17.6㎢ 규모이며 사용된 현무암의 총 무게는 약 2억 5천만 톤 정도로 추정된다. 종종 '태평양의 베니스'라 불리는 이 거석 유적은 오랫동안 많은 학자의 호기심을 자극해 왔다.

난 마돌의 인공섬들은 대략 8~9세기부터 지어진 것으로 보이지만, 오늘날 볼 수 있는 인상적인 거석 구조물들은 대략 12~13세기경에 지어진 것으로 추정된다.

난 마돌이라는 단어는 '사이 공간(Spaces Between)'이라는 의미로 구체적으로는 인공섬들 사이의 수로를 지칭한다. 이 거대한 도시를 누가 어떻게 지었는가 하는 점에 대해서는 아직 명쾌한 설명이 제시되어 있지 않다. 특히 폰페이 섬에는 이 도시의 건축에 사용된 대량의 현무암이 존재하지 않기 때문에 석재를 외부에서 가져와야 했는데, 매우 커다랗고 긴 현무암을 어떻게 배에 실어 왔는가 하는 점도 설명하기가 어렵다. 난 마돌 유적에 사용된 일부 현무암의 경우

돌 하나의 무게가 20~50톤까지 나가는데, 오늘날의 크레인을 사용해도 약 35톤 정도만 들어 올릴 수 있을 뿐이다. 1995년에는 미국 디스커버리 채널팀이 난 마돌 유적지로 와서 태평양에서 쓰이는 전통배를 이용해 현무암을 운반하는 실험을 한 적이 있었다. 이때 그들은 수톤 정도의 돌만 실어나를 수 있었다.

난 마돌은 사우델레우르 왕국의 정치적·종교적 중심지였고, 왕이 성스러운 종교의식을 집전하는 곳이었다. 그만큼 사우델레우르 왕국의 역사에서 중요했던 것이다.

전설에 따르면 사우델레우르 왕국 및 난 마돌 유적은 올로시파(Olsihpa)와 올로소파(Olsohpa)라는 2명의 성직자가 건설했다. 그들은 서쪽의 신비로운 섬 카타우 페이디(Katau Peidi)에 살고 있었는데 어느 날 올로시파가 말했다. 만일 우리가 여기에만 머무른다면 우리 조상들이 이룬 것밖에 이루지 못할 것이다. 그러나 우리가 여길 떠나서 새로운 땅을 찾는다면 새로운 기회를 찾을 수 있을 것이다. 그들은 자신들을 따르는 몇 명과 함께 카누를 준비해서 동쪽으로 항해했다. 며칠 후 그들은 폰페이에 도착했다. 그리고 돌로 된 거대한 제단인 난 마돌을 건축하고 자신들이 섬기던 농업의 신 Nahnisohn Sahpw에 대한 종교를 주민들에게 전파하기 시작했다. 처음에 난 마돌 지역은 바닷물과 라군으로 이루어져 있었으나 난 마돌의 건축과 더불어 작은 인공섬들이 만들어지기 시작했다.

오랜 시간이 지난 후 두 형제가 전파한 새로운 종교는 많은 사람들의 존경을 받게 되었다. 폰페이 주민들은 이 두 형제에 대한 존경과 복종심에서 수백 년 동안 계속해서 난 마돌을 증축했다. 올로소파는 폰페이의 첫 번째 대제사장 또는 사우델레우르가 되었고, 나중에 대제사장 또는 사우델레우르는 폰페이의 종교적 지도자가 아닌 정치적 지도자가 되었다.

즉, 사우델레우르는 최초의 정치적 권력자가 되었고 이로써 폰페이에 최초의 정치적 통치 시스템이 정착된 것이다. 전설에 의하면 사우델레우르는 그 후 점차 이기적인 지도자가 되었으며, 특히 마지막 사우델레우르는 매우 가혹하고 악랄한 지도자였다. 주민들에게 과중한 요구를 하고 그것을 충족시키지 못했을 경우 심한 처벌을 내렸다. 그렇게 원성을 산 끝에 결국 1628년에 이 왕조는 멸망하게 되었다.

폰페이 주의 Nan Madol[57]

난므와키(Nahnmwarki) 왕국(1628~1885)

사우델레우르 왕국은 이소켈레켈이란 인물의 침입으로 멸망하게 되었다. 그러나 이 인물이 어디서 왔는지, 사우델레우르 왕국이 어떻게 멸망했는지에 대한 설명은 매우 다양하며 약간의 진실적 색채가 가미되어 있다. 혹자는 그가 폰페이 동쪽의 코스레 주에서 왔다고 하고, 혹자는 더 동쪽의 신비한 섬 카타우 페이디에서 왔다고도 한다.

전설에 따르면 약 500년간 이어진 사우델레우르 왕국의 마지막 지도자는 매우 악한 인물이었다. 신들은 신과 인간 사이에서 태어난 이소켈레켈을 선택하

---

57) http://en.wikipedia.org/wiki/Nan_Madol
http://www.janesoceania.com/micronesia_pohnpei_madol/nan_madol1.jpg

여 사우델레우르 왕과 전쟁을 하게 하였다. 이소켈레켈은 부하 전사들과 무기를 준비한 후 카누 선단을 타고 폰페이 섬의 수도인 난 마돌로 항해했다. 전쟁은 쉽지 않았다 이소켈레켈은 얼굴에 큰 돌을 맞아 피를 흘렸다. 이소켈레켈의 군대는 점차 바다 쪽으로 후퇴하게 되었다. 그러나 갑자기 이소켈레켈의 가장 용감한 전사가 자기 발등에 창을 꽂으며 군사들을 격려하기 시작했다. 사우델레우르의 군대는 점차 약해지고 있으니 용기를 내어 자기가 서 있는 뒤쪽으로는 후퇴하지 말라는 내용이었다. 이소켈레켈의 전사들을 이 용감한 전사의 말에 용기를 얻어 다시 싸우게 되었으며 난 마돌 안쪽으로 사우델레우르 군대를 밀어 붙여 결국 승리를 거두었다. 사우델레우르 왕국의 군대는 궤멸되고 마지막 사우델레우르 역시 물고기로 변해서 도망갔다고 한다.

전쟁에서 이긴 이소켈레켈은 난 마돌의 중심에 가서 신의 계시를 기다렸다. 그때 룩(Luhk)이라는 신이 나타나서 이소켈레켈에게 난므와키라는 명칭을 내렸다. 난므와키는 지도자라는 뜻이지만 사우델레우르와 같이 폰페이 섬 전체를 통치할 수 있는 지도자는 아니고, 폰페이 섬의 일부 지역만 통치할 수 있었다.

그 후 폰페이 섬은 세 지역으로 나뉘어 각 지역은 그곳의 최고 추장들이 다스리게 되었다. 각 지도자는 나름의 권한이 있지만 주민들의 의견에 충실해야 했다. 이소켈레켈은 폰페이 동쪽인 Madolenihmw 지역의 지도자가 되었다. 그의 아들은 U 지역을 맡고 다른 남자가 키티(Kitti) 지역을 맡게 되었다. 그 뒤 네트(Nett)와 소케스 지역이 만들어지면서 각각 나름의 지도자를 배출했다. 한 지역의 난므와키는 다른 지역을 통치할 수 없지만 이소켈레켈의 존재 때문에 Madolenihmw의 추장이 가장 높은 지위를 가지고 있었다. 그리고 이소켈레켈의 아들이 있는 U가 두 번째 위치였고, 키티가 세 번째, 네트가 네 번째, 그리고 소케스가 다섯 번째 지위를 누렸다. 이 다섯 개의 추장 위계는 오늘날에도 유지되고 있다.

유럽인의 방문

폰페이를 방문한 첫 유럽인은 스페인 사람으로 산 제로니모(San Geronimo)라는 배의 선장이었던 페드로 페르난데스 드 퀴로스(Pedro Fernandez de Quiros)였다. De Quiros 선장은 1595년 12월 23일에 폰페이 섬을 발견했다. 그는 발견한 섬에 대해 간단히 기록하고 섬에 상륙하지는 않았다.

두 번째 방문자는 호주인 존 헨리로(John Henry Rowe)였는데 폰페이 사람들이 쫓아냈기 때문에 섬에 상륙하지는 못했다.

폰페이 섬에 대한 자세한 기록을 남긴 최초의 서구인은 표도르 리트케(Fyodor Litke)라는 러시아 탐험가였다. 그는 현재 폰페이 주에 속한 안트 섬과 파킨 섬의 이름을 지은 인물이다. 그는 1828년 1월 14일 섬에 상륙하려고 했지만 폰페이 주민들의 공격적인 태도 때문에 성공하지는 못했다. 그러나 당시 폰페이 사람들이 그의 선박에 올라오면서 무역이 이루어졌고 간단한 언어를 주고받았으며 간략한 지도가 만들어졌다. 리트케의 탐험대 중 한 사람이었던 폰 키틀리츠(F. H. von Kittlitz)는 폰페이 섬 동부에 있는 난 마돌에 대한 설명도 기재했다. 그의 탐험대는 폰페이에 대한 2개의 보고서를 작성하여 폰페이에 대한 최초의 실질적 정보들을 서방 세계에 소개했다.

그 뒤로는 누가 폰페이를 방문했는지 알려지지 않았으나 1832년 1월 3일, 페루 선박의 선장인 이글스톤(J. H. Eagleston)이 폰페이 섬에 도착했을 때 폰페이는 이미 항해지도에 어센셜 섬(Ascension Island)으로 표시되어 있었다. 누가 처음 이 명칭을 사용했는지는 정확히 알려지지 않았지만, 스페인 점령 시까지 사용되었다. 그 후로는 포경선과 무역선의 방문이 증가했고 백인 부랑자, 건달, 도망친 죄수, 기타 출신을 알 수 없는 어중이떠중이들이 태평양을 떠돌며 폰페이 섬을 방문했다. 스웨덴 호위함인 외제니(Eugenie)에 따르면 이들은 매우 '악질(bad characters)'이었다.

폰페이의 첫 선교사는 프랑스 출신인 루이 데지레 매그레(Louis Désiré Maigret)라는 천주교 신부로서 호놀룰루에서 노트르담 드 라 페(Notre Dame de la Paix)라는 범선을 타고 1837년 12월 폰페이에 도착했다. 그는 약 8개월을 폰페이에서 머무르다 1838년 7월 29일에 칠레로 떠났다. 그러나 그와 함께 온 프랑스령 폴리네시아인들과 타히티인들 중 몇 명은 폰페이에 남아 원주민과 결혼해 자손을 낳기도 했다.

그 후 1852년부터 미국 신교도 선교사들이 폰페이에 와서 거주하기 시작했다. 그들의 편지와 기사에는 폰페이에 대한 설명이 잘 나타나 있으며, 이 자료들은 하버드 대학에 보존되어 있다.

폰페이 전통가옥과 폰페이 주민들   ⓒ 위키피디아

스페인 점령기

1886년부터 스페인은 캐롤라인 제도에 대한 소유권을 주장하면서 정치적인 권한을 행사하기 시작했다. 1898년 스페인-미국 전쟁의 결과로, 1899년 독일이 마리아나 제도를 포함한 캐롤라인 도서 지역을 스페인으로부터 매입했는데 이때 괌은 제외되었다. 그 후 4년 뒤 독일은 마셜 제도도 매입하였다.

독일 점령기

독일점령기에는 폰페이뿐 아니라 캐롤라인 제도 전체에서 토지소유권을 비롯한 사회제도의 변화가 발생했다. 1907년부터 이 지역의 전통적 토지소유 시스템

대신 개인의 땅 소유를 인정하는 권리증이 발급되기 시작했다. 또한 추장, 부추장, 전통적 지도자의 영향력이 점차 감소되었다. 그러나 추장 등의 지도자에게 그해의 첫 수확작물을 공물로 주는 시스템은 그대로 유지되었다. 땅의 소유와 더불어 토지세가 신설되었는데 새로운 토지소유자는 매년 15일씩 항만공사, 도로공사 등에서 추진하는 공공 프로젝트에 투입되어 일을 해야 했다.

이러한 공사 참여에 대해 불만을 가진 폰페이 사람들은 '소케스 반란 Sokehs Rebellion'을 일으켰다. 즉, 폰페이 섬의 소케스 지역에서 도로공사 중 공사책임자의 말에 불만을 터뜨리며 반란이 시작된 것이다. 이 사건으로 9명이 사망하고 26명의 소케스 주민이 재판을 받았다. 그중 15명이 사형되었고 나머지는 팔라우로 추방되었다.

일본 점령기

1911년 베르사유 조약[58]이 체결됨에 따라 적도 북부의 독일 식민지에 대한 감독권이 일본으로 넘어갔다. 여기에는 폰페이를 포함해 대부분의 캐롤라인 제도, 마셜 제도, 마리아나 제도(미국 소유의 괌은 제외), 중국 청도 지역 등이 포함되었다. 1920~1930년대에 일본은 비밀리에 이 지역에 각종 군사기지를 건설하고 많은 일본군을 배치했다. 폰페이에는 일본제국 해군(약 2,000명)과 일본제국 육군(약 6,000명)이 주둔했다. 제2차 세계대전 종결 및 일본의 패망과 더불어 모든 일본인은 폰페이에서 강제로 추방되었으나 그들의 폰페이 가족들은 여전히 폰페이에 남게 되었다.

---

58) 파리평화회의의 결과로 31개 연합국과 독일이 맺은 강화조약이다. 전체 440조로 이루어진 베르사유 조약(Treaty of Versailles, 프랑스어 : Traité de Versailles, 독일어 : Friedensvertrag von Versailles)은 독일 제국과 연합국 사이에 맺어진 제1차 세계 대전의 평화협정이다. 파리강화회의 중에 완료되었고 협정은 1919년 6월 28일 11시 11분에 베르사유 궁전 거울의 방에서 서명되어 1920년 1월 10일 공포되었다. 조약은 국제연맹의 탄생과 독일 제재를 규정하는 내용을 포함한다. 독일 제재에 관한 안건은 파리강화회의 중에 다루어지지 않았다. 제1차 세계대전 후의 국제관계를 확정한 의의를 지닌 회의다. 이 조약으로 독일은 해외식민지를 잃고, 독일은 상업적 이익(은행의 식민지 지점들, 관세협정들)을 포기해야만 했으며, 알자스 로렌을 프랑스에 반환하고, 유럽 영토를 삭감당하였다(면적의 13%, 인구의 10%). 그리고 단치히(Danzig)는 자유시가 되어 대외관계와 관세 등의 문제는 폴란드가 관할하고 대내관계는 국제연맹이 관장하도록 하였다. 또한 전쟁 도발의 책임을 물어 연합국 손해에 대한 배상지불이 부과되었다. 국제연맹규약은 베르사유조약의 제1편이 되었다. 파리평화회의 운영이 일방적이고, 이 조약으로 말미암아 독일 국민에 대한 압박이 컸기 때문에, 독일에서는 이 조약을 '명령'이라 불렀다(http://ko.wikipedia.org/wiki/).

폰페이 주의 외곽섬들

폰페이 주의 외곽 섬들　　　　　　　　　　　　　　© 위키피디아

핀지랩(Pingelap) 환초군

폰페이 본섬 주변에는 여러 외곽 섬이 있다. 먼저 폰페이 동쪽으로 270km를 가면 핀지랩 환초군이 있다. 여기에는 3개의 섬이 있는데 핀지랩 섬, 수코루(Sukoru) 섬, 그리고 대캐(Daekae) 섬이 그것이다. 사람이 사는 섬은 핀지랩 섬뿐이며 약 250여 명의 주민이 거주하고 있다. 이 섬에 사는 주민들은 현지어로 마스쿤(maskun)이라는 심각한 색맹(사물의 고유색을 볼 수 없고 흑백만 볼 수 있음)을

앓고 있다. 유전학계에서 이 섬은 유명한 데 1997년 미국의 신경과 의사이자 작가인 올리버 색스(Oliver Sacks)는 이 섬을 방문하고 『색맹의 섬』(*The Island of the Colorblind*)이라는 책을 지었다.

전색맹은 지구상의 다른 곳에서는 찾아보기 힘들지만 핀지랩 섬에서는 전체 주민의 10% 이상이 이 증상을 앓고 있었는데, 소규모의 주민이 오랫동안 모여 살다 보니 유전자풀(gene pool)이 작아져 발생한 것으로 추정된다. 특히 이 섬에서는 1775년 이후 태풍이 닥쳐 인구가 크게 감소했는데, 그 후 4촌까지의 결혼을 허가하는 전통이 생겼다. 이로 인해 근친결혼이 만연화되어 색맹자의 비율이 높아진 것이다.

일본은 제2차 세계대전 시 이 섬들을 물자보급지로 활용하였고 이 시기에 외부인들이 들어오면서 성병과 결핵 그리고 이질 등을 포함한 다양한 전염병이 번졌다. 그 결과 1,000여 명에 가까운 주민이 800명으로 줄었고 출산율도 크게 낮아졌다. 일본은 이 섬의 추장제는 그대로 존속시켰으나 그 직함을 추장(chief)이 아닌 섬 행정관(island magistrate)으로 바꾸었다.

그 후 미국이 들어오면서 민주주의적 선거가 시행되고 전통적 추장제도 점차 그 영향력을 잃게 되었다. 1960년대에는 미국의 평화봉사단(Peace Corps)과 공군이 주둔했으며, 미국 공군은 미사일 관측소와 부두를 건설했다. 1982년도에는 활주로도 완성되었다.

오롤룩(Oroluk) 환초군

폰페이에서 서북쪽으로 약 300km 떨어진 곳에 오롤룩 환초군이 있다. 환초군의 총 길이는 32km 정도이며 면적은 420km²이다. 이 지역에는 원래 25개가 넘는 작은 모래섬과 환초섬이 있었으나 태풍으로 인해서 영원히 사라져 지금은 오롤룩 섬 하나만 남아 있다. 섬의 거주민은 10명 내외이며 대부분 폰페이 본섬의 카핑가(Kapinga) 마을에서 온 사람들로 섬의 바나나와 타로 농장을 관리하고 있다. 보급선이 6주마다 한 번씩 섬을 방문하며, 통신은 SSB 단파무전기를 통해서 가능하다.

카핑가마랑기(Kapingamarangi) 환초군

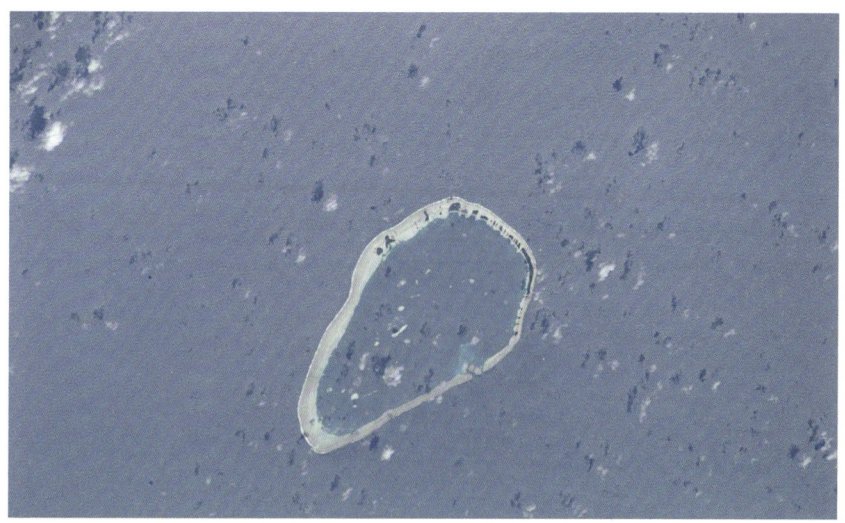

카핑가마랑기 환초군   ⓒ 위키피디아

폰페이 본섬 서북부에 위치한 카핑가마랑기 환초군은 마이크로네시아에 속해 있으면서도 폴리네시아 문화권의 영향을 받았으며 전통문화가 잘 보존되어 있는 것으로 유명한 지역이다. 이 지역의 사회정치적 구조는 견고하게 위계화되어 있는데, 폰페이의 추장제와도 비슷하지만 그 규모상 약간의 차이점도 있다.

이곳에서는 하나의 가족이 한 지역에 거주하는데, 남자들은 '남자의 집(long house 또는 men's house)'에 소속되어 있다. 남자의 집에서는 tomoono라고 하는 우두머리 또는 연장자가 지도자 역할을 한다. 그러나 커뮤니티 전체를 관할하는 인물은 대제사장인 알리기(Aligi)이다. 알리기는 모든 제사와 예식을 주재하며 예배당을 책임지고 신과 소통하는 임무를 가지고 있다. 이 지역의 모든 가족단위, 공동체, 남자의 집 등을 통합하는 것이 전통 예배당이다. 낚시나 어업, 농사 등 마을 생활의 전반적인 사항들도 대제사장이 다스린다.

이 지역에서는 폴리네시아어가 사용되는데, 이곳에 거주하는 폴리네시아인은 약 700년 전 엘리스(Ellice) 섬이나 사모아 등지에서 온 것으로 알려져 있다. 그 후 키리바시, 모틀록(Mortlocks) 제도, 마셜 제도, 얍 주의 울레아이(Woleai) 제도 등에서 주민들이 유입되었다. 그중 마셜 제도와 얍 주 울레아이 섬의 주민들이 이 지역에 가장 많은 영향력을 미쳤는데, 울레아이 섬 주민들은 약초, 미신, 어로 기술 등을 전해 주었고 마셜 제도 주민들은 1865년에 이 지역 주민들의 1/2가량을 죽이기도 했다. 유럽과의 첫 대면은 1877년이었으며 그 후 서양 선박들이 무역항으로 사용하기도 했다.

사프우아픽(Sapwuafik) 환초군[예전 이름은 엥가틱(Ngatik) 환초군]

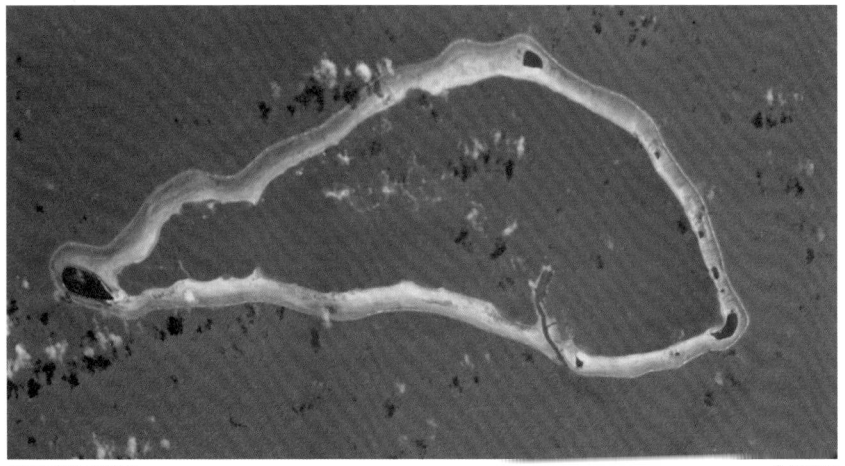

사프우아픽 환초군   ⓒ 위키피디아

폰페이 섬에서 약 161㎞ 정도 남서쪽으로 배를 타고 가면 사프우아픽 환초군이 나온다. 이 환초군에는 약 700명의 주민이 살고 있는데 대부분이 16세 이하의 어린이들이다. 대부분의 외곽 섬들처럼 이곳에서의 삶도 단순한 자급자족 경제에 기반하고 있다. 즉, 대형 습지타로, 바나나, 빵나무 열매, 생계형 낚시 등에 기대어 살아가고 있다.

이 섬의 주민들은 아마도 폰페이 섬에서 약 2,000년 전에 이주한 것으로 추정된다. 섬에는 동사무소, 초등학교, 의무실, 교회 등의 공공시설이 있다. 이 환초군은 1837년, 대규모 원주민 학살이 일어난 것으로 유명한 곳이다. 이를 환초군의 옛 이름을 따서 엥가틱 대학살(Ngatik massacre)[59]이라 부른다. 사건의 전말은 다음과 같다.

1836년, 호주 시드니에서 온 무역선인 램프턴(Lampton) 호에 타고 있던 호주인 선장 하트(C. H. Hart)와 출신이 불분명한 부랑자 선원들이 바다거북 등껍질, 진주, 해삼 등을 찾아 사프우아픽 환초군으로 왔다. 그러나 원주민들과의 협상은 원만히 진행되지 않았고 그들은 섬에서 쫓겨났다.

1년 후 1937년 7월, 하트 선장과 선원들은 무기를 들고 다시 환초군을 찾았다. 섬 주민들은 이를 보고 전사들을 소집하여 연안에서 그들을 기다렸다. 하트 선장은 밤에 섬에 정박한 다음 주민들을 습격하여 무차별적으로 죽이기 시작했다. 이틀에 걸친 학살 끝에 섬에 살고 있던 거의 대부분의 남자들(약 50명)이 죽었다. 하트 선장은 여자들과 아이들은 죽이지 않았지만 살아남은 여자들은 아이들과 같이 자결을 하기도 했다.

아이러니하게도 이 환초군에는 그들이 찾던 바다거북 등껍질이 많지 않았다. 그들이 찾던 매부리거북의 등껍질은 얼마 되지 않았고, 값어치 없는 푸른바다거북의 등껍질이 풍부했다.

그 후 일부 백인 선원들과 폰페이인들이 이곳에 머물면서 현지 여자들과 결혼을 하고 후손을 낳았다. 이 과정에서 그들만의 독특한 문화와 언어를 만들어 갔다. 언어는 엥가틱 크레올어(Ngatik creole)라는 것인데, 영어와 폰페이어, 사프우아픽 방언이 섞인 것이었다.

하트 선장은 섬을 떠나기 전 백인 선원인 패트릭 고몬(Patrick Gormon)을 섬의 최고추장(Nahmnwarki)으로 지명하고 바다거북 등껍질을 많이 확보하라는 명령을 내렸다. 대학살 후 하트 선장은 사프우아픽이라는 환초군의 명칭을 엥가틱으로 바꾸었으나 지금은 다시 원래 이름이 사용된다.

대학살 2년 후 영국 해군 소속 HMS 란(Larne 호의 블레이크(P. L. Blake) 사령관이 하트의 만행을 매우 세밀하게 조사하여 상세한 기록을 남겼다. 오늘날

---

59) http://en.wikipedia.org/wiki/Ngatik_massacre
  http://faroutliers.wordpress.com/2004/06/29/the-ngatik-massacre-july-1837

우리가 이 대학살 사건을 알 수 있게 된 것도 블레이크 사령관 덕분이다. 이러한 슬픈 역사 때문에 제2차 세계대전 시 미군이 폰페이에 왔을 때, 사프우아픽 환초군의 주민들이 영어를 통역하는 역할을 하기도 했다.

현재 이 지역에 사는 대부분의 주민들은 과거 대학살에 참여한 백인 부랑자들과 현지 여성들의 자손들로서 독특한 문화와 자존심, 인종 구성을 가진 사회를 만들어 냈다. 이때문에 태평양의 인종 및 민족 정체성을 연구한 린 포이어(Lin Poyer)라는 인류학자는 이 섬에 1년 넘게 머물며 대학살에 관한 연구를 진행하기도 했다.[60]

문화

전통적 추장제

폰페이의 전통사회에서는 여러 개의 친족이 모여 하나의 부족구역(또는 마을)을 이루었고 이 지역은 1명의 지역 추장이 다스렸다. 이러한 부족구역이 여러 개 모여 더 큰 지역을 이루었는데, 이 지역은 최고추장이 다스렸다.

폰페이는 역사적으로 5개의 최고추장 관할지역(또는 추장국)과 다양한 소부족 영역으로 나누어져 있었다. 이러한 전통은 지금도 이어지고 있다. 폰페이 주민들은 자기의 지역에 강한 소속감을 가지고 있을 뿐 아니라 그 지역의 경계를 확실히 알고 있다. 최고추장의 관할구역은 보통 연안에서 시작하여 섬의 중심부 내륙으로 이어진다. 각 최고추장 관할구역은 여러 개의 부족구역으로 이루어져 있기 때문에 강력한 부족들이 많은 지역에 강력한 최고추장 영역이 형성된다.

각 최고추장들 사이에 전쟁이 터지면 개별 지역의 경계나 추장들이 지한 순위가 바뀌기도 했다. 그러나 지금은 추장들의 확정된 직함과 지역 경계가 유지되고 있다. 현대 폰페이에서는 본섬의 Madolenihmw 지역 최고추장의 권위와 권한이 가장 강력하다.

그러나 이 지역 최고추장의 권한이 아무리 강력해도 자신의 관할구역 문제만 다스릴 수 있을 뿐, 다른 최고추장 지역에는 어떠한 영향력도 미치지 못한다.

---

60) Lin Poyer, The Ngatik Massacre History and Identity on Micronesian Atoll, ISBN: 9781560982623, ISBN10: 1560982624, Publisher: Smithsonian Inst Pr, Publish date: 1993.11.1.

각 최고추장 영역(추장국)에는 2명의 지도자가 존재한다. 직함이 가장 높은 난므와키와 두 번째로 높은 난켄(Nahnken)이라는 지도자다. 이들은 소구역 주민 또는 추장들에게 공물 증여를 요구할 수 있으며 각 부족구역들 간의 분쟁을 해결해 줄 수 있다. 또 과거에는 관할지역의 주민들을 이끌고 전쟁을 치르기도 했다.

난므와키와 난켄은 모두 강력한 지도자로 각각의 중요한 책임과 의무를 지니고 있다. 난므와키는 가장 높은 지도자로 종교적 권력을 대표하는 인물이다. 그의 지도력은 신으로부터 왔다고 여겨졌다.

난므와키는 상징·종교적인 지도자였기 때문에 주민들을 멀리서 통치했다. 난므와키가 주민들 앞에서 연설을 하거나, 명령을 내리거나, 일상적 시간을 보내는 일은 매우 드물었다.

이러한 임무는 난켄에게 주어졌는데, 난켄은 실질적·행정적 의미의 통치자였다. 난켄은 난므와키를 대신해 연설을 하고 명령을 하달하며 주민들의 의견을 수렴했다. 혹시 난므와키의 결정을 주민들이 반기지 않으면 난켄은 난므와키에게 가서 결정을 변경해 줄 것을 요청하기도 했다.

일반적으로는 난므와키의 상징적, 종교적 권력이 난켄의 실질적·행정적 권력보다 높이 평가받았다. 따라서 난므와키의 권한이 더 강했지만, 난켄이 보기 드물게 출중한 인물일 경우 난므와키를 넘어서서 강한 권력을 소유하기도 했다.

직급상으로는 난므와키가 최고의 지도자였지만 통치영역이 달랐기 때문에 난켄을 완전히 장악하지는 못했다. 따라서 하나의 최고추장 관할구역은 난므와키와 난켄이 협력해서 다스린다고 할 수 있었다. 이들은 서로 협력하고 때로는 견제하면서 상대방의 힘이 너무 커지지 않도록 조율했고, 이러한 과정을 통해 자신들의 관할구역을 효율적으로 통치했다. 대부분 난므와키와 난켄은 같은 친족 출신들이었기 때문에 둘 사이의 갈등이나 분쟁은 지나치게 커지지는 않았다.

축 주에서는 추장이 전통적 지식, 기예 등에 대한 지식을 갖추었거나 전쟁에서의 용감성을 통해 더 큰 권위를 확보할 수 있었다. 마찬가지로 폰페이에서도 일반추장이 지혜, 힘, 용감성을 충분히 갖추었다면 자신의 부족구역을 넘어서서 더 넓은 지역에서의 존경을 확보할 수 있었다. 일반 부족의 추장이 매우 뛰어날 경우에는 최고추장 구역의 난므와키 또는 난켄의 권위에 도전하기도 했다.

폰페이 전통사회에서의 지배층

폰페이 전통사회에서는 위계별로 3개 층위의 직함이 존재했다. 최고추장급 지역에서의 직함, 부족구역에서의 직함, 명예직함이 그것이다. 이러한 직함을 부여할 수 있는 권리는 각 지역의 통치자인 추장에게 있었다.

최고추장은 최고추장급 관할지역 안에서 적당한 인물들에게 직함을 분배했고, 부족추장은 자신의 관할구역 안에서 직함을 분배했다. 명예직함은 최고추장이나 일반추장 모두 하사할 수 있었다.

직함을 부여하는 권리는 추장들에게 매우 중요한 권력의 원천이었다. 이때 최고추장이 하사한 직함은 일반추장이 하사한 직함보다 그 등급이 높았다.

직함의 숫자는 100개 이상이 될 수도 있지만 가장 중요한 직함은 대략 12번째까지의 직함(서열)이라 할 수 있다. 최고추장의 종류가 두 가지인 것처럼 직함의 종류 역시 두 가지였다. 하나는 난므와키 계열이고, 다른 하나는 난켄 계열이었다. 각 계열에 속해 직함을 받은 사람들은 궁극적으로 난므와키나 난켄이 되기 위해 노력했다.

부족구역에서도 직함의 종류는 두 가지였다. 하나는 추장 계열이고, 다른 하나는 보조추장 계열이었다. 이 직함을 받은 이들은 모두 부족추장이 되기 위해 대기하는 사람들이라 할 수 있다.

세 번째 종류의 직함은 명예직함이었다. 이러한 명예직함은 부족구역 추장이나 최고추장 모두 부여할 수 있었고 특별한 업적을 수행한 사람에게 주어졌다. 그러나 명예직함은 다른 직함과 달리 어떠한 실질적 권력을 보유한 것은 아니었다. 즉, 명예직함을 가진 사람은 향후 추장이 되려고 대기하는 이들이 아니었다.

이러한 명예직함은 지금도 남아 있는데 특히 종교적 지도자에게 많이 주어진다. 또 지역사회에 크게 기여한 사람이나 고위급 지도자와 결혼한 여성에게 주어지기도 한다. 명예직함에는 '뱀장어의 위대한 군주(Great Lord of the Eel)', '사다리 산의 감시자(Watchman of the Mountain of the Ladder)' 등의 존경스러운 존칭이 주어진다. 이러한 존칭은 지도자가 자기 주민들에 대한 존중을 표시하는 방법 중 하나이다.

폰페이 최고추장 아래 직함의 서열

난므와키 계열(종교적·상징적 추장)		난켄 계열(실무적·행정적 추장)	
A1	Nahnmwarki(최고추장)	B1	Nahnken(최고추장)
A2	Wasai	B2	Nahlaimw
A3	Dauk	B3	Nahnsau
A4	Noahs	B4	Nahnapas
A5	Nahnawa	B5	Nahmadaun Idehd
A6	Nahnipei	B6	Souwel Lapalap
A7	Nahn Kiroun Pohn Dake	B7	Lepen Ririn
A8	Nahlik Lapalap	B8	Ou Ririn
A9	Nahnid Lapalap	B9	Nahn Pohnpei
A10	Lempwei Lapalap	B10	Oun Pohnpei
A11	Soudel	B11	Kaniki Ririn
A12	Oundolen Ririn	B12	Nahnku

최고추장의 선출

새로운 최고 추장을 선출할 때는 주민들의 의견이 많이 반영되는데, 주민들을 존중할 수 있는 지도자를 선출하는 것이 중요하기 때문이다. 난므와키의 자리가 비어 있을 때는 다른 지도자들의 의견을 듣고 난켄이 다음 난므와키를 선택한다. 만일 난켄의 자리가 공석일 경우에는 난므와키가 다음 난켄을 직접 선택한다.

폰페이의 전통적 지도자들은 다른 지도자들 및 주민들과 권한을 공유하고 있으며, 그 정치적 위치가 비교적 안정적이라고 할 수 있다. 그러나 역사적으로 자신의 통치력과 권력의 한계를 시험하려 했던 사람들도 있었다.

1900년도 초반에 최고추장 중 1명이었던 난켄이 자기 지역 주민들에게 과도한 요구를 하기 시작했다. 이 난켄은 어느 날 지역 회의장에 가서 자기가 마실 카바(열대식물의 뿌리로 만든 술의 일종)를 만들어 달라고 했다. 카바를 마신 후 그는 더 많은 공물 선물을 요구했다. 즉, 100개의 빵나무 열매, 50개의 멍석, 카누 1개를 요구했는데 주민들은 그 요구를 모두 수용했다.

몇 주 후에, 이 난켄은 다시 똑같은 회의장에 가서 자기가 마실 카바를 만들어 달라고 했다. 그런 후 100개의 고구마, 5마리의 돼지, 100마리의 참치를 요구했고 주민들은 그 요구를 들어 주었다.

그 후 그는 다른 지역의 회의장을 찾아갔다. 그 지역 주민들은 이 난켄에 대한 소문을 들어 알고 있었다. 이 난켄이 4명의 부하와 카누를 타고 오는 것을 보고 이 지역 주민들은 자신이 가지고 있는 좋은 물품을 모두 숨겼다. 그러나 이번에 난켄은 빵나무 열매 등이 아니라 이 소지역 자체를 요구했다. 그러자 지역 주민들은 난켄의 카누를 뒤집고 난켄을 물에 빠뜨려 익사 직전까지 물을 먹였다.

주민들은 난켄이 익사하기 직전 그를 놓아 주었고 그는 다시는 그러한 무리한 요구를 하지 않았다. 이 사례는 폰페이에서 지도자와 주민들 간의 권력균형이 언제라도 깨질 수 있으며, 지도자가 주민들이 준 권력을 무리하게 악용할 경우 주민들이 들고 일어날 수도 있음을 잘 말해 준다.

폰페이의 전통적 지도자상

폰페이 섬의 주민들은 지도자는 바람 따라 흔들리는 히비스커스[목부용속(屬)의 식물, 하와이의 주화] 꽃과 같아야 한다고 말한다. 좋은 지도자는 주민들의 의사를 듣고 거기에 맞춰 자신의 관점과 계획을 변경, 수정할 줄 알아야 한다는 것이다.

폰페이의 전통적 지도자는 축 주나 얍 주의 전통적 지도자에 비하면 좀 더 권한이 강하지만 절대적인 권력을 가지고 있지는 않다. 폰페이 섬의 추장들은 다른 이들과 의견을 공유한다. 아주 중요한 결정을 내려야 할 때에는 모든 사람이 추장의 회의장에 모인다. 이때 추장은 주민들의 의견을 귀기울여 듣고 주민들을 만족시킬 수 있는 쪽으로 결정을 내린다. 그렇다고 폰페이의 추장이 주민들의 의견에 전적으로 종속된 것은 아니다. 전통적 사회 시스템상 추장에게 너무 많은 권한이 부여되지는 않으며, 추장 또한 주민들의 의견에 반하는 결정을 하지 않는다. 주민들의 존경을 계속 얻어야 하기 때문이다. 만일 한 추장이 주민들의 존경을 잃으면 그곳에 살던 주민들은 그 추장의 땅을 떠나서 다른 추장의 땅으로 이주하게 되므로 실질적인 권력을 잃어버리고 마는 것이다.

따라서 폰페이 주에서는 전통적 지도자들과 주민들이 상호 간에 역학적인 권력균형 관계를 유지하고 있다. 지도자들은 존경의 표시로 주민들로부터 많은 양의 공물을 받는다. 전통적 행사나 의식, 중요한 의례 등이 있을 때 이러한 공물이 바쳐진다.

대신 전통적 지도자들은 그들이 받은 공물의 상당 부분을 다시 부민들에게 분배해 준다. 각종 의례나 행사, 축제가 있을 때 이러한 재화와 음식을 분배하는데 이때 추장은 자신의 관대함을 보여야 한다. 또 추장은 주민들의 걱정거리와 해결해야 할 문제를 잘 듣고 중재를 하거나 해결책을 제시해 준다.

토지 소유

과거에는 최고추장들이 폰페이의 모든 땅을 소유했으며, 땅에 대한 소유권이 그들의 사회 정치적 권력의 기반이었다. 즉, 과거에는 가족이나 부족 단위로 토지를 소유하지 않았다. 각 가구들은 최고추장으로부터 그 땅에 살아도 된다는 허가를 받은 셈이었다.

열심히 일하여 많은 식량을 생산해 내는 주민에게는 격려와 존중의 뜻으로 더욱 많은 땅이 내려졌다. 땅을 일구어 작물을 생산하는 것 외에도 전쟁에서 용감한 전사로 이름을 알리면 더 많은 땅을 받을 수 있었다.

축 주와 마찬가지로 추장들은 각 가구에 할당한 땅을 빼앗을 권리가 있었지만 대부분 이러한 권한을 행사하지 않았다. 또한 폰페이의 최고추장들은 땅에 대한 소유권을 이용하여 주민들을 징계하지는 않았다. 다만 그 땅을 이용하여 자신들의 관할지역을 더욱 풍요롭고 강하게 만들고자 했다.

주민들은 추장들에게 신적인 권능이 있다고 믿었고 주민들이 일구는 땅의 다산성(多産性)이 추장들의 영향력과 관계가 있다고 믿었다. 축 주와 마찬가지로 폰페이 주민들은 땅을 허락해 준 그들의 추장에게 공물을 바쳐 존경을 표시했다. 부유한 폰페이 가족은 더 많은 공물을, 가난한 가족은 적은 공물을 추장들에게 주었다. 그러면 추장들은 받은 공물의 상당 부분을 다시 주민들에게 나누어 주면서 풍요로운 사회를 유지했다.

폰페이의 그물낚시 풍경과 폰페이 폭포

부족구역

폰페이에서는 각 지역을 다스리는 소추장이 있고 그 위에 위계가 더 높은 상위추장(최고추장)들이 있었다. 최고추장들의 관할구역은 매우 넓었는데 이는 다시 개개 추장들이 다스리는 여러 개의 부족구역(section)으로 나누어져 있었다.

부족구역은 과거 폰페이에서 가장 중요한 정치 단위였다. 부족 단위가 강해야 전체 최고추장의 관할구역도 큰 힘을 행사할 수 있었다. 물론 최고추장들에게 큰 권한이 주어지고 그들이 전체 지역을 소유하고 있었지만, 대부분의 정치적 결정은 부족구역 단위로 이루어졌다. 주민들은 최고추장에게 존경을 표시했지만 그들의 실질적 존경은 각 부족구역의 추장에게 돌아갔다.

폰페이의 부족구역은 몇 개의 가족 단위로 구성된 지역이었다. 이 작은 지역의 사람들은 서로를 잘 알고 자신들의 부족구역의 경계를 명확하게 알고 있었다. 대부분의 부족구역은 연안에서 산기슭 사이의 공간이었고 그래서 각 부족구역 안에는 습지, 평지, 밀림 등이 두루 분포했다.

폰페이 주민들은 대부분 자신의 부족구역 안에 거주했지만 항상 그렇지는 않았다. 또한 누군가 특정한 부족 구역의 주민인가 아닌가를 판단할 때는 그 사람의 선천적 조건(핏줄, 가계 등)도 고려했지만, 그보다는 현재 그 사람의 성과나 상태를 더 많이 반영했다. 즉, 그가 자신이 거주한 땅에서 얼마나 열심히 일을 하고 화목하게 지내는가 하는 것이 더 중요한 요소였다. 고정된 지위나 핏줄보다 현재의 능력이나 성과가 더 중시되었던 것이다.

폰페이의 부족구역의 규모는 다양하다. 각 부족들은 1명의 추장과 직함을 가진 24명 정도의 상류층 또는 귀족들로 구성되어 있었다. 그러나 축 주와 마찬가지로 하나의 부족구역이 너무 커지거나 작아지지는 않았다. 만일 한 지역의 인구가 너무 적어지면 다른 부족구역과 합병했고, 인구가 너무 많아지면 2개의 부족구역으로 나누었다. 큰 규모의 부족구역이 2개의 부족구역으로 나뉘면, 새로 만들어진 부족구역은 자체 추장을 선출했고, 이와 더불어 20명 내외의 상류층 또는 귀족들이 새로이 임명되었다.

최고추장처럼 각 부족구역을 다스리는 소추장들 역시 주민들에게 공물을 받아 일부는 축적하고, 상당 부분은 재분배하는 식으로 자신의 권력을 유지했다. 이렇게 축적된 소추장의 공물들은 다시 최고추장에게 바치는 공물이 되었다. 만약 소추장이 주민들로부터 공물을 많이 확보하지 못하면 그들이 최고추장에게 바치는 공물의 양도 줄어들었다.

축 주와 폰페이 모두 각 부족구역은 마을 중앙의 요리 공간(cookhouse)을 중심으로 형성되었다. 요리 공간 옆에 회의장이 만들어졌는데, 회의장은 주민들이 모여 추장에게 공물을 바치고 존중을 표시하며 축제를 여는 곳이었다.

축 주와 마찬가지로 폰페이 전통사회에서 축제는 매우 중요한 행사였다. 축제가 거행될 때는 대규모 공물 바치기도 함께 진행되었는데, 이때는 각 마을 추장뿐 아니라 최고추장에게도 공물을 바쳤다. 마을 추장은 자기가 받은 공물 중 일부를 자신의 부족을 대신해 최고추장에게 바쳤다. 그러면 훌륭한 성과를 낸 지역 추장에게 최고추장은 명예로운 직함 등을 수여해 노고를 격려하기도 했다.

3. 얍 주(Yap State)[61) 62)]

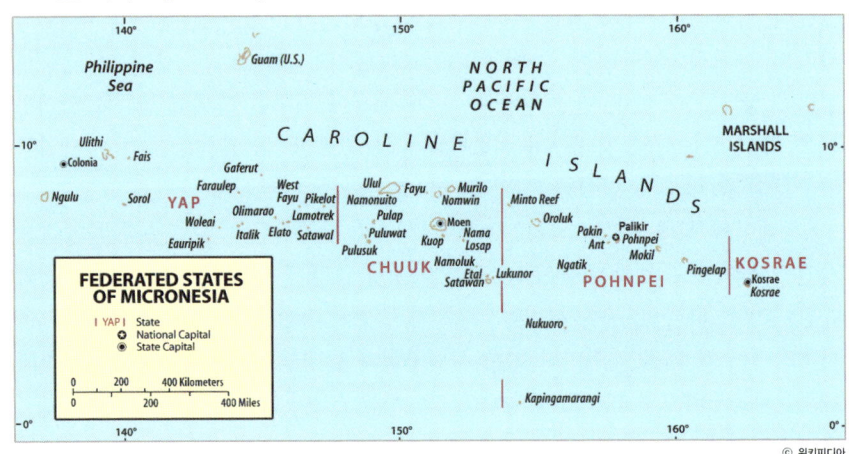

얍 주는 마이크로네시아 연방국에서 가장 서쪽에 위치한 주로 현지어로는 와압(Waab)이라고도 한다. 얍 주는 전통 문화가 가장 잘 보존된 지역이라 할 수 있다. 얍 주의 주요 섬들은 얍 제도로, 4개의 섬으로 이루어진 하나의 섬 집단이다. 이 섬들은 산호초를 통해 서로 연결되어 있다.

얍 제도의 섬들은 필리핀 판이 이동하면서 만들어진 것으로, 섬들의 대부분은 낮은 산과 빽빽한 삼림으로 덮여 있다. 연안은 대부분 맹그로브 숲이며 그 바깥으로는 라군이 형성되어 있다.

얍 주의 주도는 콜로니아(Colonia)로서 폰페이의 본섬인 콜로니아(Kolonia)와는 다른 섬이다. 이 콜로니아에서 얍 제도 동남쪽으로 800km 가량 떨어진 외곽의 14개 환초섬을 관리하는데, 얍 주에 속한 외곽 환초섬들은 유리픽(eauripik), 엘라토(Elato), 파이스(Fais), 파라울렙(Faraulep), 가페룻(Gaferut), 이팔릭(Ifalik), 라모트렉(Lamotrek), 엥굴루(Ngulu), 올리마라오(Olimarao), 피아가일로에(Piagailoe), 피켈롯(Pikelot), 소롤(Sorol), 울리시, 울레아이, 사타왈(Satawal) 섬 등이 있다.

---

61) 여기에서 사용된 내용은 인터넷 자료 등에서 발췌하거나 인용했다. 세부적 인용사항은 참조문헌에 표기했다
62) 위키피디아 : http://en.wikipedia.org/wiki/Yap (2012.1.11)

얍 제도를 이루는 주요 섬은 얍, 가길(Gagil), 토밀(Tomil), 루뭉(Rumung) 섬이며, 얍 주 전체는 동서 약 1,200km에 걸친 134개의 섬으로 구성되어 있다. 얍 주에는 수도인 콜로니아와 나머지 10개의 시 자치 단위가 있으며, 총 육지면적은 102km²이고 2010년 총 인구는 1만 1,376명이다.[63]

얍 제도의 자치구 현황 ⓒ 위키피디아

---

63) Yap State , 2010 마이크로네시아, WIDE CENSUS of POPULATION & HOUSINGhttp, Office of Statistics, Budget & Economic Management, Overseas Development Assistance and Compact Management(SBOC) ://www.sboc.fm/index. php?id0=Vm0xMFlWbFdTbkpQVm1SU1lrVndVbFpyVWtKUFVUMDk

얍 섬의 타밀 항 　　　　얍 주의 국제공항　　　　　ⓒ 위키피디아

자연환경

얍 주의 주요 섬인 얍 제도는 4개의 주요 섬으로 이루어져 있으며 작고 얕은 해협으로 분리되어 있다. 이 섬들은 마이크로네시아 지역의 몇몇 섬처럼 큰 화산성 기원섬이 아니다. 이곳 섬들은 산과 언덕이 많고 코코넛 나무와 빈랑나무, 대나무, 파두나무 등이 많다. 얍 제도의 가장 큰 두 섬인 얍 섬(본섬)과 가길-타밀 섬 사이에는 타게렌 해협(Tageren Channel)이 위치해 있으며 두 섬을 잇는 다리도 놓여 있다. 한편, 이 섬들은 산호초로 둘러싸여 있다.

　　얍 제도 섬들은 북적도해류(North Equatorial Current)와 적도 반류(Equatorial Countercurrent)의 경계에 위치해 있다. 따라서 얍 섬들의 북부는 서쪽으로, 남부는 동쪽으로 흘러가는 해류가 우세하다. 특히 얍 주의 울리시 환초섬(Ulithi Atoll)이 두 해류의 접점에서 큰 영향을 받는다. 북적도 해류는 12~5월 사이에 얍 제도와 팔라우 사이를 약 1노트 또는 그 이상의 속도로 흘러간다. 한편, 적도 반류는 6~11월 사이에 동쪽에서 흘러온다.

　　얍 주의 주민들은 매우 뛰어난 항해사로 알려져 있다. 이들은 아웃트리거 카누를 몰고 별자리와 파도의 형태만 보고 먼 곳까지 항해를 나갔다. 이러한 항해기술을 통해 얍 주는 과거에 얍 왕국(Yap Empire)이라 불릴 정도로 큰 권력을 주변 해역에 행사했다.

기 후

얍 주의 기후는 1년 내내 따뜻한 열대 해양성 기후를 띠며, 가장 더운 달은 5월(31℃)이고 가장 추운 달은 1월(26℃)이다. 7~9월까지는 우기이며 월별

150㎜의 비가 내리고 아침에 폭우가 많이 내린다. 가장 건조한 계절은 2~3월로서 월별 135㎜의 비가 내리는데 대부분이 소나기이다. 연평균 비가 오는 날은 257일 정도이다.

대부분의 태풍은 얍 제도의 북부를 지나가는데 9~11월 사이에는 평균 3~4개의 태풍이 가깝게 지나가면서 얍 주의 기후에 큰 영향을 준다. 태풍은 얍 주의 서부에 강력한 소나기와 바람을 몰고 오며 때로 해일이 연안에 피해를 주기도 한다.

배가 얍 섬으로 진입하려면 얍 제도를 둘러싼 보초와 좁은 해협을 통과해야 한다. 얍 주의 주요 항구는 콜로니아(Colonia) 항으로서 세계 항만번호는 No. 56630이다. 콜로니아항은 타밀 항 서쪽에 있고 천연 항만으로서 형태가 불규칙하다. 항만 입구는 좁으나 입구를 통과하면 넓은 공간이 나온다. 대조 시 조차는 약 1.3m이며 평균 조차는 0.9m이다.

타밀 항의 경우 항구 입구의 폭이 45m로서 작은 편이다. 이 항구에 있는 작은 부두는 길이 약 70m, 수심 약 3.9m이며, 큰 부두는 길이 약 290m, 수심 약 10m이다. 항구로 들어오는 선박은 48시간 전 항만제어실에 예상 도착시간을 알려 주어야 하며 입구에서 약 10마일 정도 떨어진 곳에서 신고를 해야 한다. 검역은 24시간 전에 요청해야 하며 선박이동 시간은 일반적으로 오전 6시부터 오후 6시 사이이다. 산호초 등으로 밝은 낮이나 간조 시에 이동하는 것을 권장하고 있다. 안전을 위해서 비가 오거나 비가 온 후 물이 탁해졌을 때에는 이동을 하지 않는 것이 원칙이다.

얍 주 기후[64]

Month	Jan	Feb	Mar	Apr	May	Jun	Jul	Aug	Sep	Oct	Nov	Dec	Year
평균최고온도 °C(°F)	30.1 (86.2)	30.2 (86.4)	31.1 (87.9)	31.2 (88.1)	30.9 (87.7)	30.7 (87.2)	30.6 (87.1)	30.8 (87.4)	30.9 (87.7)	30.9 (87.6)	30.4 (86.8)	30.7 (87.3)	30.71 (87.28)
평균최저온도 °C(°F)	23.5 (74.3)	23.5 (74.3)	24.0 (75.2)	24.1 (75.4)	23.8 (74.8)	23.6 (74.4)	23.4 (74.2)	23.4 (74.2)	23.5 (74.3)	23.7 (74.7)	23.8 (74.8)	23.7 (74.6)	23.67 (74.60)
강수량 mm(inches)	196 (7.7)	145 (5.7)	147 (5.8)	157 (6.2)	234 (9.2)	312 (12.3)	373 (14.7)	381 (15)	345 (13.6)	312 (12.3)	244 (9.6)	246 (9.7)	3,094 (121.8)

---

64) Weatherbase. http://www.weatherbase.com/weather/weather.php3?s=31419&refer=wikipedia(retrieved 2012.5.31).

	얍 제도(얍 주의 본섬)	

1	루뭉 섬(Rumung)		얍 제도에서 제일 북부에 위치한 작은 섬

2	마압 섬(Maap)		얍 제도 북부, Rumung 섬 아래에 있는 작은 섬
3	가길-타밀 섬 (Gagil Tomil)		Gagil-Tamil 섬은 얍 제도 본섬 오른편에 있는 섬으로 역사적으로 유서 깊은 지역이다. 이 섬의 동부는 Gagil, 서부는 Tamil 또는 Tomil이라 불린다. **Gagil** Gagil 지역에는 Gachapar라는 마을이 있는데 이 마을은 약 15세기경, 이 일대에 큰 영향력을 행사했던 얍 왕국의 수도가 있던 곳이다. **Tamil** Tamil은 12개의 마을로 이루어진 시 자치 단위로 얍 주에서 두 번째로 큰 자치 단위이다. 이 지역 방언은 특히 모음을 강하게 발음하며, 얍 기념일인 3월 1~3일에는 Tamil 지역에서 행사가 치러진다. 과거 얍 주의 지도자들은 이 지역 출신이 많았다.
4	얍 섬(본섬)		얍 제도에서 가장 큰 섬으로 Gagil-Tomil 섬의 서쪽에 위치하며, 총 5개의 시 자치 단위로 나뉘어 있다. 이는 과거 이 지역을 다스렸던 5개의 최고 추장 관할구역과 일치한다.

얍 주의 주요 외곽 섬

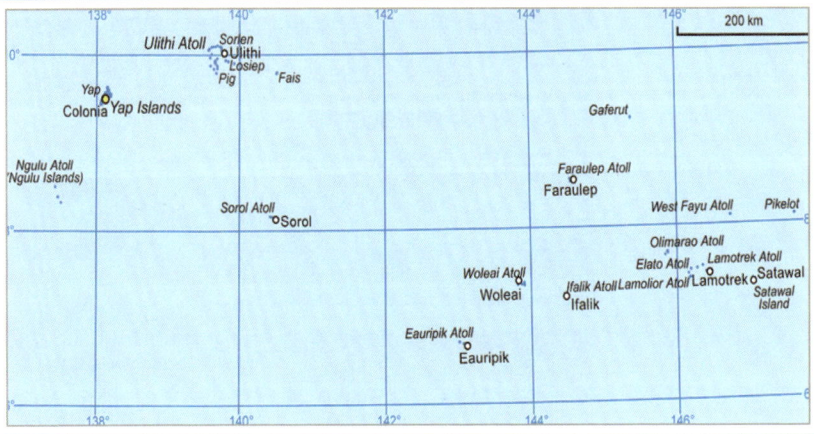

1	울리시 환초군 (Ulithi)	Ulithi 섬은 얍 제도 동쪽으로 191km 떨어진 곳에 있는 환초섬으로서 약 40개의 작은 섬으로 이루어져 있고, 총 면적은 4.5km²이다. 라군의 길이는 36km이며, 폭은 24km, 면적은 548km²로서 세계에서 가장 큰 라군 중의 하나이다. Ulithi 지역에서 사람이 거주하는 섬은 4개 정도인데 Falalop, Asor, Mogmog, Fedarai 섬에 약 773명의 주민이 살고 있다. 이 중 Falalop 섬에는 비행장이 있어 가장 접근하기 쉽다. 또한 이 섬에는 작은 호텔, 주유소, 상점, 얍 주의 3개 공립고등학교 중 하나가 위치해 있다. Mogmog 섬은 Ulithi 지역의 최고추장이 사는 곳이다. 물론 각 섬마다 각각의 추장들이 있다. 한편, Ulithi 섬은 제2차 세계대전 중 미 해군 부대가 주둔한 곳으로, 한때 세계에서 가장 큰 해군기지 중의 하나가 이 섬에 위치해 있었다. 지금도 유조선 USS 미시시뉴어(Mississinewa)호를 포함한 여러 척의 난파선이 라군 내에 있다. 이 유조선에서는 그동안 계속 기름이 새어나와 2003년, 미국 정부가 직접 배 안의 기름을 제거하기도 했다. 이 지역 라군은 경관이 아름다워 낚시와 다이빙을 즐기기에 좋다. 전기 시설도 대부분의 섬에 구축되어 있으며 핸드폰이나 영상 시스템을 사용할 수도 있어 외부 지역과의 교류도 많은 편이다. 최고추장이 사는 Mogmog 섬에서는 관광객을 포함해 모든 사람이 서구식 의상을 착용할 수 없다.

울리시 환초군

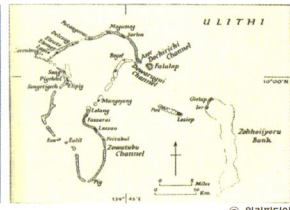

ⓒ 위키피디아

2	엥굴루 환초군 (Ngulu)	엥굴루 환초군 ⓒ 위키피디아	Ngulu 환초군은 얍 제도에서 남서쪽으로 104km 떨어진 곳에 있으며 마이크로네시아에서는 가장 서쪽에 위치한 환초군이다. 18개의 분단된 환초로 이루어져 있으며, 약 26명의 주민이 거주하고 있다. 환초군의 길이와 폭은 각각 36km, 22km 규모이며, 라군의 면적은 382㎢이다. 라군의 중심부는 수심이 상당히 깊다. 9개 섬의 육지면적은 0.4㎢에 불과하며 가장 높은 곳의 해발고도는 2m 정도이다.
3	파이스 환초군 (Fais)		얍 제도 동부에 있으며 Ulithi에서 동쪽으로 87km가량 떨어져 있는 환초섬으로 약 215명이 거주한다. 산호 기원섬으로서 육지면적은 2.6㎢이며 최고 해발고도는 18m이다. 섬은 좁은 환초로 둘러싸여 있으나 동북쪽과 남서쪽에는 산호초가 없다.
4	소롤 환초군 (Sorol)	소롤 환초군의 모습	Sorol 환초군은 얍 주 서부에 위치해 있으며 9개의 산호섬으로 구성되어 있다. 얍 본섬에서 남동쪽으로 250km, Ulithi 섬에서 남쪽으로 약 150km 떨어진 곳에 있다. 섬의 주민들은 약 2,000명이며, 섬의 육지면적은 약 0.934㎢, 라군의 총 면적은 약 7.1㎢ 정도이다. Sorol 환초군에 대한 최초의 기록은 스페인 탐험가 알론소 데 알렐라노(Alonso de Arellano)가 1565년 1월 22일, 산 루카스(San Lucas)호를 타고 이 지역을 지나가면서 남긴 것이다.
5	울레아이 환초군 (Woleai)	울레아이 환초군의 모습	얍 주 중앙에 위치한 외곽 섬들로 약 975명이 거주한다. Woleai 섬은 얍 제도 동부에 위치한 22개의 섬 중 하나로 환초군에서 가장 큰 섬이다. 이들은 모두 산호 기원섬이다. Woleai 환초군의 길이는 약 11.5km이고 폭은 약 7km이다. 섬들의 총 육지면적은 2.5㎢이다. 환초군의 남쪽 지역 환초는 그리 발달하지 않았으며, 서쪽 라군은 동쪽 라군보다 크고 깊다. 이 섬의 문화와 전통은 독특한 특색을 가지고 있다. 1913년에는 Woleai 방언을 사용하는 사람들이 그들만의 표기법을 가지고 있다는 사실이 밝혀지기도 했다. 제2차 세계대전 시에는 6,426명의 일본 육군과 해군들이 이곳에 주둔하고 있었다. 그중 울프(Wolfe) 섬은 평평하게 만들어져 활주로가 건설되었다. 일본이 항복했을 때 1,650명의 일본 군인이 이곳에 주둔하고 있었으며, 나머지는 전쟁으로 사망한 것으로 추정된다. 이 섬의 가장 높은 지역은 해발고도가 약 2m이다.

6	유리픽 환초군 (eauripik)	이 섬들은 얍 주 중앙에 위치해 있으며 Woleai 섬에서 남서쪽으로 약 108km 떨어져 있다. 총 육지면적은 약 0.236km²이다. 라군의 중앙부는 수심이 깊고 면적은 약 5.921km²이다. 가벼운 남서풍이 불 때면 환초 양쪽으로 파도가 부서지는 것을 볼 수 있으며 코코넛 나무도 많다. 예전에는 5개의 섬이 있었으나 1970년대에 태풍, 해일로 2개의 섬이 침식되어 사라졌다. 2000년 기준 약 113명의 주민이 거주한다. 가장 높은 고지대는 해발고도가 2m이다.
7	파라울렙 환초군 (Faraulep)	얍 주 중앙에 위치한 환초섬들로 약 221명의 주민이 거주한다. 길이 약 3km, 너비 약 5km 형태의 사각형 모양을 하고 있으며, 총 면적은 7km²이다. 라군 중간은 비교적 깊으며 남서쪽에 해협이 있다. 라군 동쪽에 3개의 작은 섬이 있는데 이 섬들의 총 육지면적은 0.4km²이다.
8	이팔릭 환초군 (Ifalik)	이팔릭 환초군의 모습 얍 주 동쪽에 위치한 3개의 산호섬으로, 약 561명의 주민이 거주한다. 이 섬들 역시 산호 기원섬이며 Woleai 섬에서 남동쪽으로 57km 떨어져 있다. 작고 동그란 라군의 총 면적은 6km²이며 라군 중앙부의 수심은 약 20m이다. 라군 남쪽으로 해협이 있으며, 3개의 섬 중 가장 큰 섬은 동쪽에 있고, 나머지 2개의 섬은 남쪽과 서쪽에 있다. 섬들의 총 육지면적은 1.47km²이다. 이 섬들은 전사의 섬(warrior island)으로 알려져 있는데 유럽인이 유입되기 전에 이 섬의 전사들이 얍의 외곽 섬과 축의 외곽 섬을 점령한 적이 있기 때문이다. 이들이 점령한 섬들은 Lamotrek, Faraulep, Woleai, Elato, Satawal, Ulithi, 그리고 축의 외곽 섬인 puluwatol 등이다.
9	엘라토 환초군 (Elato)	얍 주 동부에 위치한 환초섬들로 약 96명의 주민이 거주한다. 얍의 수도인 콜로니아에서 남동쪽으로 약 900km 떨어져 있다. 이곳에는 2개의 라군이 있는데, 그중 북쪽 라군의 면적은 11km²이다. 남쪽의 라군은 Lamolior라 부르며 두 라군은 수중 해령을 통해 연결되어 있다. 두 환초섬 모두 동일한 해산의 일부이다. Lamolior 라군은 작은 섬 2개로 이루어져 있고, Elato 라군은 2개의 라군분지와 3개의 섬으로 이루어져 있다. 이 지역 모든 섬의 육지면적은 총 0.5km² 규모이다.

10	라모트렉 환초군 (Lamotrek)	라모트렉 환초군의 모습 Lamotrek 환초군은 얍 주의 동부에 위치한 3개의 섬으로 약 339명의 주민이 거주한다. 3개의 산호 기원섬으로 이루어져 있으며 Elato 환초군에서 동쪽으로 약 11km 떨어져 있다. 환초의 길이는 11.5km, 폭은 6.5km이며 라군 면적은 32㎢ 규모이다. 섬들의 총 육지면적은 0.982㎢이다. 3개의 섬은 각각 Falaite(북서쪽), Pugue(북동쪽), 그리고 Lamotrek(남동쪽)이다. 이 섬들은 추정이 없었으며 Mweoiush 통치 시대에 Italik 섬의 점령을 당했다. Pugue와 Falaite 섬은 현재는 무인도이나 1797년 제임스 윌슨(James Wilson) 선장이 더프(Duff)호를 타고 이 지역을 방문했을 때에는 사람들이 살고 있었다고 한다. 이 지역 방언을 분석해 보면 Lamotrek 환초군의 주민들은 서폴리네시아에서 기원전 1000년경에 건너온 것으로 추측된다. 또한 고고학적 연구에 따르면 그보다 훨씬 전에 괌이나 얍 주에서 사람들이 건너왔을 가능성도 있다고 한다. Lamotrek 환초군으로는 1년에 4~6회 정도 보급선이 찾아오며, 이 지역의 주요 생산품은 코코넛, 전통 옷감 등이다. 1521년 스페인이 괌을 점령했을 때 이 지역도 스페인령이 되었으나 1898년 스페인이 미국과의 전쟁에서 패하면서 Lamotrek 섬을 포함한 마이크로네시아 전체를 600만 달러(미화)를 받고 독일에 이양했다. 그 뒤 이 지역은 일본과 미국의 점령을 거친 뒤 오늘날과 같은 얍 주의 일부가 되었다.
11	피켈롯 섬 (Pikelot)	지대가 낮은 산호 기원섬이며 습한 열대 기후가 나타난다. 이 섬의 생태환경은 울창한 산림과 숲으로 이루어져 있으며 넓은 산호초 지역도 나타난다. 섬 주변은 많은 바닷새와 바다거북의 보금자리이며 맹그로브 숲도 있다. 이 섬에 거주하는 주민은 없으나 섬의 아름다운 경관 탓에 가끔 방문객들이 찾아오고 있으며 주변의 Puluwatol이나 Satawal 섬에서 바다거북을 잡기 위해 이곳으로 오기도 한다. 이때 주민들은 여전히 전통방식대로 아웃트리거 카누를 타고 온다.
12	사타왈 섬 (Satawal)	사타왈 섬의 모습 얍 주에서 가장 동쪽에 위치한 외딴 산호섬으로 약 1㎢ 넓이에 500명의 주민이 거주하고 있다. Lamotrek 환초군에서 동쪽으로 약 70km 떨어진 곳에 있다. 지역 고유방언은 Satawal 언어인데, 축 주와의 가까운 거리때문에 이 지역은 문화적·언어적으로나 축 주와 더 밀접히 연계되어 있다.

정치와 사회
주정부[65]

얍 주의 깃발 및 주장

얍 주는 마이크로네시아 연방국에서 가장 서쪽에 위치하고 있으며, 전통과 역사에 대한 자부심이 깊고 이러한 요소가 가장 잘 보존되어 있는 주라고 할 수 있다. 오늘날과 같은 주정부는 1982년 12월 24일 얍 주 헌법이 제정되면서 출범했다. 얍 주정부의 구조는 미국식 민주주의를 본떠 만들어졌으며, 추가적으로 전통적 지도자(추장)들도 정부활동에 일정한 영향력을 행사하고 있다.

얍 주정부의 행정권은 주지사에게 있으며, 행정부는 5개의 부처와 3개의 사무국으로 이루어져 있다. 각 부처 및 사무국에는 부장과 사무국장이 있는데 이들은 주지사가 주 의회의 승인을 거쳐 임명한다.

얍 주정부는 마이크로네시아의 다른 주와 마찬가지로 자체적인 주 헌법을 가지고 있으며, 3개의 정부구조(행정부, 입법부, 사법부)로 나뉘어 있다. 여기에 추가적으로 얍 주에는 필룽위원회(Council of Pilung)와 타몰위원회(Council of Tamol)라는 2개의 전통 위원회가 있어 전통과 문화와 관련된 일을 처리한다. 이 위원회의 힘은 매우 강력하며 그 회장은 지역의 최고추장들이 맡고 있다. 이 위원회 및 전통적 지도자들의 권한은 얍 주의 헌법 제2조[66]에 명시되어 있다.

---

65) http://www.worldstatesmen.org/Micronesia_states.html
    http://members.fortunecity.com/ar1932/micrstat.html
66) Article III : Traditional leaders and Traditions

얍 주의 변천사

명칭 변경		
1947	얍 지구(Yap District)	
1978.5	얍 주(Yap State)	
지역행정관(District Administrators)		
1947.12~1948.12	Willard V. McNulty	
1949.5~1949.6	Thomas E. Guillman	
1949.6		
1949.12~1951.6	Charles K. Holger	
1951.6~1953(?)	King W. Chapman	
1853.10~1955.3	David donald Heron	b.1903~d.1964
1955~1960	Robert Halvorsen	
1960~1963	Roy Trent Gallemore	b.1895~d.1977
1963~1966	Maynard. Neas	b.1906~d.1979
1966~1967.6	William C. White	
1967.6~1969	James C. Flannery	
1969~1970	George A. Hoover	b.1932(?)
1970~1975	Leonard Q. Aguigui	
1975~1979	Edmund Gilmar	b.1931~d.2009

역대 주지사		
주지사		부주지사
John de Avilla Mangefel (b.1932~d.2007)	1979.1~1987.12	Hilary Tacheliol
Petrus Tun (b.1936~d.1999)	1987.12~1995.9	Tony Tawerilmang
Vincent A. Figir (b.1936)	1995.1~2003.1	Mathias K. Kuor
Robert A. Ruecho (b.1946)	2003.1~2007.1	Joseph Habuchimai

 Sebastian L. Anefal (b.1952)[67] [68]	2007.1~현재(2014년 2월 기준) - 1952년 1월 21일생으로 Gilman 부족 출신 - 얍 주의 다섯 번째 주지사로서 1992년부터 길만 시 (Gilman Municipality) 추장 역임 - 2007년 1월 주지사 당선 후 2010년에 연임 - 미국 Eastern Oregon State University에서 사회학 학사, University of Hawaii에서 고등교육학 석사 취득 - 마이크로네시아 연방정부 외교부 장관 역임 - 부인은 Marita이며 5명의 자녀를 두고 있음.	Anthony Tony Tareq

얍 주 행정부의 주요 인사(2014년 7월 기준)

직 책	성 명
주지사(Governor)	Hon. Sebastian L. Anefal
부주지사(Lt. Governor)	Hon. Anthony M. Tareg
검찰총장(Attorney General)	Hon. Jonathan M. Tun
행정사무처장(Office of Administrative Services)	Maria Laaw
기획예산처장(Office of Planning & Budget)	Raymond Igechep
교육국장(Dir., Education)	Vincent Parren
보건국장(Dir., Health Services)	James Gilmar
자원개발국장(Dir., Resources & Development))	Frank Haregaichig
청년시민국장(Dir., Youth & Civic Affairs)	Ruotpong Pongliyab
공공사무교통국장(Dir., Public Works & Transportation)	Vincent A. Figir

얍 주 입법부의 주요 인사(2014년 7월 기준)

직 책	성 명
의장(Speaker, Pohnpei Legislature)	Hon. Henry Falan
부의장(Vice Speaker, Pohnpei Legislature)	Hon. Ted Rutun
원내총무(Floor Leader)	Hon. Sabino S. Sauchomal
원내서기(Legislative Clerk)	Dee N. Libian
고문(Legislative Counsel)	Leelkan Dabchuren, Esq.

---

67) FSM government Bio. Mr. Sebastian L. Anefal. http://www.fsmgov.org/bio/anefal.html(Retrieved on 2012.6.1)
68) http://www.yapstategov.org/about.htm

얍 주 추장위원회 주요 인사(2014년 7월 기준)

직책	성명
필룽 추장위원회장(Council of Pilung)	Hon. Bruno Tharngan
타몰 추장위원회장(Council of Tamol)	Hon. Ignathio Gapthey

얍 주 사법부의 주요 인사(2014년 7월 기준)

직책	성명
대법원장(Chief Justice)	Hon. Cyprian Manmaw, Esq
대법관(Associate Justice)	Hon. Cyprian Mugunbey
얍 주 법률자문(Yap State Court Counsel)	Seema Shaw, Esq
법원서기(Clerk of Court)	Alma Yirin

얍 주의 기타 정부기관 주요 인사(2014년 7월 기준)

직책	성명
공선 변호인(Public Defender)	Anselm Filmed
마이크로네시아 법률협회 감독변호사 (MLSC(Micronesia Legal Services Corporation), Directing Attorney)	John T. Mootmag, Esq
얍 주 환경보호국(Yap Environmental Protection Agency)	Christina Fillmed
얍 주 수산청(Yap Fishing Authority)	Jeff Pong
얍 주 관광청(Yap Visitors Authority)	Don Evans

행정부

얍 주의 행정부는 각종 법률 및 공공서비스를 집행하는 역할을 한다. 행정부의 수장은 주지사와 부주지사이며 행정부의 권한은 얍 주 헌법 제6조에 명시되어 있다. 주지사는 얍 주 주민들이 직접 투표를 통해 선출하는데 가장 많은 투표율을 확보한 자 또는 45% 이상의 투표율을 확보한 자가 주지사로 선출된다. 만일 후보들이 45%의 투표율을 확보하지 못했다면 가장 많은 지지율을 확보한 2명의 후보를 대상으로 재선거를 실시하게 된다.

얍 주 주지사가 되기 위해서는 최소한 30세 이상이어야 하며 마이크로네시아에서 태어난 국민이어야 하고 얍 주에 15년 이상, 선거 전 최소한 5년을 거주한 자이어야 한다. 또한 얍 주의 법적 투표권자여야 하며 중죄가 없어야 한다. 얍 주 주지사는 연임이 가능하며 4년 후에 다시 선거에 나갈 수 있다.

부주지사의 경우 주지사를 보좌하며 만일 주지사가 얍 주의 주요 섬(얍 제도)에서 선출되었다면 부주지사는 외곽 섬에서 선출되어야 한다. 반대로 주지사가 외곽 섬에서 선출되었다면 부 주지사는 얍 주의 주요 섬에서 선출되어야 한다.

부주지사의 선출도 주지사와 같은 시기에 같은 방식으로 선출한다. 주지사와 부주지사의 급여는 법으로 규정되어 있으며 임기 내에는 변경하지 못한다. 주지와 부주지사가 부재할 경우에는 주의회 대표가 주지사 역할을 대리한다.

입법부

얍 주의회는 10명의 의원으로 구성되어 있으며 각 의원들은 10곳의 선거구에서 선거를 통해 선출된다. 입법부의 권한 및 역할은 얍 헌법의 제5조에 명시되어 있다.

주의회 의원들은 임기가 4년이며 잔여 임기가 1년 이상인 의석이 비어 있을 경우에는 특별 선거를 치르지만 잔여 임기가 1년 미만일 경우에는 주지사가 의원을 임명한다.

주의회 의원이 되기 위해서는 25세 이상이어야 하며, 마이크로네시아의 시민으로서 얍 주에 최소한 5년은 거주하고 있어야 한다. 또한 자신이 속한 선거구에서 최소한 1년은 거주하고 있어야 한다.

얍 주의 선거구는 주별 인구에 비례해 설정하며 헌법에 명시된 선거구는 다음과 같다.

선거구		지역	의석 수
얍 주 본섬	1	Yap Island Proper	6명
얍 주 외곽 섬	2	Ulithi Atoll Fais Island Sorol Atoll Ngulu Atoll	1명
	3	Woleai Atoll	1명
	4	eauripik Atoll Faraulep Atoll Ifaluk Atoll	1명
	5	Satawal Island Lamotrek Atoll Elato Atoll	1명

　얍 주의 입법과정에서 독특한 점은 입법부에서 통과시킨 법이 추장들의 전통 위원회(Council of Pilung, Counil of Tamol)에 제출되어야 한다는 점이다. 이 두 전통 위원회에서는 얍 주의 전통이나 문화에 악영향을 미치거나 전통적 지도자의 기능과 역할에 부정적 영향을 미칠 소지가 있는 법안들을 무효화할 수 있는 권한이 있다. 즉, 이 전통 위원회들은 입법부에서 가결한 법안을 평가, 검토할 권한이 있는 것이다. 이렇게 법안의 무효화가 결정되면 이 법안은 입법부에서 다시 수정되어 전통 위원회의 재심을 받을 수 있다. 그 후 전통위원회에서 통과된 법은 주지사에게 제출되며, 주지사는 이 법안들을 승인할 수도 있고 취소시킬 수도 있다.

사법부

얍 주의 사법부에서 가장 높은 사법기구는 주법원(State Court)이다. 주법원에는 대법관(Chief Justice)과 2명의 판사(Associate Justices)가 소속되어 있다. 이때 판사의 숫자는 법의 수정을 거쳐 증가시킬 수 있다. 판사의 임기는 6년이며 얍 주 주법원은 주로 민사 및 형사재판을 다룬다.

역사와 문화

역 사[69]

얍 주에 언제부터 사람이 살기 시작했는지는 분명히 알려져 있지 않다. 초기 이주 역사에 대해서도 학자들의 의견이 분분하다. 대략 기원전 1500~1000년 사이에 주민 이주가 시작되었다는 주장이 있지만, 실제 이주는 기원전 2000~3000년 정도에 일어났을 가능성도 있다.

초기 얍 주민들은 오늘날의 말레이 반도, 인도네시아, 솔로몬 제도, 필리핀 등지에서 유래했던 것으로 추정된다. 얍 주의 언어[70]는 동남아시아 말레이 언어와도 유사하지만 파푸아뉴기니 언어의 요소도 발견된다.

한편 얍 주의 동쪽 외곽 섬 주민들은 그 조상이 폴리네시아에서 유래했으며, 서부의 얍 주의 본섬들과는 다른 문화와 민족성을 가지고 있다. 그들의 문화나 언어는 이웃한 축 주와 더 가깝다고 할 수 있다.

전통적으로 얍 주는 작은 마을들로 이루어져 있었고 서로 자주 전쟁을 벌였다. 이러한 전쟁을 통해서 패한 마을은 승리한 마을의 지배를 받았다. 그 결과 얍 주에는 지역 간 또는 마을 간 위계구조가 만들어지기도 했는데, 한때는 얍 왕국(Yapese Empire)이라 불릴 정도의 큰 세력이 형성되기도 했다. 특히 가길 지역의 가스파르(Gachpar), 완얀(Wanyan) 마을 추장들은 그 위세가 상당해 얍의 외곽 섬에 상당한 영향력을 가지고 있었다.

1525년 10월에는 포르투갈 탐험가인 디오고 다 호차(Diogo Da Rocha)가 얍에 도착해 몇 개월간 머물렀다고 알려져 있다. 그 후 200년 이상 스페인, 영국, 네덜란드, 미국 탐험가들이 얍 주를 거쳐 갔다.

얍 주의 현대 역사를 살펴보면 스페인, 독일, 일본, 영국 등이 얍을 점령한 적이 있다. 제1차 세계대전 시에 얍 주는 독일의 중요한 해군통신기지였다. 그러나 1919년 베르사유 조약이 체결되고 이 모든 통신시설이 일본의 손으로 넘어갔다.

제2차 세계대전 중에 얍 주는 정기적으로 미국 비행기나 군함의 공습을 받았으며, 일본도 이에 대응하여 미국 군함과 비행기를 공격하여 피해를 입히기

---

[69] A Timeline of Yap's History, Yap Visitors Bureau, http://www.visityap.com/history1.html (accessed 2012.2.7).
[70] 현재 얍 주에는 5개의 공식 언어가 있다. 영어, 울리시어(Ulithian), 울레아이어(Woleaian), 사타왈어(Satawalese) 그리고 얍어(Yapese)가 그것이다. 얍 주 헌법 제14조에는 얍 주의 공식언어가 얍 주의 자체 방언들 및 영어라고 명시되어 있다.

도 했다. 제2차 세계대전 시 얍 주에는 일본제국 육군 4,423명, 일본제국 해군 1,494명이 주둔했고 총사령관은 다이하치 이토 대령이었다.[71]

제2차 세계대전 후에는 미국이 이 지역을 점령했으며 1986년까지 유엔 위임 신탁통치령으로 지배하였다. 그러다 1986년 얍 주는 축, 폰페이, 코스레 주와 연방국을 만들면서 독립국가로 출범했고 그 후 미국과 자유연맹협정을 체결했다. 지금도 미국의 평화봉사단(Peace Corps)과 미국의 비영리 기관인 Habele 재단[72]이 얍 제도와 얍 주의 외곽 섬에서 활동하고 있다.

시기	얍 주의 약사
~기원전 1500	동인도네시아 또는 필리핀에서 첫 주민들이 이주한 것으로 추정됨. 그러나 확실한 고고학적 증거는 아직 발견되지 않았으며 첫 이주자들이 기원전 2000~3000년경에 거주하기 시작했을 가능성도 있음.
1525	포르투갈 탐험가 Dioga Da Rocha가 얍에 도착함. Ulithi 섬에서 4개월 간 머무른 것으로 추측됨. 그 후 200년간 20명의 탐험가가 얍을 방문하였으며 스페인, 영국, 네덜란드, 미국 국적의 무역인들이 얍을 거쳐 감.
1731	괌에서 Jan Cantova 신부와 Walter 신부가 얍 Ulithi 제도의 Mogmog 섬에 천주교를 전파함. 몇 달 뒤 월터 신부는 괌으로 건너가고 Jan Cantova 신부와 13명의 제자는 학살됨. 낯선 종교에 대한 현지 추장들의 반감이 있었을 것으로 추측됨.
1800~1860	얍과 유럽 간에 해상무역이 이루어짐. 영국의 Andrew Cheyne이 이 기간의 가장 유명한 무역상임. 이 시기에 얍의 외곽 섬 주민들은 자체적으로 괌과 마리아나 제도로 항해를 함.
1818	얍 외곽 섬인 Lamotrek 섬의 주민 100여 명이 마리아나 제도의 사이판으로 이주하여 얍 부락을 만들어 거주함.
1869	독일이 얍에 첫 무역기지를 설치함. 이 회사는 Godeffroy & Son이라는 이름으로 총지배인은 Alfred Teten이었음. 1874년에 이 회사는 3,000에이커의 땅과 목화밭을 보유하였고 선박수리 업무도 함.
1871	진주 탐사선인 벨베데레(Belvedere) 호의 선원으로 있던 David Dean O'Keefe가 조난을 당해서 얍 주민들에 의해서 구조됨. O'Keefe는 후에 독일 무역선을 타고 홍콩으로 감.
1872	O'Keefe는 중국식 범선 캐서린(Catherine) 호의 선장으로 다시 얍에 왔으며 코프라, 해삼, 얍 전통 석폐(stone money) 무역으로 이름을 떨침.
1874	스페인이 얍에 대한 주권을 주장함.

---

71) Takizawa, Akira; Alsleben, Allan(1999-2000). "Japanese garrisons on the by-passed Pacific Islands 1944~1945". Forgotten Campaign: The Dutch East Indies Campaign 1941~1942. http://www.dutcheastindies.webs.com/japan_garrison.html.

72) The Habele Outer Island Education Fund "Habele"(http://www.habele.org/) : South Carolina-기반의 자선기관으로서 얍 주와 축 주의 외곽 산호섬들을 대상으로 자선활동을 하는 기관이다. 특히 얍 주의 Ulithi, Woleai, Satawal, eauripik, Ifalik, Lamotrek과 축의 외곽 섬들에서 봉사활동을 하고 있다. Retrived http://en.wikipedia.org/wiki/Habele(2012.5.31).

1876	독일이 얍에 대한 지도 제작 및 독일의 이권 보호를 목적으로 얍에 독일 전함을 보냄.
1880's	얍이 캐롤라인 제도의 상업중심지로 부상. 이 시기에 얍은 코프라의 주요 생산지이자 4개 무역 회사의 본거지, 스페인 기선의 석탄 공급지임.
1885	스페인과 독일 간에 분쟁 발생. 8월 21일에는 스페인 행정관 1명, 사제2명, 군인들, 죄수노동자들, 말, 물소, 가축, 그리고 가택과 교회를 건축하기 위한 석재를 실은 2척의 스페인 선박이 얍에 도착. 4일 후에 스페인이 얍을 자국의 땅이라고 선포하기 위한 행사를 거행하려 했으나, 독일 전함 리티스(Litis) 호가 얍에 정박하여 독일 국기를 꽂음.
1886	로마 교황 레오 12세(Leo XII)가 스페인과 독일의 갈등을 중재. 얍과 그 외 캐롤라인 제도는 스페인이, 그 외 국가들은 독일이 지배하기로 함. 스페인은 얍에 둔군을 배치하고 성당을 지음.
1899	스페인은 얍과 그 외 스페인령 마이크로네시아를 독일에 450만 달러(미화)에 판매. 독일은 행정관 서기, 의사, 경찰서장, 그리고 11명의 말레이시아 경찰을 최초로 파견함.
1900~1906	얍에 질병이 빠르게 번지면서 주민들의 인구가 7,464명에서 6,641명으로 감소. 특히 독감과 나병이 크게 문제됨.
1901	얍에서 활약했던 거상 O'Keefe가 바다에서 실종됨. 타그렝 운하(Tagreng Canal)가 건설됨.
1902	독일은 각 시 자치 단위에서 남자 아이를 1명씩 선택하여 의료진으로 훈련시킴. 그 후 각 시 자치 단위에 의료센터를 개설함.
1903	독일이 얍 섬의 첫 병원을 타랑(Tarang) 섬에 개소.
1905	독일이 얍에 통신기지를 건설. 얍과 괌 그리고 중국 상하이 사이에 통신망이 연결됨.
1908	마지막 스페인 시민이 얍 주를 떠남.
1909	팔라우의 앙가우르(Angaur) 섬에 인 광산 개소, 독일이 얍에서 98명의 인부를 모집함.
1910	폰페이에서 독일을 상대로 반란을 일으킨 사람들이 얍과 팔라우로 추방됨.
1914	제2차 세계대전이 시작되면서 영국이 얍 주에 있는 독일 통신기지를 폭격하여 파괴함. 10월 7일부터 유혈 사태 없이 얍 주가 일본군에 의해 점령됨.
1919	베르사유 조약에서 일본이 적도 북쪽의 모든 태평양 도서국을 지배할 수 있다고 공표.
1920~1940	많은 일본인이 빠르게 얍에 정착하기 시작하여 1940년대에는 1,933명이 얍에 거주함.
1920	태풍이 얍 주를 덮쳐 7명이 목숨을 잃음.
1921	얍 통신기지 사용에 대해 일본과 미국이 협정 체결.
1922	국제연맹의 승인에 의해 일본의 본격적 행정지배가 시작됨. 얍 주에서 문신을 새기는 것이 금지됨.
1925	태풍이 얍 주의 집들을 대부분 파괴.
1935	일본이 국제연맹을 탈퇴하고 얍에 대한 방어를 강화하기 시작함.
1938~1939	일본의 군사적 준비가 시작됨. 얍 주민들이 강제노동에 동원됨. 얍의 Gagil 지역에서 니켈 광산, Fais 섬에서 보크사이트와 인 광산이 개소됨.
1941~1942	제2차 세계대전 시작. 일본은 Gagil 지역에 등대를 건축함.

1944	연합국이 얍의 수도인 Colonia를 폭격함. 얍 섬 남쪽에 일본의 비행장과 활주로 등이 파괴됨. 한편 연합군의 미 육군 323보병대 81사단이 Ulithi 섬을 손쉽게 점령함.
1945	일본이 항복함에 따라 미국이 얍 지역을 점거함
1947	일본 점령기에 괌에서 얍 주로 이주한 차모로 주민들은 미 해군에 의해 사이판 근처 북마리아나 제도의 주요 섬 중 하나인 티니안(Tinian) 섬에 재이주되어 정착함.
1948	얍에 첫 신교도 교회가 들어섬.
1952	미국 내무부가 마이크로네시아의 통치를 시작함. 얍의 첫 행정관은 킹 채프먼(King W. Chapman)이었음.
1957	얍 주민들 사이에서 술 판매에 대한 투표가 실시됨. 그 후 얍 주민들에게도 술 판매가 가능해짐.
1963	얍에 지상파 장거리 무선항법 시스템 기지가 건설되고 공항이 개소됨.
1964	얍 제도 북섬과 남섬 사이의 타랑 운하(Tarang Canal)를 잇는 다리가 건설됨.
1965	얍 주에서 마이크로네시아 의회의원을 선출하기 위한 첫 선거가 이루어짐.
1966	얍 고등학교(Yap High School)가 첫 졸업생을 배출함. 미국 평화봉사단(Peace Corps) 원생들이 도착함.
1967	외곽 섬 고등학교(Outer Island High School)에서 첫 졸업생을 배출함.
1968~1969	지역 의회(District Lesislature)가 구성됨.
1969	마이크로네시아 의회와 미국이 마이크로네시아의 미래에 대한 첫 협상을 진행함.
1978	마이크로네시아 헌법을 제정하기 위한 주민투표 실시. 얍은 95%가 찬성하여 마이크로네시아에서 가장 높은 찬성률을 보임.
1979	얍 주립병원이 건설됨.
1986	미국과 마이크로네시아 사이에 자유연합협정이 체결됨.
1987	마이크로네시아의 2대 대통령으로 얍 주 출신의 John Hagelelgam이 선출됨.
1990	1990년 9월 17일, 마이크로네시아가 정식으로 유엔 승인 국가가 됨.
1992	1992년 1월에 얍 주 출신인 Martin Yinug가 마이크로네시아 대법원의 법관으로 임명됨.
1995	얍 주 관광국(Yap Visitor's Bureau)이 설치됨.

문 화[73]

얍 주의 기반 전설
얍 주에는 대표적인 기원 전설들이 몇 개 있다. 이것들은 얍 섬으로 이주한 최초의 전설적인 이주민이나, 얍 섬의 기원들을 다루고 있다. 그 중 하나가 루와테올(Ruwathoel) 거인에 대한 것이다. 이 전설은 엥굴루 섬이 어떻게 얍 제도에서 떨어져 나갔는지에 대한 것이다.

루와테올 거인의 전설
오래 전 루와테올이라는 거인이 얍 제도의 남쪽 끝에 있는 구로르 마을에 살고 있었다. 루와테올은 반은 사람이고 반은 거인이었다. 또 힘도 세고 외모도 출중했으며 훌륭한 어부이기도 했다. 얍의 그 어떤 남자보다 뛰어난 기술과 능력을 가지고 있었다.

결국 루와테올은 시기와 질투의 대상이 되었으며 사람들은 루와테올을 없앨 모략을 세웠다. 사람들은 루와테올에게 주문을 걸어 현관에 머리를 기대고 잠을 자게 했다. 또 그의 손을 코코넛 나무에 묶고 머리카락을 그의 집 기둥에 칭칭 감아 놓았다. 그리고 사람들은 그의 집에 불을 질렀다. 불이 나자 루와테올은 잠에서 깨어나 밖으로 나가기 위해서 버둥거렸다. 그러는 도중에 루와테올은 이웃의 작은 섬인 엥굴루 섬을 발로 찼고 그 섬은 결국 지금처럼 얍의 본섬에서 약 100㎞ 거리로 떨어져 나가게 되었다.

바다뱀 전설
얍 섬의 기원과 관련된 바다뱀 전설도 있다. 외부인들이 얍 섬에 오기 전 얍 본섬의 마압(Maap)과 가길 사이의 고프누 해협(Gofnuw channel)에는 엄청나게 큰 괴물이 살고 있었다. 얍 주민들은 이 해협을 통과해 다른 섬들로 건너가곤 했다. 그러나 가끔 주민들이 감쪽같이 사라지는 일이 있었다. 영문을 알 수 없던 추장들은 실종자를 찾기 위해 전사들을 실은 60척의 카누를 보냈다. 몇 시간 동안 실종자를 찾다가 그들은 고프누 해협으로 들어가게 되었다.

---

73) A Timeline of Yap's History, Yap Visitors Bureau, http://www.visityap.com/history1.html(accessed 2012.2.7)

전사들은 앞쪽에서 아직 발견되지 않았던 땅을 발견했다. 그들은 점차 그 땅으로 다가갔다. 그러나 가까이 가자 그 땅이 움직이더니 점차 커지는 것이었다. 전사들은 의문에 잠겼다. 저건 거대한 바다거북인가 코코넛 나무인가 아니면 큰 물고기인가?

잠시 후 갑자기 큰 괴물이 머리를 물 위로 들어올려 전사들을 잡아먹기 시작했다. 전사들은 용감하게 싸웠으나 역부족이었다. 괴물은 카누와 전사들을 삼켜버렸다. 그러나 그중 한 전사가 살아남아 도망칠 수 있었다. 살아남은 전사는 곧바로 추장에게 가 이러한 참사를 보고했다. 추장은 이 참사를 만회하기 위해 더 많은 카누와 전사를 해협으로 보냈다.

전사들이 해협에 도착했을 때는 이미 바다가 붉게 변해 있었으며 찢긴 시신들이 떠다니고 있었다. 이것을 본 전사들은 급하게 후퇴하였으며 다시 추장에게 보고했다. 추장들은 곧바로 회의를 소집하고 이 문제를 해결할 방도를 찾고자 했다. 그러나 묘한 수가 없어 얍 주민들은 여러 해 동안 고프누 해협을 이용하지 못했다. 그런데 이 해협을 이용하지 못하면 주민들은 섬의 반대쪽으로 돌아가야 했기 때문에 불편함이 이만저만이 아니었다.

그러던 도중에 토밀 마을의 한 여자에게서 남자아이가 태어났다. 그 아이의 이름은 시곤(Sigon)이었다. 시곤은 바다괴물에 대한 이야기를 들으면서 출중한 청년으로 자라났다. 그는 가장 뛰어난 전사로부터 전쟁기술을, 가장 뛰어난 항해사로부터 항해기술을, 가장 뛰어난 카누 장인으로부터 카누 만드는 기술을 전수받았다.

시곤은 그의 첫 카누를 만들었으나 속도가 너무 느렸다. 그는 숲 속에 들어가서 완벽한 나무를 찾은 다음 다시 카누를 만들었다. 두 번째 카누를 타고서는 낚시를 하여 제법 큰 물고기를 낚았다. 시곤은 불을 지펴 물고기를 구웠다. 물고기가 요리되는 동안 시곤은 그의 새로운 카누를 타고 섬 주변을 돌았는데, 어찌나 빨랐던지 다시 돌아왔을 때에도 물고기가 익지 않은 상태였다.

시곤은 산호초에 가서 매우 커다란 대왕조개를 가져왔다. 그는 그 조개를 카누에 싣고 괴물을 찾아 고프누 해협으로 향했다. 그가 나타나자 해협 입구에서 괴물이 그를 맞이했다. 괴물은 그를 보고 깜짝 놀라면서 그가 혼자 온 것은 어리석은 일이라고 했다. 그러나 시곤은 괴물에게 깜짝 놀랄 선물을 가지고 왔다며 그 선물이 카누 위에 있다고 했다. 괴물은 먼저 조개를 먹고 시곤을 삼키려고 거대한 조개 안에 머리를 넣었다. 그러자 조개는 열려 있던 입을 닫아 버렸고 괴물의 목이 졸렸다. 괴물이 조개에서 벗어나려고 몸부림치며 꼬리를 처음 흔들었을 때 꼬리에 맞아서 마압 지역이 루뭉 지역에서 떨어져 나갔다. 그리고 괴물이 꼬리를 두 번째 흔들었을 때 가질 지역이 마압 지역에서 떨어져 나갔다. 세 번째 흔들었을 때에는 꼬리가 타렝(Tareng) 지역을 내려치면서 땅을 갈라 놓았다.

괴물은 계속 몸부림쳤으나 결국 조개를 벗어나지 못하고 죽었다. 그러나 얍 섬은 이제 하나의 섬이 아니었다. 괴물의 몸부림으로 인해 루뭉 지역과 마압 지역이 갈라졌으며 오늘날과 같은 얍 본섬의 모습이 되었다.

도마뱀 사람의 전설
또 다른 전설은 두고르 마을의 도마뱀 사람에 대한 것이다. 얍 섬의 두고르 마을에 남자로 변할 수 있는 도마뱀이 있었다. 이 남자는 매우 잘생겨서 얍의 모든 젊은 여자들의 선망을 받았다. 그러나 불행히도 어떠한 여자든 이 남자의 친구가 되어 남자의 굴로 들어가면 사라져 버렸다. 사라진 여자들의 가족들은 그들에게 무슨 일이 일어났는지 알 수 없었다.

시간이 흘러 마을 사람들은 이 멋진 남자를 의심하기 시작했다. 그러던 어느 날 이 도마뱀 남자는 한 아름다운 여자를 만났다. 젊은 여자는 곧 사랑에 빠졌다. 그 남자도 젊은 여자를 사랑하게 되어 그 여자를 데리고 굴로 들어갔다.

여자는 굴에서 배가 고파 남자에게 먹을 것을 달라고 했다. 그러자 남자는 고약한 냄새가 나는 개구리와 게, 징그러운 짐승의 사체들을 가져다주었다. 여자는 소문으로만 듣던 도마뱀 사람의 무서운 이야기가 생각나 급하게 굴에서 도망쳐 나왔다. 여자는 집으로 돌아와 이 일을 알렸다.

여자의 아버지는 도마뱀 사람을 어떻게 해야 할지, 어떻게 하면 그의 정체를 밝혀낼 수 있는지 고민했다. 그는 도마뱀 사람이 자신의 딸을 찾아 집으로 오기를 기다렸다. 도마뱀 사람은 곧 딸을 찾기 위해 나타났다. 아버지는 도마뱀 사람에게 나무에 올라가 코코넛을 따 달라고 했다. 도마뱀 사람은 여자의 아버지를 기쁘게 하기 위해 나무에 올라갔다. 그러나 코코넛을 따 가지고 내려오면서 그의 정체가 드러나고 말았다. 딸의 아버지가 추측한 대로 도마뱀 사람은 나무를 타고 내려올 때 머리 먼저 내려왔던 것이다.

아버지는 이러한 상황을 예상하고 기다리고 있었다. 그는 기다란 목줄을 만들어 두고서 도마뱀 사람이 나무에서 내려올 때 목줄을 걸어 잡아당겼다. 그러자 도마뱀 사람은 땅에 떨어지면서 죽었으며 본모습인 도마뱀으로 돌아갔다.

뜨거운 솥의 전설
하루는 룰(Rull) 마을의 신, 토밀(Tomil) 마을의 신, 그리고 가길 마을의 신들이 얍 주민들을 지켜보고 있었다. 얍 주민들은 모두 자신들의 마을이 최고라고 떠들어 대고 있었다. 그래서 이 신들은 얍의 모든 주민을 한곳에 모아놓고 큰 돌 하나씩을 각 마을에 주었다. 그리고 큰 솥을 돌 위에 올려놓고 불을 땠다.

불이 활활 타오를 때 신들은 그 주민들에게 솥을 들어올려 보라고 했다. 룰 마을 주민들이 처음에 나와서 활활 타고 있는 불 가까이 가려고 했지만 불이 너무 뜨거워서 솥 가까이도 가지 못했다. 이는 토밀 주민이나 가길 주민도 마찬가지였다.

이것을 지켜본 신들은 주민들을 향해서 말하기를 "어느 한 마을도 따로는 이 솥을 들어 올리지 못했다. 그러나 만일 3개의 마을이 같은 크기의 돌을 솥 밑에 넣어 올리면 뜨거운 솥을 들어올릴 수 있을 것이다. 이 솥은 얍이며 각각의 돌은 얍의 마을 망(village net)이다. 얍은 3개의 마을이 협력해야 강해질 수 있다. 어느 한 마을만 강해지면 얍은 쓰러지고 사라질 것이다"라고 했다.

얍에 어떻게 사람이 살게 되었는가
얍은 처음에는 사람이 살지 않는 무인도였다. 타로(taro)를 심을 사람이 없었기에 타로도 없었으며, 물고기를 잡을 사람이 없었기에 물고기들이 마음 놓고 헤엄쳐 다녔다. 또한 돌로 만든 도로도 없었으며 섬 전체는 조용하였다. 그러던 어느 날 얍 라군 내로 카누를 타고 한 쌍의 젊은이가 나타났다. 완(Wan)과 라이나(Rayina)라고 하는 이 한 쌍의 젊은이가 어디서 왔는지는 아무도 몰랐다. 왜 그들이 이곳에 왔는지도 알 수 없었다.

이들은 얍 섬 중 토밀 섬에 정착했다. 이들은 토밀 섬에 도착했을 때 그 땅에 네 종류의 신령과 반은 신이며 반은 사람이라는 룰리야(Ruliya)라고 하는 여자가 있다는 것을 알 수 있었다. 이들이 완과 라이나를 맞이하러 가까이 왔다.

이때 신령들은 새로 온 커플을 달가워하지 않았으나 룰리야는 자기와 비슷한 인간을 반갑게 맞이했다. 네 신령 중 이들을 환영하지 않은 두 신령은 섬을 떠나 다시는 돌아오지 않았다. 룰리야는 이 젊은 한 쌍을 자기 집이 있는 아문(Amun)으로 데리고 갔다. 여기에서 룰리야, 완, 라이나, 두 신령 그리고 대형조개로 둔갑한 세 번째 신령이 행복하게 살았다.

시간이 지나 라이나는 아기를 낳았으며 완은 룰리야를 두 번째 부인으로 맞이했다. 가족이 늘어나면서 아이들은 완에게 어떻게 해서 이 섬에 오게 되었는지 이야기를 해 달라고 했다.

완은 자기는 7형제 중 막내였으며 원래는 아버지로부터 작은 땅을 물려받기를 원했다고 했다. 그러나 완의 아버지는 더 이상 완에게 줄 땅이 없다며 대신 코코넛 줄기를 주면서 밧줄을 만들어 팔아 땅을 사라고 했다. 완과 라이나는 당황스러웠다. 그들은 밤새도록 토의를 했으나 그 마을 근처에는 그들이 구입할 수 있는 땅이 없었으며, 땅을 구입할 수 있는 돈이 있다고 해도 외따로 떨어진 곳의 땅밖에 구입할 수 없었다. 완은 훌륭한 어부였고 카누를 잘 다룰 수 있는 항해사였다. 라이나는 완에게 북쪽에도 땅이 있고 서쪽, 남쪽, 동쪽에도 땅이 있을 것이라고 했고, 그래서 그들은 새로운 땅을 찾아 떠난 것이었다.

수년이 지나면서 다른 가족들이 얍 섬에 오게 되었다. 이들은 얍의 첫 가족인 완과 라이나를 존중했다. 완은 얍의 첫 지도자가 되었으며 그의 땅도 그와 마찬가지로 존중의 대상이 되었다. 완과 라이나는 나이가 들어 딸들은 다른 가족으로 시집을 가고, 아들들도 다른 가족의 여자들과 결혼을 했다. 완은 아들과 며느리들에게 그의 땅을 관대하게 배분하여 주었다. 완과 라이나는 죽을 때 다음 세대를 위해서 좋은 일을 하였다고 생각하며 행복하게 눈을 감았다.

얍의 전통 문화

석폐(돌 화폐, Stone Money)

얍 주에는 역사적으로 널리 알려진 라이(Rai)라 부르는 돌 화폐(stone money)가 있다. 라이는 큰 도너츠 모양의 돌로, 가운데 구멍이 뚫려 있으며 대부분 방해석을 깎아 만든 것이다. 직경 4m 크기도 있으나 대부분 이보다 작은 것이 많다. 가장 작은 라이는 약 3.5cm의 직경을 가지고 있다.[74]

석폐는 음불(Mmbul) 석폐, 고(Gaw) 석폐, 페(Fe') 또는 라이(Rai) 석폐, 야르(Yar) 석폐, 렝(Reng) 석폐의 다섯 종류가 있다.

석폐는 대부분 다른 섬에서 가지고 온 것들인데 멀게는 파푸아뉴기니에서 가져오기도 했다. 그러나 대부분은 팔라우에서 가져온 것으로, 이는 얍의 옛 주민들의 항해 실력이 매우 뛰어났음을 증명하는 것이다.

석폐의 가치는 그 크기와 유래에 따라 달라졌다. 역사적으로 얍에서는 둥근 모양의 돌을 가치 있게 여겼는데 그 이유는 그 모양이 석영(quartz)과 유사했기 때문이다. 석영은 얍 지역에서 가장 빛나는 물건이었다.

이러한 역사로 인해 도너츠 모양의 둥근 돌에 가치가 부여되어 결국 화폐로 유통되기 시작했다. 석폐의 가치는 매우 높았는데 석폐를 이동할 때 따르는 위험성과 그 석폐의 희귀성 때문이었다. 얍 주에는 적절한 석폐를 만들기 위한 채석장이 없었기 때문에, 이를 찾기 위해서는 먼 곳으로 항해를 해야 했다. 또 적절한 채석장이 있는 원주민들과 우호적 관계를 맺어 나가야 하는 어려움이 있었다. 필요한 돌을 채석한 후에도 석폐를 얍으로 이동하는 일은 쉽지 않았다. 작은 뗏목이나 카누에 눕혀서 운반을 해야 했기 때문이다.

그러나 1874년 아일랜드 상인인 오키프가 얍 주민들을 채용하여 더 많은 석폐를 팔라우에서 수입하고 운반하기 시작했다. 그는 그 석폐를 가지고 얍 주민들로부터 코프라와 해삼을 사들였다. 오키프가 가지고 온 석폐는 카누를 통해 가지고 온 석폐보다 큰 것들이 많았으나, 그 후 석폐의 희귀성이 떨어짐에 따라 그 가치도 떨어졌다. 현재도 오키프가 가지고 온 석폐 약 6,800개가 얍 섬 전체에 흩어져 있다.

---

[74] Gillilland, Cora Lee C. 1975. The Stone Money of Yap: A Numismatic Survey(*Smithsonian studies in history and technology*, No. 23). Smithsonian Institution Press, City of Washington. p. 88.

얍 주의 석폐(왼쪽)와 석폐로 장식된 길(오른쪽)

현재는 얍 주에서 미국 화폐가 공식 통화로 사용되고 있지만, 얍의 전통적 의식이나 행사에서는 이 둥근 석폐가 아직도 사용되고 있다. 또 결혼이나 토지 양도, 배상, 수당 지불 시 석폐를 사용하기도 한다.

머리 장식(로웨이, Roway)

얍에는 남자들이 사용하는 로웨이라는 머리 장식이 있다. 로웨이는 맹그로브 뿌리를 가늘게 베어 내어 만든 것이다. 이때 날카롭게 만든 조개껍데기를 사용한다. 가늘게 베어 낸 뿌리들은 코코넛이나 히비스커스의 섬유들로 묶는다. 2개의 줄 끝을 곱슬곱슬하게 묶어야 하는데 이때 특별한 기술이 필요하다. 로웨이 장식을 할 수 있는 사람은 특권 계층으로 추장, 주술사, 전사 그리고 최고부족의 남자 무용수 등이 여기에 해당한다.

돌 길

얍에는 유명한 돌길이 있는데 룰(Rul) 지역에 많다. 이 외에 돌로 만들어진 다리도 있다. 일반적으로 얍에서는 모든 도로를 여자들이 깔고 돌길이나 돌다리를 관리하는 것도 여자들의 몫이다. 돌길을 걸을 때는 나름의 에티켓이 있다.

얍주의 돌길　　　　　　　　　　　　　　　　　　　　　　　© KIOST

만일 여러 사람이 걸어간다면 한줄로 서서 걸어야 하는데 중간에서 걸어야 한다. 만일 반대쪽에서 오는 사람을 만나면 한쪽으로 비켜 주어 지나가게 해야 한다. 이때 계급을 따져 낮은 사람이 비켜 준다. 만일 길을 걷다가 쓰레기가 길 위에 떨어져 있으면 이 쓰레기를 처리하는 것도 길을 걷고 있는 사람의 책임이다. 이러한 전통을 통해서 얍의 돌길들은 수백 년 동안 관리되어 왔다.

항해의 우상(Navigational Idol)

항해의 우상은 얍 외곽 섬의 항해사들이 항해 시 배에 싣고 떠났던 물건이다. 그 용도는 주술적인 것으로 안전한 항해와 좋은 날씨, 좋은 수확, 나쁜 징조로부터 보호 등을 기원하는데 쓰인다.

　항해의 우상은 나무로 만들어졌으며 하나의 몸에 얼굴이 앞뒤로 2개가 있다. 몸 한가운데에는 구멍이 나 있는데 이 구멍을 사용하여 코코넛 이파리를 감아 묶을 수 있게 되어 있다. 우상 밑부분은 노랑가오리 등뼈로 만든 4개의 구조물로 장식되었는데 필요한 경우 이 다리 부위를 무기로도 사용했다. 이 우상은 특정한 항해사 외에는 손을 댈 수 없으며 만일 이것을 어길 경우에는 큰 화를 면치 못할 것이라는 저주가 내려져 있다고 한다.

항해 시에는 우상을 중앙 돛대에 로프로 매달았으며, 사용하지 않을 경우에는 카누에 매달아 항해사보다 낮은 곳에 두었다. 섬으로 돌아오면 항해의 우상은 항해사의 집 높은 곳에 매달아 안전하게 보관했다.

리오스 우상(Lios Idol) 또는 원숭이 사람
리오스 우상은 죽은 자들로부터 산 사람을 보호해 주는 우상이다. 리오스는 얍어로 '혼령의 이미지'라는 뜻이다. 전설에 따르면 리오스 우상은 얍 외곽의 울리시 섬에서 유래했다. 이 우상은 섬을 방문한 초기 방문자들에 의해 '원숭이 사람'이라고도 불렸다.

이 우상은 조상의 형태를 하고 있으며 죽은 사람의 가족이나 친척을 보호하는 역할을 한다. 그 후 가족들이 사는 집이나 혼령을 모시는 집을 보호하는 역할도 했다. 이 우상은 지역에서 나는 고유 나무로 깎아 만드는데, 마이크로네시아 전역에 알려져 있으며 매우 전통이 오래된 것이다.

얍 전통 사회

마을 네트워크
얍 주민들은 그들의 강력한 전통 사회 시스템이 그물(net)과 같다고 말한다. 즉, 그물의 모든 매듭은 주변 매듭과 연계되어 있다는 것이다. 어떤 매듭은 그물의 중간에 있고 어떤 매듭은 측면에, 그리고 다른 매듭들은 위쪽에 있다. 그러나 이 매듭들은 다른 매듭들과 같은 위치에 있으며 그 어느 매듭도 혼자 떨어져 있지는 않다. 다른 매듭이 없이는 어느 한 매듭도 존재할 수 없다. 얍의 마을들 역시 그물처럼 서로 연계되어 있다.

얍의 주요 섬은 12개의 마을로 되어 있으며 이 마을들 사이에는 마을 망이라는 느슨한 마을 간 연합이 존재했다. 이것은 최고추장의 관할권과는 다소 개념이 달랐다. 각 마을 망 내에서 특정 마을의 지도자가 조금 더 권한이 강할 수 있으나 이것은 정치적 권력이 아니었다. 힘이 세거나 서열이 높은 마을 지도자라 해도 다른 마을 지도자로부터 납공을 받지 않으며 그들에게 명령을 내릴 수도 없었다.

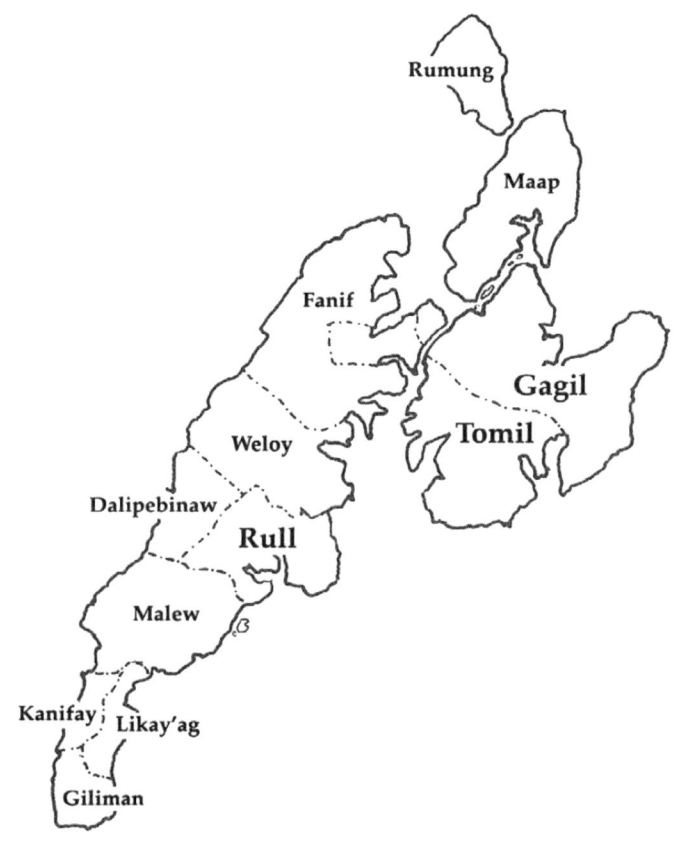

얍 주의 주요 섬. 모두 12개의 마을이 있으며 점선은 각 마을의 경계이다. 이 마을들 중 가길, 토밀, 룰 마을이 가장 힘이 셌다.[75]

아래에서 살펴보겠지만 얍 전통 사회에서는 중앙집권적인 권력체가 존재하지 않고 다양한 구성원이 권력을 공유하고 있었다. 마을 내에서는 구성원들이 마을 위원회 등을 통해 권력을 공유하며, 마을 추장들이나 마을 망의 최고추장들도 서로 견제의 원리를 통해 권력을 공유했다. 즉, 가장 높은 곳에서 낮은 곳에 이르기까지 권력의 균형을 유지하는 시스템이 발달되어 있었다.

---

75) Levy, Josh and Hezel, Francis X. 2008. *Micronesian Government : Yesterday, Today and Tomorrow – A Micronesian Civics Textbook*. National Department of Education, micronesia. (지도 출처)

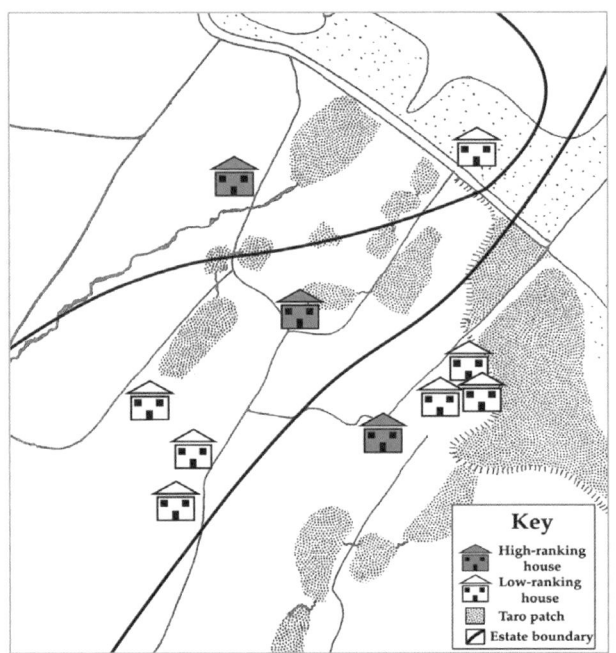

얍 주의 3개의 가족 사유지를 표시한 지도. 높은 지위의 집은 대부분 가족의 아버지가 머무른다. 대부분의 사유지는 타로밭, 정원, 물 공급지, 1개 이상의 집으로 이루어져 있다.[76]

마을의 사회구조 [76]

얍에 전해 내려오는 격언 중에 사람이 지도자가 아니라 땅이 지도자(the man is not chief, the land is chief)라는 말이 있다. 이와 같이 땅은 축이나 폰페이와 마찬가지로 얍의 전통적 권력 시스템에서 아주 중요한 위치를 차지하고 있다. 축에서와 유사하게 얍에서도 지도자가 힘을 갖는 이유 역시 땅과 연계되어 있다.

주민도 마찬가지이다. 얍에서도 한 가족의 사유지는 그 가족을 지탱하고 그 가족의 구성원들을 연결시켜 주는 핵심이다. 얍의 가족 사유지는 여러 개의 구역으로 나누어져 있으며 타로밭과 같은 부속토지를 포함하고 있다. 이때 지위가 높은 사유지는 가족 중 높은 인물(아버지)이 다스린다.

---

[76] Levy, Josh and Hezel, Francis X, 2008, *Micronesian Government : Yesterday, Today and Tomorrow – A Micronesian Civics Textbook*, National Department of Education, micronesia, (지도 출처)

얍에서는 땅에도 이름이 있으며 이 이름을 통해 누가 땅의 주인인지를 알 수 있다. 얍의 남자들 이름은 그들의 아버지가 배분해 준 땅의 이름과 관련이 있다. 얍에는 지위가 높은 땅과 낮은 땅이 있으며, 이 땅의 지위에 따라 땅의 소유주의 지위도 결정된다. 이는 "땅에도 목소리가 있다"는 표현에서 잘 드러난다. 가장 높은 위치에 있는 땅의 주인이 지도자가 되고, 가장 성스러운 땅을 다스리는 자가 성직자가 되는 것이다. 축, 폰페이와 마찬가지로 얍 마을에서도 최초 개척자나 거주민의 사유지가 가장 높은 위치에 있는 땅이 된다.

다음 그림에서 왼쪽 위의 작은 지도는 얍 섬 전체와 12개의 마을을 나타내고 있다. 오른쪽 지도는 가길 마을 망과 여기에 속한 작은 마을들을 보여 주고 있다. 이 지도에 표시된 3개의 별표는 가길 마을에서 가장 지위가 높은 사유지이다.

축이나 폰페이의 마을 부족구역과 같이 얍의 마을에도 수십 개의 가족사유지가 있을 수 있으며, 축의 부족구역 추장과 유사하게 얍의 추장도 그의 사유지에서 유래한 직함(title)을 받게 된다.

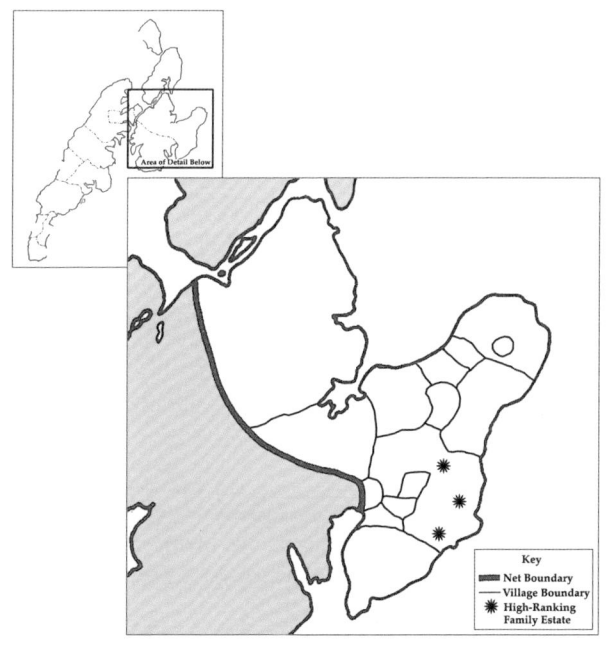

가길 마을은 이 지역 마을 망에서 가장 지위가 높은 마을에 속하며, 따라서 가길 마을에서 가장 높은 위치의 가족 사유지를 점유한 3명의 남자는 그들의 가족, 마을, 마을 망뿐 아니라 얍 섬 전체에 대한 권한을 가지고 있다고 볼 수 있다.

가 족

얍 전통 사회의 기본 사회 단위는 가족이다. 그러나 얍에서의 가족 개념은 축이나 폰페이와는 다른 점이 있다.

얍과 다른 마이크로네시아 지역의 가족 개념에서 중요한 차이점은 얍의 가족이 핵가족이라는 점이다. 즉, 얍의 가족은 아버지, 어머니, 그리고 그들의 자녀(또는 양자, 양녀)들로 구성되어 있다. 할아버지나 할머니는 따로 살게 되는데 만일 이들이 더 이상 자신을 돌볼 수 없을 때에는 다른 가족과 같이 살 수도 있다. 반면 축이나 폰페이에서는 확대가족이 우세하다. 즉, 아버지, 어머니, 자녀, 그 외 친척과 사촌들로 구성되어 있다.

얍과 다른 마이크로네시아 가족의 또 다른 점은 얍에서의 지도자 계승이 부계를 따라 이루어진다는 점이다. 다른 마이크로네시아 지역에서는 모계를 따라 이어진다.

마 을

가족이 얍의 전통사회에서 가장 기본적인 단위라고 해도 실질적으로 얍 주민들에게 가장 중요한 집단은 마을이다. 얍의 모든 사람은 마을에 살고 있다. 어떤 마을은 위치가 높은 계급의 마을이고 어떤 마을은 낮은 계급의 마을이다. 여러 개의 가족사유지가 마을의 소구역을 이루며, 이 소구역이 모여 마을을 이룬다. 또 마을들이 모여 마을 망을 이루게 된다. 이때 각 영역에는 모두 그 나름의 지도자가 존재한다.

얍의 마을은 중요한 3명의 지도자가 다스린다. 이들은 마을 추장(village chief), 젊은 남자들의 추장(chief of the young men), 원로들의 지도자(ancient voice)이다. 이들은 자신이 점유한 토지구역에 적합한 직함을 가지고 있다.

얍 주의 전통가옥인 "남성들의 집(long house)"(위-왼쪽),
얍 주의 아이들(위-오른쪽), 얍 주민들의 모습(아래)

세 지도자의 역할을 살펴보면 마을 추장은 가족들 간의 갈등을 해결하고, 마을 차원에서 실시하는 대형 사업 등을 명할 수 있으며, 다른 마을과의 상호교류, 축제 거행 등을 명할 수 있다. 그는 다른 마을 간의 협상에서 자신의 마을을 대표하며, 마을 주민을 보호하는 데 권한을 사용한다. 마을 외부의 더 높은 계급 지도자에게서 명령이 떨어지면 그 메시지를 마을 주민들에게 전달할 책임도 있다. 또한 마을 차원에서 다른 마을의 높은 계급의 지도자들에게 메시지를 전달해야 할 때에도 추장이 이 책임을 맡는다.

젊은 남자들의 추장은 마을의 젊은 남자들을 대표하는 역할을 한다. 그의 힘과 권한은 마을의 젊은 남자들에 대한 그의 제어력에서 나온다. 젊은 남자들은 얍 전통 사회에서 중요한 역할을 한다. 전쟁에서 싸워야 하고 마을의 평화와 치안을 유지해야 하며, 마을의 프로젝트를 성공적으로 수행하는 일이나 어획활동도 책임지고 있기 때문이다. 젊은 남자들의 추장은 마을 추장의 메시지를 다른 마을로 전달하기도 하며 마을의 중요한 재산을 보호하는 책임을 지기도 한다.

원로들의 지도자는 마을을 대표하거나 젊은 남자들을 대표하지는 않는다. 이들의 임무는 마을의 다른 지도자들에게 자문을 주는 것이다. 그들은 마을이 수행하려는 프로젝트에 물자나 돈을 공급하는 것을 거부할 수도 있다. 과거에 이들은 마을의 종교활동을 책임지기도 했다.

마을 위원회

얍 마을에는 3명의 지도자 외에 마을 위원회(village council)가 존재한다. 3명의 지도자도 중요한 역할을 하지만 마을의 실질적인 권력은 마을 위원회가 가지고 있다고 볼 수 있다. 마을 위원회는 각 가족의 지도자(가장)가 모인 그룹으로서 마을의 여러 크고 작은 일들을 위한 결정을 내린다.

얍의 마을 위원회는 만장일치의 원리에 따라 결정을 내린다. 중요한 결정이 내려지기 전에는 위원회의 모든 사람이 동의해야 한다. 이때 각 마을의 마을 지도자(3인), 각 가구의 모든 가장이 마을 위원회의 위원이 된다.

이 위원회에서도 마을 추장의 영향력이 가장 크며 그의 의견이 가장 중요시된다. 그의 가장 중요한 임무는 마을 위원회에서 결정한 사안을 집행하는 일이다. 그러나 마을 추장이 주어진 것보다 더 많은 권력을 행사하려 하면 마을 위원회에서 그 추장에 대해 제재를 가할 수도 있다. 과거에는 멋대로 구는 추장에 대해 마을 위원회에서 사형을 집행한 경우도 있었다.

마을 위원회에서는 각각의 가족 세대주가 자기 소유의 땅을 대신하여 말하게 되는데, 마을 내의 모든 토지구역들 사이에도 위계가 존재하기 때문에 높은 토지구역을 차지한 가족의 세대주가 조금 더 상석에 앉게 된다. 또 높은 계급의 가족들이 더욱 강력한 목소리를 내게 된다.

얍 사회의 전통적 권력 시스템[77]

젊은 남자들의 추장
(chief of the young men)
- 마을의 젊은 남자들을 대표함.
- 젊은 남자들을 규합하여 전쟁 및 각종 업무 등을 수행하며 마을의 보안과 치안을 책임지도록 함.
- 마을 지도자의 메시지를 다른 마을로 전달함.
- 마을의 재산을 보호함.

마을 추장
(village chief)
- 마을 전체를 대표함.
- 가족 간의 분쟁을 해결함.
- 마을의 대규모 행사나 사업, 전통 의례 등을 총괄함.
- 다른 마을 추장들과 메시지를 주고받음.

'원로들의 목소리'
(Ancient Voice)
- 실질적 권력을 보유한 직책이 아니고 마을 추장, 젊은 남자들의 추장, 그리고 마을 위원회에 자문을 줌.
- 마을의 전통적 종교와 관련된 권위를 가짐.
- 마을의 전통적 사제들을 통해 마을 구성원들의 처벌을 명하거나 마을 사업의 진행에 필요한 재원조달을 거부할 수 있음.

마을 위원회(Village council)
- 마을 지도자(village chief), 마을 젊은 남자의 지도자, 원로의 목소리 그리고 기타 다른 가족 세대주들이 소속됨.
- 마을 비지너스에 대해서 토의하고 모든 위원의 동의하에 마을 전체를 위해서 결정을 함.
- 마을에서 실질적인 권한을 가지고 있음. 물론 마을 위원회 회의에서 마을지도자의 말이 더욱 힘을 발휘할 수도 있음.

---

77) 인물 사진은 위키피디아에서 임의로 발췌한 것임.
http://en.wikipedia.org/wiki/File:Makea_Karika_Tavaki_with_Ngati_Karaka_elders.jpg

마을 망(Village Net)

얍의 본섬은 12개의 마을로 이루어져 있는데, 각 마을은 인접 마을들과 연계하여 마을 망(마을 조직망)을 형성한다. 이러한 마을 망은 3개가 있는데 토밀, 룰, 가길 마을 망이 그것이다. 이 중 가길 마을 망이 가장 영향력이 큰 조직망이다. 룰(Rull)마을 조직망에 속한 마을로는 Rull, Malew, Likay'ag, Dalipebinaw, Kanifay, Giliman이 있으며, 가길 마을 망은 Gagil, Weloy, Maap, Rumung으로 구성되어 있고, 토밀 마을 망은 Tomil과 Fantif로 구성되어 있다.

얍의 이러한 마을 망은 축의 부족구역 연합이나 폰페이의 최고추장 구역과 유사하다고도 볼 수 있다. 그러나 축이나 폰페이에서는 연맹체제가 비교적 쉽게 변동되지만 얍에서는 마을 간 연맹구조를 바꾸는 것이 쉽지 않다.

이러한 얍의 마을 망 체계는 얍 본섬의 정치적 균형을 이루는데 기여해 왔다. 하나의 마을 망이 지나치게 강해지면 나머지 두 망이 연합하여 이를 견제하는 식으로 얍 본섬의 힘의 균형이 지켜진 것이다.

얍의 3개 마을 망에는 각각 최고추장이 1명씩 존재했는데, 이들은 외곽 섬을 포함한 얍 섬들 전체에 대해서 나름의 특별한 역할을 하고 있었다. 이 역할은 얍 마을에 존재하는 세 종류의 지도자의 역할과도 흡사한 것이었으며, 그들이 다스리는 땅의 성격을 반영하고 있었다.

세 마을 망 중 실질적 권력이 가장 약한 토밀 마을의 최고추장은 일반 마을 내의 세 지도자 중 '원로들의 목소리'와 비슷한 역할을 했다. 얍 전설에 따르면 얍 최초의 정착민이 토밀 지역에 정착했기 때문에 토밀 지역의 최고추장은 일종의 신성한 권력을 부여받고 있었던 것이다. 그러나 토밀의 최고추장은 그 실질적 권력이 룰이나 가길의 최고추장보다는 약했다.

한편, 룰 마을 망과 가길 마을 망의 최고추장은 그 위세가 매우 강력해, 앞에서 말한 마을 추장이나 젊은 사람들의 추장에 모두 비유할 수 있다. 토밀의 최고추장과는 달리 이 추장들은 얍의 정치활동에 활발히 참여했으며 이들의 의견은 상당한 실질적 영향력을 가지고 있었다. 룰 마을 망 최고추장의 권력은 얍에서 가장 큰 지역을 다스리고 있다는 사실로부터, 그리고 가길 마을 망 최고추장의 힘은 얍 섬 동부에 위치한 많은 외곽 섬들이 가길의 최고 추장에게 공물과 경의를 바친다는 사실에서 나왔다.

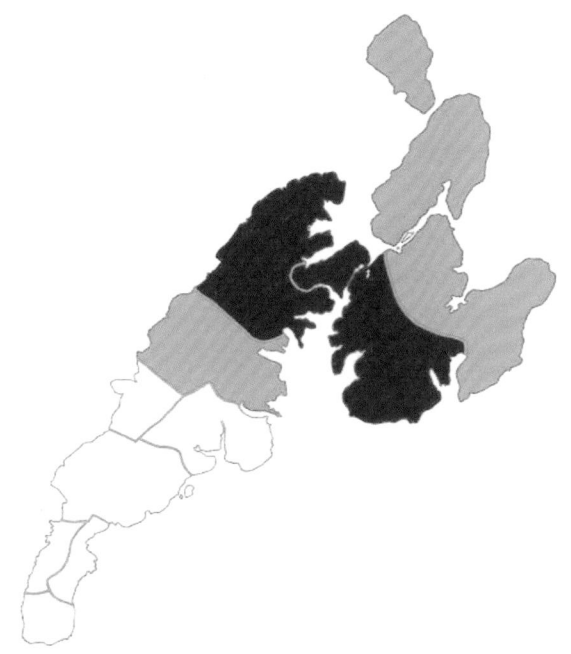

얍 본섬의 마을 망. 검정색은 토밀, 회색은 가길, 흰색은 룰 마을망을 나타낸다.[78]

이 세 마을 망의 최고추장들은 서로 견제와 균형을 통해 얍 본섬의 정치적 안정을 추구했다. 최고 추장들 사이에서 의견이 일치하지 않을 경우에는 모든 사람을 만족시킬 수 있는 타협점을 찾고자 했다. 이러한 방식으로 그들은 너무 독선적이거나 이기주의적인 최고추장의 활동을 견제했던 것이다.

위계 시스템

얍에서는 가족, 마을, 마을 망 차원에서 모두 위계구조가 존재했다. 마을 내에서는 높은 위치의 가족과 낮은 위치의 가족이 있었으며, 마을 간에도 높은 위치의 추장과 낮은 위치의 추장, 높은 위치의 마을과 낮은 위치의 마을이 있었다. 또 마을 망 수준에서도 높은 위치의 마을 망과 낮은 위치의 마을 망이 있었다.

---

78) Levy, Josh and Hezel, Francis X. 2008. *Micronesian Government : Yesterday, Today and Tomorrow – A Micronesian Civics Textbook*. National Department of Education, micronesia. (지도 출처)

이러한 위계 시스템은 얍 전통 사회에 큰 영향을 끼쳤는데 이러한 위계구조는 축이나 폰페이의 경우보다 훨씬 더 중요했다.

얍에서 높은 위치에 있는 마을들은 필룽(pilung), 낮은 위치의 마을들은 피밀링가이(pimilingay)라고 불렀다. 둘을 나누는 기준은 땅을 소유했느냐 하는 것인데, 필룽 마을의 주민들은 땅을 소유하고 있었고 피밀링가이 마을의 주민들은 소유한 땅이 없었다.

즉, 필룽 마을의 추장이 피밀링가이 마을의 토지를 소유하고 있었는데, 그는 피밀링가이 마을의 주민들에게 땅과 식량을 제공했다. 그 대신 낮은 위치의 주민들은 그 추장을 위해서 남들이 꺼리는 힘든 일을 했다. 즉, 회의장의 지붕을 만든다거나 죽은 시체를 묻는 등의 고된 일을 했다. 또한 이 주민들은 추장에게 선물과 일종의 조세를 바쳤는데, 빈랑나무 열매나 그들이 만든 바구니 등을 바쳤고 음식은 바치지 않았다.

높은 위치의 마을인 필룽에는 5개의 계층이 존재했다. 추장은 상위 2개 계층에서만 배출되었으며, 나머지 두 계층은 귀족 그룹이었다. 마지막 그룹은 일반인으로 가장 낮은 서열이었다. 이러한 계층구조에 가장 큰 영향을 미치는 것은 마을 내에서 땅을 소유하고 있는가 하는 점이었다. 그 외에도 전쟁에서의 활약, 다른 마을의 강력한 추장 가문과의 혼인 등이 서열을 높이는 데 영향을 미쳤다. 개인뿐 아니라 마을 간에도 전쟁에서 이긴 마을은 그 지위와 서열이 더 높아지곤 했다.

관계 형성의 원리 : 교환

얍 사회에서는 사람들 사이에서 관계를 형성하고 힘의 균형을 맞추기 위한 교환 원리가 발견된다. 한 예로, 한 마을의 추장이 추장 간 위원회의 반대에 직면했을 경우 외부 마을의 지도자들에게 도움을 요청할 수 있다. 어느 한 가족이 추장의 비우호적 결정에 직면했을 경우에는 외부 마을의 친척들에게 도움을 요청할 수 있다. 이러한 서비스나 재화의 교환의식을 얍 언어로 '밋밋(mit mit)'이라고 하는데, '밋밋'은 가족과 가족, 마을과 마을이 서로 관계를 형성하고 발달시키는 데 가장 중요한 계기 중 하나이다.

가족들은 출생, 결혼, 장례식이 있을 경우 이러한 서비스와 재화의 교환의식을 치른다. 이때는 두 가족이 한곳에 모여 서로 선물을 주고받게 된다. '밋밋'을 주최하는 쪽은 손님 측 가족에게 매우 후한 선물을 주는데, 손님 가족의 다음 '밋밋' 때에 초청받을 것을 기대하기 때문이다. 이러한 상호 교환의 관계는 수년간 지속되며 서로 상대에게 진 빚이나 은혜 등을 축제나 경조사, 또는 일상 속의 부탁 등을 통해서 되갚게 된다. 이러한 주고받음의 순환은 계속 반복된다.

이러한 의식은 추장들에게도 중요하다. 주민들 또는 가족 간 연계성을 강화하는 이러한 의식은 정치적 연맹을 강화하는 데에도 활용된다. 마을 망의 최고추장은 그의 강력한 연맹구조를 지속시키기 위하여 연맹을 맺은 다른 마을을 위해 특별한 교환의식을 베풀어 준다. 최고추장은 음식이나 재화, 땅 등을 주면서 연맹관계를 돈독히 한다.

낮은 계열의 추장들도 이러한 교환의식을 행한다. 그들은 상위 추장에게 받은 선물에 대한 고마움을 표시하기 위해서 나름의 지원을 하는데, 이는 군사적이거나 정치적일 수 있다.

4. 코스레 주(Kosrae State)

코스레의 행정구역.
1980년에는 5개 자치 단위가 있었으나 지금은 4개가 되었다.

코스레 주는 1977년까지만 해도 쿠사이에(Kusaie)라 불렸다. 코스레는 마이크로네시아 연방국에서 가장 동쪽에 위치한 주로, 코스레 본섬을 제외한 12개 정도의 작은 섬으로 구성되어 있다. 코스레 본섬은 4개의 행정구역으로 나뉘어 있으며, 코스레 주의 주도는 토폴(Tofol) 시인데 행정적으로는 렐루(Lelu) 시에 속해 있다. 코스레의 인구는 약 7,700명(2010년 기준, 마이크로네시아 총 인구의 약 7.2%)이다.

코스레는 적도에서 북쪽으로 약 600km 위치에 있으며 괌과 하와이 사이에 있는데 하와이에서는 남서쪽으로 약 5,000km 떨어져 있다. 코스레의 면적은 약 110km²(제주도의 약 1/18)이며 현재 많은 연안에서 연안침식이 관측되고 있다. 해발고도가 가장 높은 지점은 634m이다.

코스레 섬은 멀리서 보면 누워서 자고 있는 여성처럼 보인다. 그래서 '잠자는 여인의 섬(the island of the sleeping lady)'이라는 별칭으로도 불린다.

자연환경

코스레는 마이크로네시아에서는 두 번째로 큰 섬으로 서태평양에서 가장 아름다운 섬 중 하나이다. 섬의 형태는 삼각형과 비슷하다. 이 섬의 둘레에는 40.2km의 일주도로가 만들어져 있으며 섬 내륙으로는 약 24km의 도로가 마을들을 연결하고 있다.

코스레 섬은 현무암으로 이루어져 매우 비옥하며 어떠한 열대 식물을 심어도 잘 자란다. 언덕이 많고 울창한 밀림으로 덮여 있다. 또한 외부인의 발길이 뜸해 아직 손상되지 않은 자연환경을 가지고 있다.

 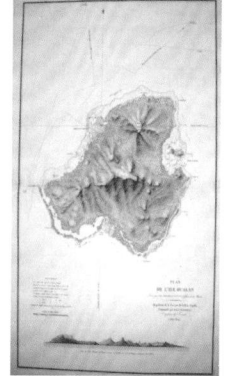

"잠자는 여인의 섬" 코스레(왼쪽)[79]와 루이 뒤페리가 그린 지도(오른쪽)

---

79) Jan Erik Johnsen, Travel Photos, Kosrae2, http://www.pbase.com/bolla49/image/56006043

코스레 해안 © KIOST

    코스레의 지리적 환경은 크게 세 종류로 나눌 수 있는데 첫째로 산과 밀림, 둘째로 맹그로브 숲으로 덮인 해변, 셋째로 모래해변이다. 코스레의 70%는 산악지형으로 산에는 폭포와 강 그리고 사람이 손길이 닿지 않은 하이킹 트랙이 만들어져 있다.

    코스레 섬 주변은 산호초로 둘러싸여 있는데 대부분 건강한 상태를 보여주고 있다. 수천년 된 산호들이 있다고 알려져 있으며 해수의 투명도가 30m를 넘기도 한다. 또 코스레의 본섬(Lelu Island) 근처에 블루홀 지역도 존재한다.

    코스레 중앙부에는 매우 경사가 가파른 2개의 산이 있는데, 그 사이에는 아주 깊은 계곡이 있어 이 계곡이 코스레 섬을 두 부분으로 나누고 있다. 이러한 가파른 산악지형과 빽빽한 밀림은 코스레의 발전을 저해하는 요소로 지적되기도 한다.

    코스레 연안은 넓은 맹그로브 숲과 기타 나무들로 둘러싸여 있다. 특히 남쪽 연안은 맹그로브 숲이 긴 테를 이루고 있다. 코스레 섬의 남동부에는 투피니에 곶(Cape Tupinier)이 있는데 이곳에는 172종의 돌산호와 10종의 연산호가 산다. 또 250종의 어류종이 서식하며 큰돌고래와 기타 고래들도 살고 있다.

코스레 환초

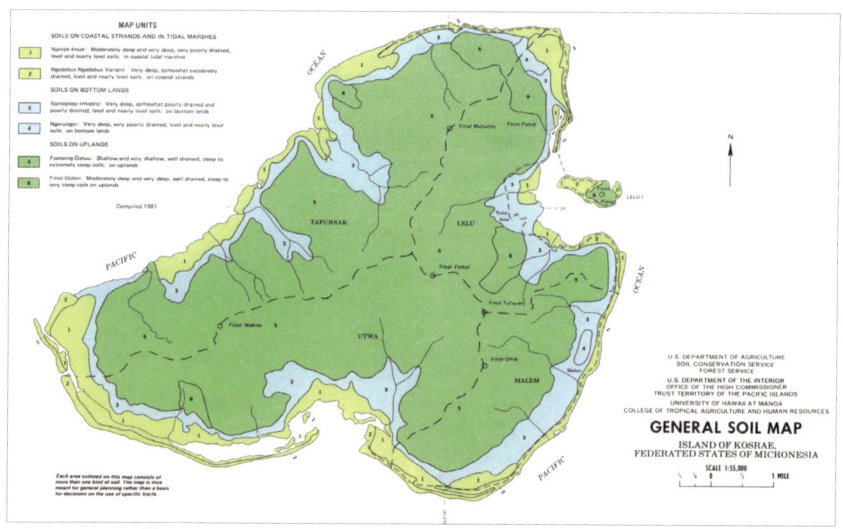
코스레의 토양 지도[80]

---

80) http://www.lib.utexas.edu/maps/australia/kosrae_soil_1981.jpg

코스레 연안의 모습 © KIOST

　코스레에 위치한 3개의 자연 항구에는 2척의 포경선이 난파되어 있는데 그 명칭은 헨리에타(Henrietta)호(1834년 난파)와 웨이벌리(Waverly)호(1893년 난파)이다. 또 코스레 연안에는 2척의 일본 함정 산순마루(Sansun Maru)호와 게이큐마루(Keikyu Maru)호와 2차 세계대전 당시 격침된 다수의 비행기가 물속에 잠겨 있다.

기 후

코스레는 적도에서 북위 6도에 위치해 있어 날씨는 습하면서도 따뜻하다. 연평균 온도는 25℃이며 1년 중 건기는 5월부터 10월, 우기는 11월부터 4월까지이다. 특히 코스레는 비가 매우 많이 내리는 지역으로 소나기가 매일 있는 편이다. 연평균 강수량은 산에서는 7,500㎜, 일반적으로는 5,000㎜이다. 또 열대성 스콜이 단시간에 폭우를 내리기도 한다. 태풍은 축 주와 폰페이 주 사이에서 만들어져 필리핀과 동아시아 쪽으로 이동하게 된다.

코스레의 본섬 동부에는 렐루 섬이 있으며, 렐루 섬의 육지면적은 약 2㎢, 인구는 약 1,500명이다. 이 섬은 렐루 시 자치 단위(Lelu Municipality)에 속하며 코스레의 수도인 토폴 지역도 포함하고 있다. 그 외에도 코스레 주에는 옌옌(Yen Yen), 옌사르(Yenasr), 키울(Kiul), 무투냐이(Mutunyai), 스로안삭(Sroansak) 등의 섬이 있다. 코스레 섬에는 해안을 따라 순환도로가 만들어져 있어 대부분의 마을은 차로 이동할 수 있다.

코스레 본섬은 현재 다음과 같은 4개의 행정구역으로 나뉘어 있다.

행정구역	면적 (㎢)	인구 (1980)	인구 (2010)	특징
Lelu	21.5	1,995	2,160	Kosrae 섬의 북동부와 Lelu 섬(Kosrae 섬의 작은 위성섬)이 포함되어 있다. Lelu 지역의 수도는 Lelu 마을로서 Lelu 섬에 있다. 또 다른 중요한 마을은 Tofol 마을로 이는 Kosrae 주의 주도이다.
Malem	16.8	1,091	1,300	Malem은 달(moon)이라는 뜻이다. 보름달이 매달 이 행정구역의 마을 해변 앞으로 떠오르기 때문에 이러한 이름이 붙었다. 이 지역에는 초등학교와 유치원에서 중3까지 약 400명의 학생이 거주하는 기숙사가 있다. 또한 교회와 시 자치 단위 사무실이 있다.
Utwe	28.5	912	983	우트와(Utwa)라고도 불리며 Kosrae 주에서 두 번째로 큰 시 자치 단위(municipality)이다. Kosrae 섬 남쪽에 위치해 있으며 가장 큰 마을은 우트와 마을로 약 1,000명이 거주한다. 이 지역에는 우트웨 왈룽 해양공원(Utwe-Walung Marine Park)이 있는데 이 공원은 Kosrae 지역 사업가이자 환경보전가인 Madison Nena가 지정했다. 그는 Kosrae Village Resort의 소유주이며 Kosrae 전통건축법을 활성화하는 데에도 앞장섰다. 이 해양공원은 매우 건강한 산호초 생태계와 마이크로네시아에서 가장 원시적인 밀림, 맹그로브 숲을 자랑한다.
Tafunsak	23.3	1,342	2,173	Tafunsak은 '반은 삼림, 반은 해변(half forest and half beach)'이라는 뜻으로 이 지역에 밀림이 많은 것을 의미한다. 이 지역은 Kosrae 섬에서 가장 많은 사람이 사는 행정구역으로 약 2,500여 명이 거주하는 것으로 알려져 있다. 이 지역의 총 면적은 42.8㎢(이전의 왈룽 지역인 19.5㎢를 포함)로 타푼삭 마을은 코스레 공항에서 가장 가까운 마을이다.
Kosrae	109.6	5,491	6,616	

코스레 입항정보

코스레에서 가장 큰 부두는 렐루 항(Lelu Harbor, 5°20′N., 163°02′E.)으로 렐루 항의 국제항구 번호는 World port index no. 56570이다. 렐루 항은 코스레 섬 동쪽에 위치해 있어 코스레 중앙 산악지형이 남서풍을 막아준다. 렐루 항의 조차는 약 1.4m이며 평균은 0.9m이다. 조류 속도는 0.5~1.5노트 정도이며 섬의 북쪽과 남쪽에서 관측된다. 간조 시에는 대부분의 산호초를 볼 수 있으며 바람이 많이 불거나 비가 오거나 만조일 때는 항해에 위험한 산호초가 보이지 않을 때도 있다. 렐루 항 입구는 산호초 사이의 해협으로 그 폭은 약 160m이다. 렐루 부두는 약 46m 길이의 콘크리트 부두이며 항구의 수심은 약 8.2m이다.

정치와 사회

주정부

코스레 주는 마이크로네시아의 4개 주 중 가장 작다. 사실상 하나의 큰 섬으로 이루어진 주라고 할 수 있는데, 본섬 근처의 몇 개의 작은 섬은 본섬과 가까이 있어 하나의 섬으로 취급된다. 코스레 주에는 현재 약 1,100가구가 거주하고 있다.

다른 주와 마찬가지로 코스레 주 역시 행정부, 입법부, 사법부로 구성되어 있으며, 주정부의 책임자는 주지사가 맡고 있다. 입법부의 경우 총 4개의 시 자치 단위에서 14명의 주의회 의원이 선출된다. 사법부의 경우 주지사가 임명하고 입법부에서 승인한 수석법관(Chief Justice)이 가장 높은 직급이다. 모든 주정부 요직의 임기는 4년인데 사법부의 재판관은 6년이다.

코스레 수성부(GOVERNMENT OF KOSRAE)
Office of the Governor
Post Office Box 158
Kosrae Federated States of Micronesia 96944
Telephone: 691-370-3002/3003, Facsimile; 691-370-3162

1981년도에 만들어진 코스레의 주기[81]는 다음과 같다.

---

81) Kosrae Island, Our Flag, http://www.kosrae.com/OurFlag.aspx

코스레 주기에는 코스레의 문화와 전통, 생활사를 나타내는 상징들이 그려져 있다. 파란 배경은 바다이며, 돌절구는 독특한 코스레의 전통, 월계수 잎은 균형과 조화, 그리고 4개의 별은 코스레의 4개의 시 자치 단위를 상징하고 있다.

코스레 주정부의 변천사[82]는 다음과 같다.

코스레 역대 주지사		
임기	경력	출생
1979.1.1~1983.1.3	Governor Jacob Nena - Lt. Governor Yosiwo P. George - Lt. Governor Kan N. Sigrah due to resignation of Mr. George to Micronesia Secretary of Social Services	b.1941
1983.1.3~1986 1987~1991.1.14	Governor Yosiwo P. George - Lt. Governor Moses T. Mackwelung	b.1941
1991.1.14~1995.1.9	Governor Thurston K. Siba - Lt. Governor Lyndon P. Abraham	b.1937
1995.1.9~1999.1.11	Governor Moses T. Mackwelung - Lt. Governor Gerson A. Jackson	
1999.1.11~2002 2003~2007.1.9	Governor Rensley A. Sigrah - Lt. Governor Gerson A. Jackson	b.1955
2007.1.9~2007.2.23	Acting Governor Lyndon H.Jackson *No Lt. Governor at this time awaiting the election result	
2007.2.23~2011.1.11	Governor Robert J. Weilbacher - Lt. Governor William O. Tosie	b.1948
2011~현재	Governor Lyndon H. Jackson - Lt Governor Carson K. Sigrah	

---

82) http://www.worldstatesmen.org/Micronesia_states.html

입법부에서 주의회 의원(senators)은 14명이 선출되는데 렐루에서 5명, 타푼삭에서 4명, 말렘에서 3명, 우트웨에서 2명이 선출되었다. 현재 코스레 주의 주요 주정부 인사는 다음과 같다.

코스레 주 행정부의 주요 인사(2014년 7월 기준)

직 책	성 명
주지사(Governor)	Hon. Lyndon H. Jackson
부주지사(Lt. Governor)	Hon. Carson K. Sigrah
검찰총장(Attorney General)	Hon. Jeffrey S. Tilfas, Esq
경찰청장(Chief of Police)	Hon. Edmond Salik
행정금융국장(Director, Admin. & Finance)	Hon. Alik S. Isaac
교육국장(Dir., Education)	Hon. Lyndon L. Cornelius
보건국장(Dir., Health Services)	Hon. Livinson A. Taulung
자원개발국장 (Dir., Resources & Economic Development)	Hon. Steven L. George
공공사무국장(Dir., Public Works)	Hon. Weston Luckimiss

코스레 주 입법부의 주요 인사(2014년 7월 기준)

직 책	성 명
의장(Speaker, Pohnpei Legislature)	Hon. Gibson Siba
부의장(Vice Speaker)	Hon. Palikkun M. Shrew
원내총무(Floor Leader)	Hon. Robert I. Taulung
원내서기(Chief Clerk)	Tosie K. Elley
고문(Legislative Counsel)	Johnson Asher, Esq

코스레 주 사법부의 주요 인사(2014년 7월 기준)

직 책	성 명
대법원장(Chief Justice)	Hon. Aliksa B. Aliksa
대법관(Associate Justice)	공석
법률자문(Court Legal Counsel)	Danielle Doucet, Esq.
법원서기(Chief Clerk of Court)	Shrue C. Lonno

코스레 주의 기타 정부기관 주요 인사(2014년 7월 기준)

직책	성명
공선 변호인(Public Defender)	Harry A. Seymour, Esq.
마이크로네시아 법률협회 감독변호사 (MLSC(Micronesia Legal Services Corporation), Directing Attorney)	Canney L. Palsis, Esq.
마이크로네시아 법률협회 변호사 (MLSC(Micronesia Legal Services Corporation), Staff Attorney)	Charlton M. Timothy

역사와 문화[83]

역 사

현재까지의 연구 결과에 의하면 코스레는 대략 11세기경부터 주민이 살았던 것으로 추정된다. 최초 정착민들은 마셜 제도와 바누아투를 오가며 바다를 항해하던 말레이-폴리네시아인(Malayo-Polynesian)이었던 것으로 추정되지만 정확한 고고학적 증거는 없는 실정이다.

코스레 섬 동부에는 약 1250년경에 존재했을 것으로 추측되는 매우 인상적인 렐루 유적지(City of Leluh)가 있는데, 이는 현재 폐허로 남은 과거 도시의 유적지이다. 렐루 유적지에서는 약 1500여 명의 주민이 0.27㎢ 면적의 도시에 거주했던 것으로 보인다. 이 유적지는 꽤 번영했던 도시의 흔적을 보여 주며, 귀족들의 무덤으로 보이는 피라미드 형태도 석조 유적도 남아 있다. 도시 내부의 건물이나 도로는 산호초를 매립해 건설했던 것으로 추정되며, 도시 자체는 1250년부터 1850년경까지 존속된 것으로 추정된다. 이 지역에 있는 피라미드형 무덤들은 현무암과 산호로 만들어져 있다. 렐루 유적지의 연대나 건축자재, 기원 등에 대한 연구는 현재 호주국립박물관과 대만연구소에서 공동으로 진행 중이다.

코스레에 대한 최초의 기록은 스페인 탐험가 알바로 데 사베드라가 남긴 것으로 그는 1529년 9월 인도네시아 티도레(Tidore) 섬에서 스페인령 멕시코 식민지로 돌아가다가 코스레를 발견했다. 스페인은 1668년부터 코스레에 대한 지배권을 주장했으나 실질적인 식민지 점령이 이루어진 것은 1885년이다.

---

83) Kosrae Island. http://www.kosrae.com/History.aspx

렐루 유적지의 위치(오른쪽)와 현재 사진(왼쪽)[84]

ⓒ 위키피디아

    1824년, 프랑스 선장인 루이 이시도어 뒤페리(Louis Isidore Duperrey)가 처음으로 코스레에 와 10일간 머무르게 되었다. 이때 코스레는 인근 섬들과 마찬가지로 매우 위계적인 사회구조를 가지고 있었다. 코스레는 모계사회였고 귀족이나 추장이 땅을 관리하고 일반 주민들이 그 땅에서 농사를 짓는 일종의 봉건적 시스템이 정착되어 있었다. 또 주거지를 보면 소규모의 여러 친족들이 커다란 하나의 부엌을 공유하면서 모여 살고 있었다.

    그 후 코스레가 서방 세계에 알려지면서 많은 서양인이 이곳을 거쳐 갔다. 특히 19세기에는 비치코머(Beachcomber)라 불리던 백인들이 '천국의 섬' 코스레로 찾아와 정착하기도 했다. 비치 코머란 19세기에 한 밑천 잡기 위해 이방의 지역을 탐험하던 백인들로, 대부분 죄수, 건달, 뜨내기 선원 등 서구 사회의 부적응자 또는 주변부 집단 출신이었다.

    이러한 비치 코머들이 가지고 온 알코올, 질병 등은 코스레 인구를 급감시켰고 1870년도에는 200~300명 정도의 코스레 주민만 생존해 있다고 보고되기도 했다. 또한 모든 코스레 주민이 죽고 말 것이라는 예측도 흘러나왔다.

    그러다 1852년 벤저민 스노 목사(Dr. Benjamin Snow)가 처음으로 코스레에 선교사로 왔다. 그는 코스레 주민들에게 서양식 의복을 입게 하고 무분별한 음주를 금지했다. 또 학교를 세우고 코스레 언어로 코스레에 대한 역사를 기록하게 했다. 그 결과 1870년대에는 대부분의 코스레 주민들이 기독교 신자가 되었다.

---

84) http://www.janesoceania.com/micronesia_prehistory/kosrae.htm(오른쪽 지도)

탐험가 뒤페리가 그린 렐루 섬의 풍경[85]

이러한 역사 덕분에 기독교 신앙은 지금도 코스레 주민들의 생활에 매우 중요한 역할을 하고 있다.

한편, 1874년 3월 15일에는 19세기 태평양에서 악명을 떨쳤던 해적 불리 헤이스(Bully Hayes)가 코스레에서 조난당했다. 그가 타고 온 레오노라(Leonora)호가 렐루 항에서 태풍을 만났기 때문이다. 당시 불리 헤이스는 코스레 우트웨 섬에 7개월간 거주하면서 주민들을 공포에 떨게 했다. 이러한 소식을 듣고 1874년 9월, 영국 왕실 해군 소속의 드퓌(Depuis) 선장이 로사리오(HMS Rosario)호를 이끌고 코스레로 들어와 불리 헤이스를 검거했다. 그러나 불리 헤이스는 난파한 레오노라호에서 목재를 떼어내 약 4m 정도 되는 작은 배를 만들어 달아나 버렸다.

그 후 불리 헤이스가 가지고 있었던 막대한 보물과 금화가 코스레의 숲 어딘가에 묻혀 있을 거라는 소문이 돌았고, 실제 이를 찾기 위해 탐색 및 발굴 작업을 펼쳤지만 성과는 없었다.

그 후 1898년 스페인과 미국 사이에 전쟁이 벌어졌다. 미국에 패한 스페인은 당시 독일 통화로 1,700만 마르크를 받고 팔라우, 마이크로네시아, 마셜 제도 등을 포함한 캐롤라인 도서 지역을 독일에 팔았다. 그 후 독일은 약 15년간 코스레를 통치했는데 이때 코스레의 기본적 생활양식에 매우 큰 영향력을 미쳤다.

---

[85] Kauai Fine Arts, Antique Maps and View from Around the World, Caroline views, http://www.brunias.com/images/e3106.jpg, http://www.brunias.com/images/e3004.jpg

독일은 산업화된 코프라 농장과 화폐경제를 도입했고 주민들을 강제로 노동에 투입시켰다.(이 코프라 산업은 1960년대까지 지속되었다).

티에리/키틀리츠가 그린 코스레 풍경[86]

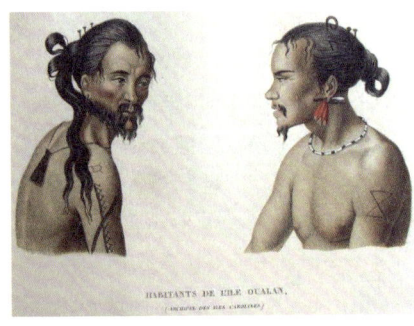
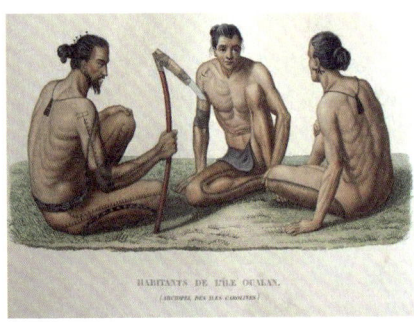

탐험가 뒤페리가 그린 코스레 사람들과 코스레 섬[87]

---

86) Kauai Fine Arts, Antique Maps and View from Around the World, Caroline views, http://www.brunias.com/pacific-carolines.html
87) Kauai Fine Arts, Antique Maps and View from Around the World, Caroline views, http://www.brunias.com/pacific-carolines.html

제1차 세계대전이 시작되면서 1914년에는 일본이 마이크로네시아 지역을 점령했다. 이 시기에 코스레의 경제는 크게 발전했다. 제2차 세계대전이 시작되면서 일본은 코스레에 군사 방어시설을 구축했으나 코스레 섬에서의 전투는 일어나지 않았다. 당시 일본은 코스레 섬에 약 4,500명의 군인과 여러 대의 탱크를 배치시키고 코스레 산 꼭대기에 터널식 벙커를 건설했다(그때 지은 터널 벙커는 아직도 남아있다). 당시 일본군의 총사령관은 요시카즈 하라다(Yoshikazu Harada) 육군중장이었다.

1945년에는 일본군이 마이크로네시아에서 물러나면서 코스레의 통치권은 미국으로 넘어갔다. 미국은 유엔의 승인을 받아 마이크로네시아 지역에 대한 신탁통치를 실시했다. 코스레는 사회적·경제적·정치적인 미국화의 과정을 거쳤고, 1986년 마이크로네시아의 독립과 더불어 코스레 역시 어엿한 1개의 주(state)로 독립하게 되었다. 코스레는 미국 신탁통치 초기 시절에는 폰페이의 일부로 관리되었으나, 1977년에 독립된 지구(district)로 분리되었다.

문 화

음 식

코스레의 전통 주식은 빵나무 열매, 코코넛, 바나나, 타로, 얌(마의 일종), 사탕수수, 물고기 등이다. 주민들은 빵나무 열매, 타로와 같은 탄수화물이 풍부한 식물성 음식을 주식으로 삼았다. 지천에 널려 매우 풍부했기 때문이다. 반면 물고기 등의 해산물은 이보다 훨씬 귀하게 여겨졌고, 전통 코스레 주민들의 식단에서 빠질 수 없는 별미(sidedish)였다. 그러나 전통 사회에서 돼지나 소고기 같은 육류를 먹을 기회는 흔하지 않았다. 마이크로네시아 섬들에는 원래부터 포유류종이 매우 적었기 때문이다. 이 몇 안 되는 포유류는 돼지, 개, 쥐, 박쥐 정도였다.

음식은 코스레 사회의 통합에 중요한 역할을 했다. 개별 가족단위는 흙으로 만든 오븐을 공유하며 한집에서 살았다. 남자들은 복잡한 요리 절차를 거쳐 축제에 사용되는 갖가지 음식과 술을 만들었는데, 태평양 지역의 유명한 술인 카바(Kava)도 만들었다. 카바는 코스레에서는 수카(suhka)라고 불린다.

타로(왼쪽, 가운데)와 빵나무 열매(오른쪽)[88]

ⓒ 위키피디아

한편, 코스레는 질 좋은 라임(lime) 생산지로도 유명하다. 알려진 바로는 일본군이 코스레에 라임을 가지고 왔다고 한다. 라임은 코스레에서 연중 생산되며 그 산미가 매우 뛰어난 것으로 알려져 있다. 또 귤처럼 생긴 만다린 오렌지라는 열매 역시 코스레의 대표적인 과일이다. 그 밖에 다양한 산사과, 바나나, 채소 등이 재배되고 있다.

그러나 기후 조건이 알맞음에도 불구하고 코스레에서 작물 재배가 대규모로 이루어지지는 않는다. 그 이유 중 하나는 씨를 구하기 힘들기 때문이며, 또 수분을 시켜 주는 곤충이 부족하기 때문이라는 주장도 있다.

코스레에서는 교회행사, 결혼식, 장례식이 있을 때 풍성한 음식을 장만한다. 이 3개 행사는 코스레 지역에서 가장 큰 행사로서, 결혼식이나 장례식이 있을 경우에는 관련된 친족과 마을 구성원 전체가 모여 엄청난 양의 음식을 장만하고 주고받는다.

농사활동은 코스레 남자들이 한다. 남자들이 그룹을 만들어 우리나라의 품앗이처럼 이 집 저 집 돌아가면서 일을 하기도 한다. 그러나 대부분의 경우 남자들은 자신의 집이 소유한 경작지에서 농사를 짓는다. 이러한 경작지는 집 근처에 있거나 집에서 일정 거리 떨어져 있다. 코스레인들은 집 마당에서도 채소나 과일을 기르는데, 고구마, 오이, 수박, 오렌지, 라임, 콩 등을 재배한다. 오렌지나 라임이 자라는 곳에는 다른 나무들이 적은데 오렌지 나무나 라임 나무가 상대적으로 넓은 공간을 차지하기 때문이다. 한편, 대부분의 집에서는

---

88) http://en.wikipedia.org/wiki/File:Artocarpus_altilis_(fruit).jpg
http://en.wikipedia.org/wiki/File:TaroAKL.jpg
http://en.wikipedia.org/wiki/File:Colocasia_esculenta_dsc07801.jpg

코코넛 나무를 기르고 있는데 코코넛 열매를 현금으로 교환할 수 있기 때문이다.

그 밖에 코스레에서는 전통적으로 첫 음식은 아버지가 먼저 먹는다. 만일 아버지가 식탁에 없을 경우에는 어머니가 아버지의 역할을 대신하게 된다.

언 어

코스레에서는 영어와 코스레어를 함께 사용한다. 코스레 주 헌법에 의하면 코스레의 공식 언어는 코스레어와 영어이다. 만일 영어와 코스레어의 해석에서 차이가 생기면 코스레어의 의미가 더 존중된다. 코스레어는 다른 지역 방언과 다소 다른 마이크로네시아의 고유 방언 중 하나로 알려져 있다. 역사적으로 코스레어와 가장 가까운 언어는 고대 폰페이어와 마셜 제도의 언어이다.

간단한 코스레어

영 어	코스레어	한국어
Good morning	Lotu wo	아침인사
Good afternoon	Lwen wo	오후인사
Good evening	Ekwe wo	저녁인사
Good night	Fong wo	안녕히 주무세요
Thank you	Kulo	감사합니다
You're welcome	Ke kulang	천만에요
How are you?	Kom fuhcah	어떻게 지내세요
Goodbye	Muta	헤어질 때 인사
Excuse me	Sislah koluk	실례합니다
Beautiful	Kato	아름답다
What is your name?	Su inem an?	이름이 무엇입니까?
My name is ...	Inek pa ...	나의 이름은 ~
Where is ...	Piac ...	~은 어디에 있습니까?
Yes	Aok	예
No	Mo	아니오

기 술 [89]

다른 마이크로네시아 섬 주민들과 마찬가지로 코스레 주민들도 카누 건조기술이 뛰어났다. 그리고 항해술도 뛰어났던 것으로 추측되는데 과거 렐루 유적지와 그 섬을 둘러싼 돌담을 쌓기 위해서는 커다란 현무암을 바다를 통해 날라야 했기 때문이다.

코스레에서는 다양한 기술자가 각자 자신의 마을과 추장을 위해 일했던 것으로 보인다. 축제음식(fahfah) 전문가, 술(Kava) 양조자, 카누 제조자, 어부 등을 그 예로 들 수 있다.

한편, 여자들은 장판, 그물, 바구니, 혁대, 피복 등을 짰고, 남자들은 농사, 건축, 요리, 흙으로 만든 오븐 만들기 등을 했다. 또 물고기를 잡는 일에는 남녀 모두 참가했다. 그러나 귀족들은 거의 생계와 관련된 기술적 업무를 맡지 않았다.

사회구조

코스레의 마을은 결혼과 혈연을 통해 형성된 친족과 인척들로 이루어져 있었다. 보통 한 마을의 구성원은 30~50명 정도였다. 과거에는 모계사회와 족외혼의 전통이 있었고 일부다처제도 허용되었다. 젊은 부부의 경우, 결혼 후에는 보통 양가에서 1년씩 돌아가면서 살다가 집을 지어 독립하곤 했다. 만약 남편이 땅이 많고 친지들과의 관계가 좋으면 남편의 땅에 집을 지어 살았다.

이 외에도 코스레에서는 친족이나 형제자매의 자식을 양자로 입양하는 전통이 강해 입양률이 매우 높았다. 1970년도에는 마을별 입양률이 약 25% 정도에 달했다.

전통 코스레 사회에서는 귀족과 일반인을 구분하는 뚜렷한 위계가 존재했다. 코스레의 귀족층에 대한 기록은 많지 않은데, 과거에는 모계사회에서 다수의 귀족 혈통이 있었던 것으로 추정된다. 이러한 혈통들 간에도 위계가 있고, 혈통 내에서도 계급이 있었다. 대략 2~3개의 혈통만 귀족으로 인정되고 나머지는 일반인으로 여겨진 듯하다. 12세기 경의 유적인 렐루 유적지의 증거에 따르면,

---

89) Kosrae. http://www.everyculture.com/Oceania/Kosrae.html

귀족들은 7.5m 높이의 현무암 벽으로 둘러싸인 렐루 섬의 화려한 거주지에서 살았던 것으로 보인다.

19세기 중반까지는 대추장이 코스레의 모든 땅을 관리하면서 특정 구역에 대한 관리권을 각각의 주민들에게 분배했다. 여기에 대해 일반인들은 음식과 노동으로 추장에게 보답했다. 오늘날에는 귀족과 일반인에 대한 구분은 거의 사라졌지만 귀족혈통의 코스레 주민들은 여전히 자신의 혈통을 자랑스럽게 여기고 있다.

사회적 위계

코스레 전통 사회에서 최고의 정치적 권력은 추장들에게 있었다. 코스레의 귀족혈통 내에는 18등급의 계급이 존재했다. 이 계급은 최고추장이 나누어 주는 것이었으며 귀족들은 이 계급 사다리를 올라가기 위해 치열한 경쟁을 벌었다.

최고추장은 코스레어로 토코스라(Tokosra)라 불렸는데, 서양인들은 처음 코스레를 방문한 뒤 주민들이 최고추장을 신처럼 받드는 것을 보고 최고추장을 왕(king)으로 부르기도 했다.

코스레에서 최고추장을 배출하는 씨족은 '민물장어 씨족(Fresh-Eel Clan)'이다. 이 씨족 구성원 중 1명이 최고추장이 되면 그는 귀족들에게 적절한 계급을 분배한다. 계급을 받은 남자들과 그들의 부인은 직함(title)을 받게 되며, 이러한 계급과 직함에 따라 부릴 수 있는 돈과 자원, 노동력에 대한 특권도 주어진다. 이러한 특권 때문에 귀족들 간에는 계급 취득을 위한 경쟁과 대립이 벌어지기도 했는데, 최고추장을 위한 축제나 공물, 서비스를 경쟁적으로 제공하거나 부족 간 전쟁을 벌이기도 했다.

종 교[90]

코스레의 전통종교는 다신론적 성격을 띠었지만 그 구체적 성격에 대해서는 알려진 바가 거의 없다. 지금까지 알려진 바에 의하면 코스레 주민들이 가장 중요하게 섬긴 신은 빵나무 여신이었다.

---

90) Kosrae-Religion and Expressive Culture. http://www.everyculture.com/Oceania/Kosrae-Religion-and-Expressive-Culture.html

레클루즈(Recluse)가 그린 코스레 전사의 전쟁복[91]

그 후 19세기 중반, 기독교가 유입되면서 코스레 주민들은 대부분 기독교로 개종했다. 각 마을에는 마을교회가 있고 이와 관련된 사무소, 위원회, 직책 등도 세분화되어 존재한다. 교회 총회에서의 임원 선출도 매우 진지하게 진행되며, 총회 회장에 대한 주민들의 신뢰와 존중도 높은 편이다. 많은 교회가 일요일에 세 번 예배를 드리는데 주민이 모두 참여하는 경우가 많다. 코스레 주민들은 독실한 종교인들로, 코스레에서 교회는 특정한 종교기관이라기보다 코스레 공동체 전반에서 구심점 역할을 하는 사회활동의 장이라고 볼 수 있다.

---

91) Kauai Fine Arts, Antique Maps and View from Around the World, Caroline views, http://www.brunias.com/pacific-carolines.html

출산의식

코스레에서는 아기가 태어나기 전 치르는 특별한 행사는 없다. 그러나 임산부들이 따라야 할 몇 가지 규칙은 있다. 먼저 임산부는 밤에 밖에 나가지 말아야 하는데 그 이유는 밤에 나가면 임산부의 몸이 약해지기 때문이다. 한편 임산부는 운동을 하거나 바닷물에서 수영을 해야 한다. 그렇지 않을 경우 아기가 태어날 때 힘들 거라는 믿음 때문이다.

산파 역할을 하는 것은 대부분 친정 어머니이다. 그러나 임산 경험이 있는 사람들은 요청 시 도와줄 수 있다. 아이가 태어나면 산파가 탯줄을 끊는데, 아버지는 이것을 땅에 묻고 그 위에 코코넛 나무를 심어야 한다. 이와 더불어 산모는 약과 음식을 먹고 건강을 회복하며, 새로 태어난 아기는 데워진 나뭇잎으로 몸을 따뜻하게 해 준다.

코스레 전통에 따르면 아기가 태어난 뒤 남편은 한동안 아내와 같이 있을 수 없다. 이때 남편은 다른 집이나 방에서 몇 개월 정도를 지내야 한다. 또 회복기에 산모는 지방이 많은 음식을 먹어서는 안 된다. 이 시기에 산모에게 가장 좋은 음식은 생선이다.

태어난 아이들은 성별에 따라 고유한 이름을 받게 되는데 지금은 기독교식 이름과 서양 이름, 전통 이름이 혼합되어 사용된다. 그러나 코스레 주민들은 여전히 아이들에게 전통적 코스레 이름을 부여하고 있다. 코스레 지역에서 많이 사용되는 전통적인 남자 아이의 이름은 스루(Sru), 네나(Nena), 알릭(Alik), 킬라프와스루(Kilafwasru), 알릭스루(Aliksru), 팔릭(Palik), 알리크나(Alikna), 쿤(Kun), 톨레나(Tolenna), 톨렌사(Tolensa), 툴렌쿤(Tulen kun) 등이다. 또 여자 아이의 이름으로는 시라(Shra), 노트웨(Notwe), 툴페(Tulpe), 슈루(Shrue), 켄예(Kenye), 세페(Sepe) 등이 있다.

토지 소유권

다른 마이크로네시아 지역과 마찬가지로 코스레 주민들도 그들에게 할당된 일정 면적의 토지를 갖는다. 이 토지는 개인이 단독으로 소유하기도 하고 가족이나 친족, 형제자매가 공동으로 소유하기도 한다.

코스레에서는 소유한 토지에 따라서 가족 내에서의 계급과 마을에서의 서열이 정해진다. 따라서 토지는 코스레 주민들의 기본적 생활의 질을 보장하는 요소이다.

토지소유권은 전통적으로 한 가계 내에서 지속적으로 승계된다. 그 땅에서 경작을 하던 사람이 나이가 들거나 기타 다른 이유로 더 이상 농사를 짓지 못하게 되면, 그는 자녀들에게 이를 정당한 방법으로 분배해 주어야 한다. 그렇지 않을 경우 논쟁이 벌어지며 가끔은 토지소유권의 상속을 둘러싸고 형제자매 간에 갈등을 일으키기도 한다.

이러한 분쟁을 피하기 위한 상속 방법 중 하나는 대부분의 땅을 장남이나 장녀에게 다 물려주는 것이다. 즉, 장남이나 장녀가 아버지를 대신해서 가족이 소유한 땅을 관리하고 이를 자기의 형제자매에게 배분하도록 하는 것이다.

코스레 마을의 기원 전설

마이크로네시아의 다른 섬들과 마찬가지로 코스레 주에도 다양한 전설이 있다. 가장 잘 알려진 전설은 코스레의 지형에 대한 전설인데, 신들이 코스레에 화가 나서 코스레를 옆으로 눕게 만들어 지금과 같은 형태의 섬이 되었다고 한다. 코스레는 그 형태 때문에 "자고 있는 여인의 섬(Land of the Sleeping Lady)"이라고도 불린다.

오래전 한 과부와 3명의 자식이 살았다. 시간이 흘러 과부는 더 이상 자녀들을 돌볼 수 없을 만큼 늙어 버렸다. 그녀는 자식들을 불러 모아 이제 자신은 떠날 때가 되었으니 집을 떠나 각자의 집을 찾으라고 했다.

장남은 서쪽으로 가서 코스레 서부에서 자신이 살 곳을 찾았다. 그는 그 곳의 이름을 타푼삭(Tafunsak)이라고 했다. Tafu는 반(half)라는 뜻이며 Sak은 나무 또는 숲이라는 뜻이다. 장남이 그런 이름을 붙인 이유는 그곳에 울창한 숲이 많았기 때문이다. 과부의 장남이 처음 정착한 곳이었기 때문에 지금도 타푼삭 마을은 코스레에서 가장 큰 마을을 이루고 있다.

과부의 둘째 자식인 아름다운 딸은 섬 동쪽으로 떠나 자신이 도착한 곳을 말렘(Malem)이라 불렀다. 이는 달(moon)이라는 의미이다. 과부의 아름다운 딸이 이곳에 도착하였을 때는 밤이었는데, 그때 달빛에 비친 해변이 너무 아름다워 보였기 때문에 이러한 이름이 붙은 것이다. 이러한 전설 때문에 지금도 코스레 말렘 마을은 아름다운 여자가 많기로 유명하다.

    과부의 셋째 자식인 아들은 남쪽으로 멀리 떠나서 자기가 거주할 땅을 찾았다. 그는 더 이상 갈 수 없을 데까지 멀리 떠난 다음 그곳에 거주하기로 결심했는데 그곳의 이름을 정하지는 못했다. 그러다가 그는 자신이 왔던 길을 잠깐 돌아가다가 지금의 집터를 찾은 것을 기억하고 그곳의 이름을 우트웨라고 불렀다. 우트웨는 '~가 유래한 곳'이라는 의미이다.

    과부의 막내 아들은 과부를 떠나지 않았다. 그래서 과부가 죽을 때까지 어머니 곁을 지켰다. 그는 어머니가 죽은 후 그 곳을 렐루라고 불렀다. 사방이 물로 둘러싸여 있었기 때문이다. 렐루는 호수(lake)라는 뜻이다.

    오늘날에도 이 4개의 마을은 각각의 전설의 특성을 일정 부분 반영하고 있다.

chapter
04

참고자료

별첨 1.
미-마이크로네시아 자유연합협정(Compact of Free Association)[92]

미국과 마이크로네시아 사이에 체결된 협정이다. 과거 마이크로네시아를 식민지(신탁통치령)로 지배하던 미국이 마이크로네시아의 독립을 허용하면서 그 대가로 마이크로네시아 지역을 미국에 이익이 되는 국제안보 거점으로 활용하겠다고 한 조약이다.

이 협정의 골자는 미국이 마이크로네시아에 경제적 지원과 안보서비스를 제공하고, 대신 마이크로네시아는 국방이나 안보와 관련된 미국의 활동을 자유롭게 허용하며 다른 국가의 접근을 차단하는 것이다.

이 협정을 위한 논의는 1980년부터 시작되었고 1983년도에 마이크로네시아 주민투표를 통해 통과되었다. 그 후 1986년에 미국 레이건 대통령의 서명을 거쳐 1986년 11월 13일 법으로 통과되었다. 이 협정의 일부 조항은 정해진 기간이 지나면 새롭게 협의하도록 되어 있다.

첫 협정 만료 후 협정 갱신에 대한 협의는 2003년부터 시작되었다. 2003년 협정 개정안이 작성되어, 미국 부시 대통령의 서명을 거쳐 2003년 12월 17일에 법으로 통과되었다. 뒤이어 마이크로네시아 주정부들이 비준하고 마이크로네시아 국회가 2004년 5월 26일에 최종적으로 승인했다.

---

[92] http://www.uscompact.org/

별첨 2.
자유연합협정에 따른 미국 측 지원내역(환경 분야)[93) 94)]

미국은 자유연합협정에 따라 프로젝트별로 마이크로네시아에 경제적 지원을 제공하고 있다. 이 경제적 지원은 역량강화, 교육, 환경, 보건, 인프라, 민간, 기타 부문으로 나뉘어 지원된다. 이 중 환경 분야를 살펴보면 다음과 같다.

	2011	2010	2009	2008
축	662,123	690,096	542,656	717,042
코스레	212,131	253,343	271,354	220,165
폰페이	446,290	315,589	404,195	481,576
얍	324,324	320,482	292,249	421,160
연방				50,000
	1,644,868	1,579,510	1,510,454	1,889,943

주	프로젝트	USD(2011)
축	endemic plants survey and monitoring	36,726
	outer island food supply survey	78,708
	terrestrial forest project	35,026
	coral reef monitoring	88,683
	marine environmental protection and surveillance	73,707
	natural resources project	65,674
	public awareness project	47,229
	water and wastewater project	103,132
	solid waste management project	133,238
소계		662,123
코스레	environmental protection and enforcement	75,042
	environmental education and awareness	24,088
	forestry and wildlife management	38,424
	marine conservation and protection	28,019
	solid waste management	46,558
소계		212,131

---

93) http://pitiviti.org/initiatives/econreports.php
94) http://www.uscompact.org/

폰페이	pollution control project	90,227
	quarantine project	30,035
	food inspection project	34,165
	safe drinking water and monitoring project	41,467
	community health and climate change project	71,751
	public awareness project	58,645
	solid waste management	120,000
소계		446,290
얍	marine protected areas project	17,681
	control and eradication of invasive species project	90,022
	environmental protection and pollution control project	106,734
	coral reef monitoring project	67,820
	solid waste management	42,067
소계		324,324
합계		1,644,868

주	프로젝트	USD(2010)
축		
환경보호	Hazardous waste	64,579
	Assess Environment Impact	62,238
	water resource management	110,484
	community involvement	47,942
	management of solid waste facility	100,000
농림	endemic species	38,076
	outer island food survey	74,050
	conserve forests	33,076
해양자원	establish two MPAs	87,412
	protect the marine ecosystem	72,239
소계		690,096
코스레		
자원관리	environmental protection and enforcement	62,546
	environment education and awareness	34,335
	forestry and wildlife management	49,542
	marine conservation and protection	58,420
교통인프라	solid waste management	48,500
소계		253,343
폰페이		

환경보호		sanitation and climate change	73,304
		water quality	40,686
		food inspection	42,536
		quarantine	48,017
		pollution control	70,586
		community awareness	40,460
소계			315,589
압			
환경보호		monitor environmental impact	44,400
		chemical management	36,900
		water quality	31,100
		public awareness	15,200
사회활동		monitor coral reefs	50,051
		community awareness	19,682
농삼림		invasive species	44,051
		land and widlife	40,015
		forestry	16,257
해양자원		maintain existing MPA	5,164
		research proposed MPA	5,199
		community awareness	12,463
소계			320,482
합계			1,579,510

별첨 3.
일본과의 관계[95]

일본과 마이크로네시아의 관계
일본과 마이크로네시아는 협력적이며 우호적인 관계를 유지해 왔다. 현재 일본은 미국 다음으로 마이크로네시아에 많은 지원을 하는 국가이며 양국 간 정부 차원에서도 많은 방문과 회의가 이루어지고 있다. 최근에는 정부 차원 외의 민간, 지역적 측면에서도 협력활동이 활발히 이루어지고 있다. 특히 마이크로네시아의 다이빙 관광을 위해 많은 일본인이 찾고 있다.

외교관계
일본과 마이크로네시아 간의 수교는 1988년 체결

마이크로네시아에 거주하는 일본인 현황(2010년 기준)
일본 국적의 마이크로네시아 거주자는 112명.

일본의 재정지원(2008년)
보조금(grants) : 9억 엔 (2008.12.31까지 총 누적액 – 161억 4백만 엔)
기술협력 : 2억 6천만 엔 (2008.12.31까지 총 누적액 – 69억 6백만 엔)
문화보조금 지원(1975~2010년 누적액) : 2천 3백만 엔
시민문화프로젝트보조금(1975~2010년 누적액) : 86만 엔

태평양도서센터(PIC : The Pacific Islands Centre)[96]
위치 : 도쿄, 일본
The Pacific Islands Centre
1st Floor, Akasaka Twin Tower
2-17-22 Akasaka, Minato-ku, Tokyo 107 Japan
Ph : (81-3) 3585-8419 Fax : (81-3) 3585-8637

---

95) http://www.mofa.go.jp/region/asia-paci/micronesia/index.html
    http://www.mofa.go.jp/region/asia-paci/index2.html
96) http://www.mofa.go.jp/region/asia-paci/spf/pic/index.html

기타 명칭 : 남태평양경제교류지원센터(South Pacific Economic Exchange Support Centre)
개소일 : 1996년 10월 1일 일본 정부와 남태평양포럼이 공동으로 개소함.
목적 : PIC의 목적은 일본과 태평양 도서국 포럼 회원국 간의 무역교류, 투자 및 관광 촉진을 통해 포럼 회원국들의 지속적인 경제발전을 돕는 것임.
목표 : 일본 정부와 태평양 도서국 포럼 사무국 간의 협정에 따르면 PIC는 다음과 같은 목표를 설정하고 있음.

- 포럼 회원국들로부터 일본으로의 수출 촉진
- 일본의 포럼 회원국에 대한 투자 촉진
- 포럼 회원국들의 일본 제품 수입 효율화
- 일본인의 포럼 회원국 관광 활성화

일본 정부인사의 마이크로네시아 방문

연 도	방문자
1991	• 의회 외교담당 차관 스즈키 무네오(포럼 후 대화) • Foreign Affairs Parliamentary Vice-Minister, Mr. Muneo Suzuki(Post Forum Dialogue Meeting)
1998	• 외무부 장관 다케미 가이조(포럼 후 대화) • State Secretary for Foreign Affairs, Mr. Keizo Takemi(Post Forum Dialogue Meeting)
2001	• 전총리 모리 요시히로 • Former Prime Minister, Mr. Yoshiro Mori
2004	• 국회의원 세키야 가쓰쓰구(아시아태평양의회협회) • Member of the House of Councilors, Mr. Katsutsugu Sekiya (the Asian-Pacific Parliamentarians' Union)
2006	• 재해관리부 장관 구쓰카케 데쓰오(총리 특별대사) • Minister of State for Disaster Management, Mr. Tetsuo Kutsukake(as Special Envoy of the Prime Minister)
2008	• 전총리 모리 요시히로(외교수립 20년 기념 특임대사, 대통령 정식 초청 손님) • Former Prime Minister, Mr. Yoshiro Mori (as Ambassador on Special Mission, the 20th anniversary of the establishment of diplomatic relations)
2011	• 의회 외교담당 차관 기쿠타 마키코(마이크로네시아 대통령 취임 특임 대사) • Parliamentary Vice-Minister for Foreign Affairs, Ms. Makiko Kikuta (as Ambassador on Special Mission, Presidential Inauguration Ceremony)

마이크로네시아 정부인사의 일본 방문

연 도	방문자
1989	• 대통령 하글레감(일본 왕 장례 참석) • President Hagelelgam(The Funeral Ceremony of His late Majesty)
1990	• 대통령 하글레감(새로운 왕의 계승 행사) • President Hagelelgam(Ceremonies of the Accession to the Throne)
1992	• 대통령 올터(정부 초청 손님) • President Olter(as government guest)
1997	• 재무부 장관 이타 및 외무부 장관 타케시(아시아개발은행 총회) • Secretary of the Department of Finance, Mr. Etha and Secretary of the Department of Foreign Affairs, Mr. Takeshi(ADB General Assembly)
1997	• 대통령 네나 및 외무부장관 일론(일본-남태평양포럼 정상회의) • President Nena and Secretary of the Department of Foreign Affairs, Mr. Ilon(Japan-SPF Summit Meeting)
1997	• 부통령 팔캄(유엔기후변화협의체 제3차 회의) • Vice President Falcam(The 3rd Session of the Conference of the Parties to the United Nations Framework Convention on Climate Change)
1998	• 부통령 팔캄 • Vice President Falcam
1998	• 보건복지부 장관 프레트릭 • Secretary of the Department of Health & Social Affairs, Mr. Pretrick
1999	• 대통령 네나(정부 초청 손님) • President Nena(as government guest)
2000	• 대통령 팔캄(제2차 일본-남태평양포럼 정상회의) • President Falcam (the 2nd Japan-SPF Summit Meeting)
2000	• 대통령 팔캄 • President Falcam
2001	• 대통령 팔캄 및 영부인(공식방문) • President Falcam and his wife(Official Working Visit)
2003	• 국토통신인프라부 장관 수사이아(제3차 물포럼) • Secretary of the Department of Transportation, Communication & Infrastructure, Mr. Susaia(the 3rd Water Forum)
2003	• 외무부 장관 이에시(제3치 일본-태평양 노서국 포럼 정상회의) • Secretary of the Department of Foreign Affairs, Mr. Iehsi (the 3rd Japan-PIF Summit Meeting)
2003	• 국회의원장 크리스티안(아시아태평양의회협회 총회) • Speaker of the Congress, Mr. Christian(Asian-Pacific Parliamentarians' Union General Assembly)
2005	• 대통령 우루세말(공식방문) • President Urusemal(Working Visit)
2005	• 부통령 킬리온(아이치 엑스포) • Vice President Killion(World Exposition, Aichi)
2006	• 대통령 우루세말, 외무부 장관 아네팔, 경제부 장관 수사이아(제4차 일본-태평양 도서국 포럼 정상회의) • President Urusemal, Secretary of the Department of Foreign Affairs, Mr. Anefal and Secretary of the Department of Economic Affairs, Mr. Susaia(the 4th Japan-PIF Summit Meeting)

2006	• 국회의장 크리스티안, 외교위원회 위원장 알릭(마이크로네시아 독립기념일 제20주년 기념) • Speaker of the Congress, Mr. Christian and Chairperson of the Committee on External Affairs, Mr. Alik(the 20th Anniversary of the Federated States of Micronesia's Independence Day)
2007	• 대통령 모리, 외무부 장관 로버트(제1회 아시아-태평양 물 정상회의) • President Mori and Secretary of the Department of Foreign Affairs, Mr. Robert (the 1st Asia-Pacific Water Summit)
2008	• 대통령 모리, 외무부장관 로버트, 자원개발부 장관 크리스티안(외교수립 20주년 기념) • President Mori, Secretary of the Department of Foreign Affairs, Mr. Robert and Secretary of the Department of Resources and Development, Mr. Christian(the 20th anniversary of the establishment of diplomatic relations)
2009	• 대통령 모리, 외무부 장관 로버트, 자원개발부 장관 크리스티안(제5차 일본-태평양 도서국 포럼 정상회의) • President Mori, Secretary of the Department of Foreign Affairs, Mr. Robert and Secretary of the Department of Resources and Development, Mr. Christian (the 5th Japan-PIF Summit Meeting)
2010	• 외무부 장관 로버트(PALM 장관 중간회의) • Secretary of the Department of Foreign Affairs, Mr. Robert(the PALM(태평양 도서국 지도자 회의) Ministerial Interim Meeting)
2010	• 대통령 모리, 외무부 장관 로버트(24년 마이크로네시아 독립기념) • President Mori and Secretary of the Department of Foreign Affairs, Mr. Robert (the 24th Anniversary of the Federated States of Micronesia's Independence Day)
2010	• 자원개발부 장관 헨리(제10차 생물다양성협약 회의) • Secretary of the Department of Resource and Development, Mr. Henry(the 10th Meeting of the Conference of Parties to the Convention on Biological Diversity)

일본국제협력기구(JICA : Japan International Cooperation Agency)[97]

• JICA가 마이크로네시아에서 주로 수행하는 프로젝트는 신재생에너지 부문 지원사업임("The Project for Introduction of Clean Energy by Solar Electricity Generation System").

• JICA는 최근 Pohnpei Island Central School 식당에서 "Japan Festival in the Micronesia"를 처음으로 개최함. 얍, 축, 코스레 등에서 일하고 있는 JICA 직원들도 참여했으며, 마이크로네시아 측 자원봉사자 회의와 같이 진행됨. 특히 축의 Xavier High School에서 컴퓨터 기술 업무를 맡고 있는 고구라마 다케하루(Takeharu Kogurama)와 축 관광청에서 일하고 있는 Ms. 가사이하라 다카에(Takae Kasaihara)의 발표가 있었음. JICA는 이 행사를 연례적으로 추진하기로 함.

마이크로네시아 연방국 내 JICA 사무실 위치

> JICA Micronesia Office
> 3rd Floor Martin's Building Kaselelich Street, Kolonia, Pohnpei 96941, The Federated States of MICRONESIA(P.O.Box G, Kolonia, Pohnpei 96941, The Federated States of MICRONESIA)
> Tel : (691) 320-5250 / Fax : (691) 320-5360

---

97) JICA Micronesia. http://www.jica.go.jp/마이크로네시아/english/index.html

사사카와 평화재단(Sasakawa Peace Foundation)[98]

사사카와 평화재단은 일본의 민간 비영리기관으로서 전 지구적 차원의 공공이익 증진이 설립목적이다. 1986년 9월 창설되었으며 창립 기금은 약 6,500억 원(502억 8,160만 엔), 특별기금은 약 3,500억 원(267억 7,414만 엔) 규모로 총 1조원의 기금을 보유한 재단이다.

2011년에는 53개 프로젝트를 위해서 약 90억 원(6억 7,506만 2,000엔)을 사용했다. 마이크로네시아 연방국은 이 평화재단의 사무국 설치를 추진하고 있으며 재단과의 교류를 통해 마이크로네시아 지역의 해양순찰을 강화하기 위해 힘쓰고 있다. 이 재단의 본부 사무실은 일본 도쿄, 니폰 재단 건물에 위치해 있다.

```
주소 : The Nippon Foundation Bldg., 4th Fl.
       1-2-2, Akasaka, Minato-ku, Tokyo, 107-8523, Japan
Phone: +81-3-6229-5400  Fax: +81-3-6229-5470
```

특히 이 재단은 사사카와 태평양 도서국 기금(The Sasakawa Pacific Island Nations Fund)을 운영하고 있는데, 태평양 도서국 기금 프로젝트는 1999년부터 2013년까지 진행되

---

98) http://www.spf.org/spinf/projects/project_6298.html

었다. 특히 재단 측은 마이크로네시아의 해양안보(Maritime Security) 강화를 위해 상당한 지원을 하였다. 세부 내용과 지원 액수는 다음과 같다.

마이크로네시아 지역 해양관리(Maritime management in the micronesia region)
- 팔라우 통합해양보호구역 모델 적용(Implementation of the Palau Integrated Marine Protected ARea Model)(약 1억 원)
- 마이크로네시아 해양안전 시스템 확립을 위한 국제위원회(International committee for establishing maritime safety system in Micronesia) (약 7억 원)

해양안전을 위한 커뮤니케이션 및 교환(Communication and exchange for maritime safety)
- 마이크로네시아 해양보호구역 모델 설정을 위한 조사연구(Exploratory Research on Model of a Micronesian Marine Protected Area)(약 3억 원)

자립적 도서국으로의 발전을 위한 커뮤니케이션(Communication with development towards self-supporting island nations)
- 교육 및 의료
일본-마이크로네시아 의료서비스 제공자 교환 프로그램(Japan-Federated States of Micronesia Exchange Program for Healthcare Service Provider)(약 2억 원)

정보 공유(Information sharing)
- 일본-태평양 도서국 정상회의 : 해양환경 심포지엄(PALM6 : Marine Environment Symposium in Okinawa) (약 6,000만 원)

태평양 도서국 포럼(PIF)과의 관계[99]
- 일본은 1989년부터 태평양 도서국 포럼(PIF : Pacific Islands Forum)의 전신인 남태평양포럼(SPF : South Pacific Forum)의 비회원국 포럼(post-forum)에 차관급 인사를 파견했다.
- 또 매년 SPF 위원장을 일본 외부무로 공식 초청하여 회담을 개최하고 있으며, 정부차원에서 토론과 협력을 통해 활발한 외교관계를 가지고 있다.
- 일본은 1996년 10월, 도쿄에 태평양 도서국 센터(Pacific Islands Centre)를 개소한뒤 SPF 사무국과 공동 운영했으며, 남태평양 지역에서 개발하여 수출할 수 있는 상품개발 등에 대한 세미나를 1994년부터 정기적으로 개최하고 있다. 일본과 SPF 대표와의 첫 정상회의는

---

99) http://www.mofa.go.jp/region/asia-paci/spf/index.html

1997년 10월 13일 도쿄에서 개최되었다. SPF는 2000년에 Pacific Islands Forum(PIF)으로 개명되었다.

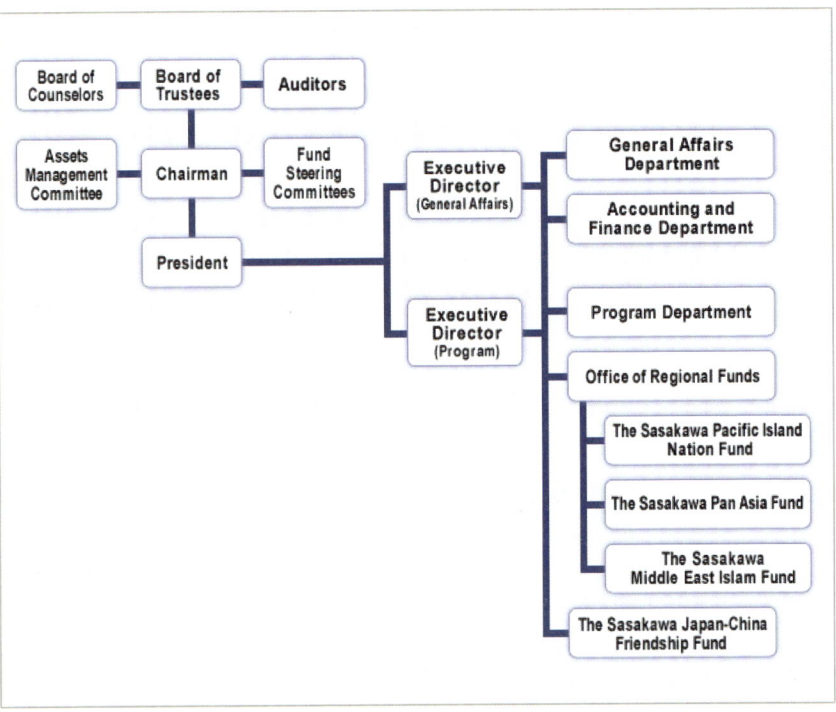

사사카와 평화재단 조직도

별첨 4
중국과의 관계[100]

양자 간 외교관계
1989. 9. 11 : 수교
1990. 2. 23 : 중국이 폰페이에 대사관 설치
1991. 6.   : 첫 상주 중국대사 부임(현재 Mr. Zhang Weidong)
2007. 4.   : 마이크로네시아 중국 대사관 개소
2007. 12. 23 : 마이크로네시아 중국대사관 공식 운영

마이크로네시아 주재 중국대사관 주소 : Chancery(외교빌딩) 1-1-11 Jianguomenwai Diplomatic Compound Chaoyang District, Beijing, China 100600
Office: (86)10-65324708 / 10-65324738
Fax: (86)10-65324609
Email: embassy@fsmembassy.cn

주요 직원

His Excellency
Akilino H. Susaia

Deputy Chief of Mission
Mr. Carlson D. Apis

First Secretary
Mr. Vincent K. Sivas

중국과 마이크로네시아는 우호적인 상호 협력관계를 유지하고 있으며 특히 최근에는 중국의 적극적인 지원을 통해서 실질적인 성과를 내고 있음. 마이크로네시아는 중국의 'one china poliy'를 적극적으로 지원하고 있음. 최근 마이크로네시아는 중국에 수산 분야 협력을 공식 요청하였고 중국 역시 양자 간 수산 분야 협력의 중요성을 강조하면서 경제지원을 약속함.

---

100) http://www.fsmembassy.cn/?dpcmsentry-42/

양자간 방문활동

마이크로네시아를 방문한 중국 정부인사

1992. 7. : 전국인민대표회의(NPC : National People's Congress)
　　　　　　상임위원회 부위원장 Peng Chong
1993. 8. : 중국 국무원(state council) 총장 및 국무원 위원 Luo Gan
1996. 9. : 외무부 차관 Li Zhaoxing
1998. 8. : 외무부 차관 Yang Jeichi
1998. 11. : 외교경제협력무역부(Foreign Economic Cooperation and Trade) Sun Guangxiang
2000. 3. : 외무부 차관 Yang Jiechi
2005. 2. : 외무부 차관 Zhou Wenzhong
2005. 11. : 외무부 차관 Yang Jiechi
2006. 7. : 외무부 차관 Li Zhoaxing
2007. 1. : 특별대사 Wang Yongqiu (Special Envoy)(Ambassador)
2007. 7. : 특별대사/장관보 He Yafei(2007.7 취임식 참석)
2007. 9. : 전국인민대표회의(NPC) 상임위원회 부위원장 Ziang Zhenghua
2010. 4. : 특별대사 Du Qiwen(Ambassador)

중국을 방문한 마이크로네시아 정부 인사(대통령, 국회의장, 부통령)

외교수교전 : 대통령 Tosiwo Nakayama
1990. 11. : 대통령 John Haglelgam
1992. 9. : 대통령 Baily Olter
2000. 3. : 대통령 Leo A. Falcam
2004. 3. : 대통령 Joseph J. Urusemal
2006. 4. : 대통령 Joseph J. Urusemal
2007. 12. : 대통령 Emanuel(Manny) Mori(Hu Jintao's 공식초청 방문)
　　　　　　(대사관 공식 개소 운영 선포)
2008. 8. : 대통령 Emanuel (Manny) Mori(올림픽 방문)
1991. 11. : 국회의장 Jack Fritz
2002. 4. : 국회의장 Jack Fritz
2005.　 : 국회의장 Peter Christian
2008. 10. : 국회의장 Issac Figir
1995. 9. : 부통령 Jacob Nena
2002. 10. : 부통령 Redley Kilion
2006. 7. : 부통령 Redley Kilion
2009. 7. : 부통령 Alik Alik

중국을 방문한 마이크로네시아 정부 인사(기타)

1996. 12.	:	외무부 장관 Lorin S. Robert
2004. 4.	:	외교담당관 Sebastian L. Anefal
2005. 9.	:	외무부 장관 Lorin S. Robert
2006. 2.	:	외교담당관 Sebastian L. Anefal
2006. 4.	:	외무부 장관 Lorin S. Robert
2007. 12.	:	외무부 장관 Lorin S. Robert
2008. 8.	:	외교담당관 Sebastian L. Anefal
2008. 9.	:	외무부 장관 Lorin S. Robert
2004. 3.	:	축주지사 Ansito Walter
2005. 6.	:	폰페이 주지사 Johnny P. David
2006. 11.	:	폰페이 대표단(국회부의장 Claude Philip, 국회대표 Sipenuk, 국회위원 Aritos, 국회위원 Peyal)
2007. 11.	:	국회위원 Fredrico Primo
2007. 12.	:	코스레 주지사 Robert J. Weibacher(마이크로네시아 Mori 대통령 공식방문 포함)
2008. 4.	:	폰페이 주지사 John Ehsa(폰페이 자매시 Zhejian 방문)
2008. 8.	:	주지사 Sebastian Anefal (중국 올림픽 시 마이크로네시아 대표단 방문 - 마이크로네시아 Mori 대통령 포함)
2009. 6.	:	코스레 주지사 Robert J. Weibacher(코스레 자매시 Shangdong 방문)
2009. 7. 8	:	부통령 Alik Alik 중국 북경 방문[(중국 부주석(vice-resident) Xi Jinping의 공식초청)]

- 경제기술협력협정 체결(2,000만 위안)
- 축주 병원 상주 의사 파견(시범 프로젝트로 향후 모든 주에 의사를 파견해 마이크로네시아의 보건복지활동을 지원하겠다고 함)
- 14명의 마이크로네시아 학생 중국유학 지원(현재 38명 유학 중)
- 유엔 안보위원회 개혁 및 유엔에서의 태평양 도서국 기후변화 관련 지원 약속

2009. 11. 7	:	마이크로네시아 부통령 Alik L. Alik 및 국회의원 Joseph J. Urusemal 중국 방문
2010. 4. 5	:	마이크로네시아 중국대사 Akillino H. Susaia(첫 상주대사) 중국 부임(Susaia 대사는 Xavier High School 졸업, Kapiolani Community College(하와이에 있는 전문대), University of the South Pacific-Suva, University of Hawaii-Manoa를 수료하고, 미국 University of Oregon에서 정치학/공공행정으로 석사학위 취득)
2010. 10. 25	:	마이크로네시아 대법원장 Martin Yinug 방문
2010. 10. 31	:	국회부의장 Fredrico Primo 방문
2011. 1. 31	:	마이크로네시아 국회의장 Issac V. Figier 방문
2011. 4. 7	:	마이크로네시아 PATA(Pacific Asia Travel Association-Micronesia Chapter) 대표단이 마이크로네시아 관광 활성화를 위해 중국 방문 (PATA 60주년 기념 회의 참석)

부통령 Alik Alik과 중국 북경에 거주하는 마이크로네시아 시민들과의 모임

Alik Alik 부통령과 중국정부 초청 마이크로네시아 장학생, 기타 마이크로네시아인들(2009)

중국 주재 마이크로네시아 대사 Akillino H. Susaia(가운데), Deputy Chief of Mission Carlson D. Apis(왼쪽), First Secretary Vincent K. Sivas(오른쪽)

다자 관계

마이크로네시아와 중국은 다자간 활동도 원활히 진행되고 있는데 특히 유엔에서 협력이 비교적 잘 이루어지고 있음. 1991년 마이크로네시아가 유엔에 가입할 때 다른 국가들은 마이크로네시아의 독립을 인정하는 데 머뭇거리기도 하였지만 중국의 적극적인 지원이 큰 힘이 됨. 기본적으로 국제 회의에서 중국과 마이크로네시아는 상호 간의 이익을 위해 원활히 협력하고 있음.

중국의 주요 마이크로네시아 지원 프로젝트

- 코스레 대왕조개 양식 프로젝트(Giant Clam Farm Project in Kosrae)
- 폰페이 농장시범 프로젝트(Pilot Farm Project in Madolenihmw)
- 폰페이 다목적 체육관(Multi-Purpose Gymnasium)(공식명칭 : 마이크로네시아 – 중국 친선 스포츠 센터)
- 얍 주 경찰차 지원(Police Vehicles for Yap State)
- 마이크로네시아 정부에 대한 재정 지원

국회의장 Issac V. Figier 방문 기념사진

국회의장 Issac V. Figier 북경 방문시 중국에 유학중인 마이크로네시아 학생들과 저녁 만찬

- 화물선 및 여객선 지원 프로젝트(Cargo-Passenger Vessels Project)
- 참치위원회 시설 지원(Tuna Commission Facility)
- 마이크로네시아 정부 공식관저 건설
- 축 주 공항터미널 확장(Chuuk State Airport Terminal Expansion Project)
- 폰페이 주정부 청사 건설(Pohnpei Administration Building)
- 코스래 고등학교 건설(Kosrae High School Project)
- 팔리키르 시 및 마이크로네시아 대학으로 진입하는 도로정비(Installation of Spikes on the Road to Palikir and COM)

태평양 도서국 포럼 무역사무실(PIFTO : Pacific Islands Forum Trade Office)

위　치　: 태평양 도서국 포럼 사무국의 부설기구로 중국, 북경에 위치
주　소　: 中國北京朝陽區新東路1号塔園外交公寓5号楼1单元3层1号 邮政编码: 100600
　　　　　Pacific Islands Forum Trade Office, China 5-1-3-1 Tayuan Diplomatic Compound, 1 Xin Dong Rd, Chaoyang District, Beijing 100600
　　　　　Telephone : 86-10-6532 6622(ext. 219)
　　　　　Fax : 86-10-6532 6360
　　　　　Email : answers@pifto.org.cn
　　　　　kent.lee@pifto.org.cn
　　　　　kent.lee.pifto@hotmail.com
임　무　: 태평양 도서국과 중국 간의 무역 및 사업기회 촉진
직　원　: Mr. Sam Savou
　　　　　Ms. Vivienne Song
홈페이지 : http://www.pifto.org.cn/

최근 활동 : 마이크로네시아에 대한 Familiarization Tour(관광기관, 관광단체 등이 여행업자 등을 초대해서 신규 관광루트나 관광지, 관광시설 등을 무료로 시찰·견학시키는 여행)를 기획하여 추진하기로 함. 첫 관광지는 코스레로 하기로 함.

문화과학기술 교류활동

1993.7.   : 중국 곡예사 및 마술사 특별 방문
1995.4.   : 중국 탁구 코치 2명 파견
1996.   : 중국 곡예사 및 예술단 파견
1997.11.10 : 중국의 산동성과 코스레 주간 자매결연
1998.   : 중국 곡예사 및 예술단 파견
1999.9.   : 중국 저장성과 폰페이 주간 자매결연
2010.8.2   : 4명의 마이크로네시아 학생이 중국 대학 졸업

- Mr. Anefal은 얍 주에서 왔으며 Central China(Huazhong) Normal University, Wuhan City, Hubei Province에서 Chinese Literature(중문학)로 졸업. 석사 프로그램(국제정치학) 중국에서 진행 예정.
- Ms. Abraham 및 Ms. George은 코스레 출신이며 Ms. Cheryl Kilion은 축 출신임. University of Science and Technology of Beijing에서 중국어를 전공함.

(왼쪽부터) Mr. Francis Anefal(얍), Ms. Philomina Abraham, Ms. Melyda George, Ms. Cheryl Killio

중국에서는 2011년 기준 35명의 마이크로네시아 학생이 중국정부 초청장학금을 받아 공부하고 있는데, 2011년 7월 22일에 3명의 마이크로네시아 학생이 학사학위를 취득하였음. 특히 Ms. Maria Roby의 경우 폰페이의 소케 출신으로 고등학교 졸업 후 2006~2011년 동안 중국 Hubei province에 있는 Wuhan 대학에서 정보관리 및 정보시스템학을 전공하였으며 차후 중국 대학원 진학을 희망하고 있음.

Mr. Adelman Joseph

Ms. Maria Roby

Mr. Sabastian Tamagken

2010 중국 장학금을 받은 마이크로네시아 유학생 명단[101]

NAME LIST OF THE FSM STUDENTS FOR FULL CHINESE GOVERNMENT SCHOLARSHIP 2010

NO	NAME	LANGUAGE SCHOOL (2010.9.1-2011.7.15)	CITY & REGISTRATION TIME	UNIVERSITY & MAJOR	DURATION
1	Francis Giltug Anefal	N A	WUHAN CITY, HUBEI PROVINCE, Sep 1-2,2010	HUAZHONG NORMAL UNIVERSITY INTERNATIONAL POLITICS	2010.9.1- 2013.7.15
2	Sebastian Tamagken	N A	BEIJING, Sep 10,2010	CHINA UNIVERSITY OF POLITICAL SCIENCE & LAW CHINESE LANGUAGE & LITERATURE	2010.9.1- 2011.7.15
3	Luvinia Sulog	TONGJI UNIVERSITY	SHANGHAI, Aug 25-26, 2010	CENTRAL SOUTH UNIVERSITY COMPUTER SCIENCE & TECHOLOGY	2011.9.1- 2015.7.15
4	Baxter Poll	NORTHEAST NORMAL UNIVERSITY	CHANGCHUN CITY, JILIN PROVINCE, Sep 1-5, 2010	UNIVERSITY OF SCIENCE & TECHNOLOGY BEIJING COMPUTER SCIENCE & TECHOLOGY	2011.9.1- 2015.7.15
5	Markina Fredrick	TONGJI UNIVERSITY	SHANGHAI, Aug 25-26, 2010	SOUTHERN MEDICAL UNIVERSITY PREVENTIVE MEDICINE	2011.9.1- 2016.7.15
6	Kikuo Apis	NANJING NORMAL UNIVERSITY	NANJING CITY, JIANGSU PROVINCE, Sep 5-6, 2010	XIAMEN UNIVERSITY ENGLISH LANGUAGE & LITERATURE	2011.9.1- 2015.7.15
7	Joanie Lane Santos	TONGJI UNIVERSITY	SHANGHAI, Aug 25-26, 2010	CENTRAL SOUTH UNIVERSITY CLINICAL MEDICINE	2011.9.1- 2016.7.15
8	Ketruth Resepwil	BEIJING LANGUAGE & CULTUTE UNIVERSITY	BEIJING, Sep 1-5, 2010	LIAONING UNIVERSITY CHINESE LANGUAGE & LITERATURE	2011.9.1- 2015.7.15
9	Rico Rico	HUAZHONG NORMAL UNIVERSITY	WUHAN CITY, HUBEI PROVINCE, Sep 1-2, 2010	LANZHOU UNIVERSITY INTERNATIONAL POLITICS	2011.9.1- 2015.7.15
10	Lomalinda Saimon	TONGJI UNIVERSITY	SHANGHAI, Aug 25-26, 2010	HUAZHONG AGRICULTURAL UNIVERSITY CROP BIOTECH	2011.9.1- 2015.7.15
11	Jacemint Renud	TONGJI UNIVERSITY	SHANGHAI, Aug 25-26, 2010	CHINA MEDICAL UNIVERSITY CLINICAL MEDICINE	2011.9.1- 2016.7.15
12	Mary Lucy Thomson	NANJING NORMAL UNIVERSITY	NANJING CITY, JIANGSU PROVINCE, Sep 5-6, 2010	HEFEI UNIVERSITY OF TECHNOLOGY BUSINESS ADMINISTRATION	2011.9.1- 2015.7.15
13	Juanita Talley	NANJING NORMAL UNIVERSITY	NANJING CITY, JIANGSU PROVINCE, Sep 5-6, 2010	HEFEI UNIVERSITY OF TECHNOLOGY INTERNATIONAL ECONOMICS	2011.9.1- 2015.7.15

중국 – 태평양 도서국 포럼 협력 장학금 : 중국 교육부에서 지원하고 중국 장학금위원회(China Scholarship Council)에서 운영함. 2010년, 2011년에는 10개의 장학금이 계획되어 있으며 지원내역은 다음과 같다.

---

101) http://fm.china-embassy.org/eng/xwdt/t720137.htm

학 력	지원기간
학사	4-5년
석사	2-3년
박사	3-4년
기타	1-2년

생태기술 협력을 위한 중국-태평양 도서국 포럼 개최
[(China-Pacific Island Countries(PIC) Forum on Eco-Tech Cooperation)]
- 2010.4.22. 중국 북경의 Star River Four Seasons Club Hotel에서 개최(이틀 동안 진행)
- 중국정부, 중국기업, 태평양 도서국 정부, 태평양 도서국 기업 등 공공 및 민간 부분에서 200여 명이 참여
- 태평양 도서국 참여국 : 쿡 제도, 마이크로네시아(FSM), 피지, 니우에, 파푸아뉴기니(PNG), 사모아, 통가, 바누아투, 뉴질랜드, 호주
- 기후변화가 작은 태평양 도서국들에게 많은 영향을 주는 민감한 사안임을 인식하고, 기후변화에 맞서 새로운 에너지원(신재생에너지)을 통한 해결책을 찾고자 함. 이는 기후변화 대응뿐 아니라 새로운 투자기회 및 일자리를 창출할 수 있을 것으로 기대함. 본 회의를 통해 중국의 신재생에너지 기업들과 태평양 도서국 간의 협력기반이 창출됨.
- 중국 마이크로네시아 대사와 Sany Electric Co., Ltd사 간에 신재생에너지 사업 협력을 위한 양해각서가 체결됨. 이를 기반으로 Sany Electric Co., Ltd.사는 마이크로네시아에서 신재생에너지 사업 타당성 연구 및 프로젝트 예비조사를 시행하게 됨.

농업협력을 위한 중국-태평양 도서국 포럼 개최
[(China-Pacific Island Countries(PIC) Forum on Agriculture Cooperation)]
- 2010.7.5~7.8. 중국 Xiamen, Fujian Province에서 개최됨(2009년 제1회 농업협력 포럼이 Wuxi, Jiangsu Province에서 개최됨).
- 중국 정부, 주정부, 민간 부문 대표 및 연구자들과 태평양 도서국 대표들 사이에 농업 및 식량안보에 대한 회의가 진행됨.
- 태평양 도서국 참여국 : 쿡 제도, 마이크로네시아(FSM), 피지, 니우에, 파푸아뉴기니(PNG), 사모아, 통가, 바누아투, SPC(Secretariate of the Pacific Community) 대표.
- 중국과 태평양 도서국들 사이의 무역량은 2009년에는 26억 7천만 위안 규모로 2008년에 비해 52% 증가함. 특히 농업 부문에서의 협력이 크게 늘었는데 중국 기술자들이 농업, 축산 부문 지원을 위해 태평양으로 파견되었으며, 동시에 태평양 도서국 인력들이 역량강화 및 개발 프로그램 참여를 위해 중국으로 오기도 함. 이러한 협력활동은 태평양의 식량안보 강화 및 농업생산력 개선에 큰 역할을 함. 중국은 향후 아시아, 아프리카, 라틴 아메리카 등에 농업기술센터 40곳을 설립하고 1,000명의

농업기술자를 개발도상국에 파견할 것이라고 함. 또 2009년 중국은 3년간 약 3,000만 달러(미화)를 개발도상국의 농업발전을 위해 국제연합식량농업기구(FAO)에 기부함.
- 중국은 마이크로네시아 폰페이 주의 Madolenihmw에서 시범 농업 프로젝트를 실시하고 있는데, 프로젝트 부지의 총 면적은 8만㎡이며 지금까지 40종류 이상의 다양한 채소 및 과일 재배에 성공했고, 600명 이상의 현지 농부를 훈련시켰음.

중국국제교환교육협회(CEAIE : China Education Association for International Exchange)와 마이크로네시아 대학의 협력 프로그램

- 2009년 5월, 마이크로네시아 대학(College of Micronesia)과 중국국제교환교육협회(CEAIE)는 상호 교육협력프로그램 개발에 대해서 논의
- 특히 농업, 관광, 컴퓨터 기술 등에 대한 교육 프로그램 교류를 논의. 세부 조사를 위해서 중국 시찰단이 2010년 10월 마이크로네시아를 방문함.

상하이 엑스포

- 2010년 5~10월까지 개최된 상하이 엑스포에 참여한 태평양 도서국은 마이크로네시아(FSM), 바누아투, 파푸아뉴기니(PNG), 팔라우, 통가, 사모아, 피지, 쿡 제도, 키리바시, 솔로몬 제도, 투발루, 마셜 제도, 나우루, 니우에이며, 남태평양관광기구(South Pacific Tourisma Organization)및 태평양도서국 포럼 대표단도 참여함.
- 마이크로네시아 전시관의 테마는 "마이크로네시아의 전통적 지식, 더 나은 도시를 위한 토대(Micronesian Traditional Knowledge, A Foundation for Better Cities)"였으며, 전통적 항해기법, 폰페이의 난 마돌(Nan Madol) 유적, 얍의 렐루 유적(Lelu Ruins), 축·폰페이·코스레 주의 음식 보존법 등이 소개됨. 이 외에도 다양한 수제품, 카누, 석폐(stone money), 후추, 코코넛 기름, 노니차, 기타 다양한 전통적 제품을 소개함.

제2회 해외투자 박람회(2nd Overseas Investment Fair)

- 2010년 11월에 개최되었으며 중국개방개혁위원히(National Dcvclopemt and Reform Commission), 중국산업해외개발기획협회(CIODPA : China Industrial Overseas Development and Planning Association), 중국개발은행(China Development Bank)이 주관 및 후원함.
- 중국 투자자들을 대상으로 해외투자 기회 및 정보를 제공했으며, 이 박람회에서 마이크로네시아는 자국이 투자하기 좋은 나라라는 점을 강조하고 홍보함.
- 마이크로네시아는 북경에 있는 태평양도서무역사무소(Pacific Island's Trade Office)와 북경에 있는 태평양과제 사무소(Pacific Missions office)와 협력하여 박람회에 참여함.

상하이 엑스포에 참여한 마이크로네시아 정부의 주요 인사들

마이크로네시아 외교부 사무국장인 Lorin S. Robert(왼쪽), 중국국제교환교육협회 사무총장인 Mr. Lin Zuoping(오른쪽)

별첨 5
기타 국가 및 기관과의 관계[102]

인도
- 2010년 6월에는 인도정부의 Yogenddra Kumar 대사가 Mori 대통령을 방문하여 신임장을 제출함. Kumar 대사는 마이크로네시아의 정치적 안정 및 민주주의적 전통에 대해서 찬사를 보내었고, 특히 지구촌화되어 가는 국제적 흐름 속에서 마이크로네시아가 고유문화 및 전통유산을 보전하기 위해 노력하는 것에 대해 찬사를 보냄.
- Kumar 대사는 기후변화와 관련해 국제무대에서의 마이크로네시아의 리더십에 찬사를 보내면서, 인도가 유엔 안보리 이사국으로 진출하는 데 도움을 준 것에 대해 감사를 표시함. 이에 Mori 대통령은 인도는 개발도상국을 대표하는 국가이며, 남남 협력(South-South cooperation)을 대표하는 국가이기도 하다며 인도가 여러 국가로부터 존중받는 나라라고 화답함.
- Mori 대통령은 인도가 마이크로네시아 코코넛 개발국(Coconut Authority)에 대한 기술적 지원을 제공해 코코넛 관련 시설을 확보할 수 있었다며 감사의 뜻을 전함. 인도 대사는 향후 이 프로젝트를 확대 운영할 수도 있다고 하며, 마이크로네시아의 코코넛 전문인력들이 인도에서 훈련과 교육을 받을 수 있도록 장학금을 제공하겠다고 약속함.

뉴질랜드
- 2010년 6월에는 뉴질랜드 지명 대사인 Robert Kaiwai가 Mori 대통령을 방문하여 신임장을 제출함. 여기에는 일본 대사 Shoji Sato, 중국 대사 Zhang Weidong, 호주 대사 Susan Cox, 미국 대사관 대표 William Douglass, 그리고 Mori 대통령의 내각위원들이 참석함. Kaiwai대사는 마이크로네시아와 뉴질랜드의 오랜 우정에 대해서 언급하며 기후변화, 지속 가능한 수산업 발전 등 공통 관심 이슈에 대한 뉴질랜드의 지속적 지원을 약속함.
- 이에 Mori 대통령은 마이크로네시아의 인적개발, 해양순찰, 지역 개발 등에 대한 뉴질랜드의 지속적 지원에 대해서 감사의 뜻을 전함. 또 마이크로네시아에서 추진 중인 교육개혁에 대해서도 뉴질랜드가 지원해 줄 것을 요청함.

호주
- 2010년 8월, 마이크로네시아 연방국의 Mori 대통령은 제41회 태평양 도서국 포럼에 참석하기 위해서 바누아투를 방문. 포럼 기간 동안 Mori 대통령은 호주 정부와 개발파트너십 협정(Partnership for Development Agreement)을 체결함. 이 협정은 양국 정부의 기술 및 재정적 교류를 위한 것으로,

---
102) Pacific Islands Report, Micronesia in Review - Issues and Events, 1 July 2010~30 June 2011, Federated States of Micronesia, *The Contemporary Pacific*, Volume 24, Number 1, Spring 2012, pp. 136~142. http://archives.pireport.org/archive/2012/april/tcp-마이크로네시아.htm

마이크로네시아가 유엔이 설정한 지속 가능한 경제적 발전 목표인 새천년개발계획(Millennium Development Goals)에 부응할 수 있도록 호주 정부가 지원을 아끼지 않겠다는 내용임.

세계보건기구
- 세계보건기구(WHO : World Health Organization)는 2010년 8월, 마이크로네시아 연방국에 지역사무소(CLO : Country Liaison Office)를 개소함. 이 사무소는 마이크로네시아 보건사회부(Department of Health and Social Affairs) 건물 내에 위치해 있으며, WHO가 30년만에 설치한 첫 지역사무소이다. 이 사무소는 마이크로네시아 연방국, 마셜 제도, 팔라우 등 마이크로네시아 지역을 관할하게 되며, 당뇨, 심장질환, 전염병, 상해 방지 및 보건 시스템 강화 등의 업무를 담당하게 된다. 또한 폐결핵과 뎅기열에 대한 현황 파악, 현지 의료진 훈련 등의 업무도 수행한다.

유럽(독일, 프랑스, 영국)
- 2010년 8월에는 필리핀에서 마이크로네시아 연방국에 대한 대사 겸임을 맡고 있는 독일 대사관의 베버 로르츠(Weber-Lortsch) 대사가 마이크로네시아의 부통령 Alik L. Alik를 방문함. 이 방문은 독일이 유엔 안보리의 비상임 이사국으로 진출하는 데 필요한 지지를 확보하기 위한 것이었음.
- Weber-Lortsch 대사는 공공교육을 담당하는 마이크로네시아의 비영리 기관인 마이크로네시아 세미나(Micronesian Seminar(MicSem)에 7,000달러(약 800만 원)를 제공할 것이며, 현지 직원들이 필요한 자료를 수집하기 위해 독일을 방문할 경우 관련된 지원을 하겠다고 약속함. 또한 Weber-Lortsch 대사는 마이크로네시아 연방국에 명예영사직을 파견하길 원한다고 언급하며, 마이크로네시아 연방국에 유엔 지역사무소(European Union Regional Office)를 설치하는 방안도 검토하고 있다고 함.
- 독일 대사가 마이크로네시아를 찾은 지 한 달 후에 필리핀의 프랑스 대사관에서 프랑스 대사와 프랑스 법학자들이 폰페이를 방문함. 방문 목적은 보고, 듣고, 배우기 위해서라고 함(to observe, listen and learn from encounters with people of the region). 이번 방문단은 프랑스 의회 산하기관인 태평양 도서국 친선연구그룹[Group D'Amitie et D'Etudes des Pays du Pacifique(Group of Friendship and study of the Countries of the Pacific)]의 대표들로, 이들은 매년 일정 수의 파견단을 태평양 도서국에 보내고 있음.
- 2010년 10월에는 필리핀에 있는 영국 대사관의 Stephen Lillie 대사가 대사 임명장을 가지고 마이크로네시아 대통령을 방문함. 영국은 태평양 도서국 포럼의 대화 파트너(Dialogue Partner)로서 매년 고위급 정부대표들을 포럼에 보내고 있음. 이번 방문에서 영국 대사는 마이크로네시아 연방국이 최근 국제무대에서 기후변화와 관련해 활발한 발언 및 활동을 하는 것에 대해 고무적이라고 칭찬함.

중동국가
- 2010년 10월 13일에는 마이크로네시아가 모로코(Kingdom of Morocco)와 정식으로 수교를 체결. 이 외에도 마이크로네시아 연방국은 최근 이슬람 국가들과 우호적인 관계를 발전시키고 있는데

2010년 9월에는 이집트와 수교를 체결함. 또 2010년 9월 24일에는 마이크로네시아의 Alik 부통령이 미 유대인위원회(AJC : American Jewish Committee)의 위원들과 회의를 함.
- 한편, 마이크로네시아는 이스라엘을 지속적으로 지지해 온 국가임. 이스라엘은 이를 보답하기 위해 이스라엘의 의약품을 비롯해 여러 물자를 마이크로네시아에 지원하고 있음. 최근에는 2개의 투석장비를 제공하기도 함. 그러나 이스라엘과의 우호적 관계는 마이크로네시아가 다른 아랍국가들과 외교관계를 형성하는 데 걸림돌이 되고 있으며, 특히 재정적으로 부유한 여러 아랍국가들로부터 지원을 확보하는 데 방해가 되고 있음.

별첨 6.
마약 및 국제범죄[103]

마이크로네시아 연방국은 마이크로네시아 지역에서 마약범죄에 가장 취약한 국가이다. 정부관계자나 법조계 인력도 마약범죄에 훈련되어 있지 않으며 국가 예산도 적어 넓은 마이크로네시아 해역을 감시하기에는 역부족이다. 또 주민들도 충분한 정보와 교육을 받지 못하고 있어 초국가적 마약 밀거래가 마이크로네시아에서 횡행하고 있다. 마이크로네시아는 최근 마약범죄에 대한 취약성을 인식하고 이에 대한 대처방안을 마련하기 위해 전전긍긍하고 있다.

호주는 마이크로네시아 지역에 태평양 순찰보트 3척과 1명의 호주왕립해군(RAN : Royal Australian Navy) 자문위원을 주둔시키고 있다. 또 호주연방경찰(AFP : Australian Federal Police)과 미국 하와이 공동기관 서부지역 조사단(JIATFW : the US Hawaii-based Joint Interagency Task Force West)은 마이크로네시아 폰페이 주에 태평양 초국적 범죄 네트워크(The Pacific Transnational Crime) 및 초국적 범죄조사단(TCU : Transnational Crime Unit)을 설치해 두고 있다. 호주연방경찰 및 미 하와이 서부지역 조사단은 TCU 직원들에게 법률 집행 관련 정보수집, 조사, 순찰, 안보 유지 등에 대한 훈련을 실시하며, 각종 장비, 가구, 자동차, 보트, 감시장비들을 제공하고 있다.

호주연방경찰이 초국적 범죄조사단(TCU)을 설치한 계기는 2004년에 피지에서 전문적 필로폰 제조 장소가 발견되었기 때문인데, 마이크로네시아에서도 이러한 일이 벌어지는 것을 막기 위해 설치한 것이다.

마이크로네시아에서 가장 널리 유통되는 마약은 이 지역에서 직접 재배된 대마초이다. 대마초는 마이크로네시아에서 괌, 마리아나 군도, 마셜 제도 등으로 대량 밀수출되는 품목이다. 또 대마초는 중국 어선들과 요트에 실려 중국으로도 대량 밀매된다. 대마초 거래는 마이크로네시아의 부족한 감시 및 행정능력 때문에 통제가 어려운 실정이다.

그 밖에 문제가 되는 또 다른 마약은 필로폰(히로뽕)인데, 특히 팔라우를 통해서 폰페이로 대량의 필로폰이 밀수입되고 있다.

코카인 시장은 아직 형성되지 않은 것으로 보이나, 가끔 아시아로 유입되던 코카인이 마이크로네시아에서 압류되기도 하며, 일반 해안가에서 코카인이 발견되기도 한다.

한편 22구경 소총(rifle)과 410 엽총(shotgun) 외에는 어떠한 무기도 마이크로네시아로 들여올 수 없다. 또 얍에서는 모든 무기가 유입 금지된다. 그러나 마이크로네시아에서

---
103) Michael Yui, Asia-Pacific Defense Reporter/Australian Defense in a global Context, Border Security Transnational Crime In Micronesia: Part 3. http://www.asiapacificdefencereporter.com/articles/216/Border-security-Transnational-crime-in-Micronesia

활동하는 범죄단들은 권총이나 반자동식 권총 등을 거래하고 있으며, 가끔 마이크로네시아 세관에서 압류되기도 한다. 또한 인신매매 시장도 소규모로 형성되어 있는데, 2013년 10월에는 마이크로네시아 소녀들을 괌으로 꾀어 감금한 뒤, 불법 매춘업을 시킨 한국 여성(차송자)이 괌 연방법원으로부터 종신형을 선고받기도 했다.

전반적으로 마이크로네시아는 아직 초국적 범죄에 취약하다. 이 지방의 민간경찰 및 보안인력들은 커뮤니티 수준에서 발생하는 절도나 폭행사건을 다루기에 급급하다. 즉, 현대 마약범들의 복잡하고 지능적인 수법을 파악하거나, 마약 자체를 분석할 수 있는 역량이 부족하다. 그래서 지금은 마약으로 의심되는 모든 물건을 괌으로 보내 분석하고 있다.

한편, 폰페이 주에는 아주 강력한 중국 사업망이 형성되어 있는데, 중국과 대만 어선들이 마이크로네시아의 마약범죄와 깊이 연루되어 있는 것으로 추정된다. 미국 마약감시국(US DEA)과 TCU는 이러한 어선들이 태평양 지역의 코카인 밀수와 연계되어 있다고 거의 확신하고 있지만, 이들을 추적하거나 기소하는 것은 거의 불가능하다. 왜냐하면 이들은 중국에서 마약을 가지고 나와서 마이크로네시아에서 어획활동을 한 다음, 중국으로 돌아가는 항로에서 소형 보트에 코카인을 나누어 주기 때문이다.

한편 축 주에서는 필리핀 인구가 증가하면서 문제가 되고 있다. 필리핀에서 대량으로 제조되는 저질 필로폰의 일종인 Shabu 제조소가 축에서도 발견되었기 때문이다. 그러나 그 제조소의 규모나 세부 내용은 파악되지 않고 있다. Shabu는 아주 저렴해 1회분 복용량은 1달러도 안 된다. 이에 호주, 미국, 마이크로네시아 정부는 심히 우려를 나타내고 있다.

별첨 7.
태평양 지역의 주요 지역기구

- 태평양 도서국 포럼(PIF : Pacific Islands Forum,)
  (http://www.forumsec.org.fj/)
- 태평양 도서국 포럼 수산기구(Pacific Islands Forum Fisheries Agency)
  (http://www.ffa.int/)
- 태평양지역사무국(SPC : Secretariat of the Pacific Community)
  (http://www.spc.int/)
- 남태평양 지역 환경 프로그램 사무국(SPREP : South Pacific Regional Environment Programme)
  (http://www.sprep.org/)
- 태평양 도서국 개발 프로그램(PIDP : Pacific Island Development Program)
  (http://www.eastwestcenter.org/pacific-islands-development-program/about-pidp)
- 미국/태평양 도서국 공동상업위원회(JCC : United States/Pacific Islands Nations Joint Commercial Commission)
  (http://pidp.eastwestcenter.org/jcc/)
- 미 내무부 도서청[Office of Insular Affairs(USA)]
  (http://www.doi.gov/oia/)
- 남태평양대학(USP : University of the South Pacific)
  (http://www.usp.ac.fj/)
- 남태평양관광기구(SPTO : South Pacific Tourism Organization)
  (http://www.spto.org/)
- 소도서개발도상국 네트워크(SIDSNET : Small Island Developing States Network)
  (http://www.sidsnet.org/)
- 남태평양응용지구과학위원회(SOPAC : South Pacific Applied Geoscience Commission)
  (http://www.sopac.org/)
- 세계은행(The World Bank)
  (http://www.worldbank.org/)

별첨 8.
마이크로네시아 헌법 서문 및 목차[104]

마이크로네시아 연방국 헌법

서문
여기에 우리 마이크로네시아인은 우리 고유의 주권을 행사하여 마이크로네시아 헌법을 제정한다. 이 헌법을 통해 우리는 평화와 화합 속에서 살아가며, 과거의 유산을 보존하고, 미래의 약속을 보호하기 위한 우리 공통의 열망을 선언한다.

많은 섬들로 이루어진 단일한 국가를 위해 우리는 우리 문화들의 다양성을 존중할 것이다. 우리의 차이는 우리를 풍요롭게 할 것이다. 바다는 우리를 하나로 뭉치게 하며 우리를 흩어놓지 않을 것이다. 우리의 섬들은 우리를 지탱할 것이며, 우리의 섬나라는 우리를 확장시키고 강하게 할 것이다.

우리의 조상들은 이 땅을 그들의 고향으로 삼았다. 그들은 누구도 추방하지 않았다. 여기 남은 우리들은 이곳 외의 고향을 바라지 않는다. 전쟁을 겪었기에 우리는 평화를 희망한다. 분할된 적 있기에 우리는 통합을 원한다. 지배당했기에 우리는 자유를 추구한다.

인간이 뗏목과 카누로 바다를 탐험하던 시절부터 마이크로네시아는 존재했다. 인간이 하늘의 별을 보며 항해하던 시대에 마이크로네시아는 태어났다. 우리의 세계 그 자체도 하나의 섬이다. 우리는 모든 국가들과 인간성에서 우러난 평화, 우정, 협력, 사랑을 주고받을 것이다. 다른 국가의 보호를 받았던 우리들은 이 헌법과 더불어 영원토록 우리 자신의 자랑스런 수호자가 될 것이다.

THE CONSTITUTION OF THE FEDERATED STATES OF MICRONESIA

PREAMBLE
WE, THE PEOPLE OF MICRONESIA, exercising our inherent sovereignty, do hereby establish this Constitution of the Federated States of Micronesia.

With this Constitution, we affirm our common wish to live together in peace and harmony, to preserve the heritage of the past, and to protect the promise of the future.

To make one nation of many islands, we respect the diversity of our cultures. Our differences enrich us. The seas bring us together, they do not separate us. Our islands sustain us, our island nation enlarges us and makes us stronger.

Our ancestors, who made their homes on these islands, displaced no other people. We, who remain, wish no other home than this. Having known war, we hope for peace. Having been divided, we wish unity. Having been ruled, we seek freedom.

---

104) http://www.fsmlaw.org/fsm/constitution/constitution.htm

Micronesia began in the days when man explored seas in rafts and canoes. The Micronesian nation is born in an age when men voyage among stars; our world itself is an island. We extend to all nations what we seek from each: peace, friendship, cooperation, and love in our common humanity. With this Constitution we, who have been the wards of other nations, become the proud guardian of our own islands, now and forever.

ARTICLE I   : Territory of Micronesia
ARTICLE II   : Supremacy
ARTICLE III : Citizenship
ARTICLE IV   : Declaration of Rights
ARTICLE V   : Traditional Rights
ARTICLE VI   : Suffrage
ARTICLE VII : Levels of Government
ARTICLE VIII : Powers of Government
ARTICLE IX   : Legislative
ARTICLE X   : Executive
ARTICLE XI   : Judicial
ARTICLE XII : Finance
ARTICLE XIII : General Provisions
ARTICLE XIV : Amendments
ARTICLE XV   : Transition
ARTICLE XVI : Effective Date

별첨 9.
마이크로네시아 연방국 약황(2011년 5월 기준)

일반사항
- 국명 : 마이크로네시아 연방 (Federated States of Micronesia)
- 폰페이, 축, 코스레, 얍 4개 주로 구성
- 수도 : 알리키르(Alikir) (폰페이 섬에 위치)
- 인구 : 10만 7,000명(2000)
- 면적 : 705㎢
- 민족구성 : 마이크로네시아인
- 종교 : 기독교

정치 현황
- 정부형태 : 대통령 중심제
- 의회구성
- 단원제(14석)
- 4개 주에서 각 1명(임기 4년), 인구비례로 10명 (임기 2년) 선출
- 주요 인사
- 대통령 : Emanuel Mori
- 부통령 : Alik Alik
- 외교장관 : Lorin Robert

경제현황
- GDP : 3억 3,600만 달러(2009)
- 1인당 GDP : 3,114달러(2009)
- 수출입 현황(2007)
- 수출 : 1,620만 달러
- 수입 : 1,427만 달러
- 국가재정의 50% 이상을 미국 원조에 의존
- 자유연합협정(Compact of Free Association)에 의거, 미국은 1987~2001년간 마이크로네시아 정부에 9억 7백만 달러 분할 제공
- 동 협정 연장에 따라 2004년부터 향후 20년간 35억 달러 분할 제공 예정
- 2005년에 1억 6백만 달러의 해외경제원조 수령

우리나라와의 관계
- 1991.4. 외교관계 수립
- 교역(2010) : 870만 달러(수출 : 810만 달러, 수입 : 60만 달러)
- 주요 수출품 : 식품, 기기, 중화학품
- 주요 수입품 : 어업 관련 물품
- 투자 : 275만 달러(2010.12 신고기준)

- KOICA 원조실적(1991~2010) : 28만 달러

주요 인사 상호 방문 현황
- 방한
1991.4 Takesy 외무장관대리 방한
1999.12 A. L. Alik 주한대사(동경 상주), 신임장 제정차 방한
2004.9 Kasio. E. Mida 주한대사(동경 상주), 신임장 부여
2008.8 Louisa Helgenberger 보건차관, 태평양 도서국 보건장관 초청회의 참석차 방한
2009.10 Lorin Robert 외교장관, 주한마이크로네시아임명차 방한
- 방문
1998.8 최성홍 차관보, 제10차 SPF/PFD 회의 참석차 방문
1999.7 임대택 대사, 신임장 제정 및 Falcam 대통령 취임식 참석
2005.6 김봉주 대사, 신임장 제정차 방문
2007.7 김봉주 대사, 대통령 취임식 참석 이임인사차 방문
2008.2 전남진 대사, 신임장 제정차 방문

교민 현황 : 약 30명(교민회장 : 김영포)
입출국 현황(2004) : 입국 - 35 / 출국 - 159

북한과의 관계(미수교)

주요 국내정세 및 특기사항
- 정당이 결성되어 있지 않으면서도 비교적 안정적인 정국을 유지
- 행정제도는 National, State, Municcipal 3단계로 나누어져 있으며 토착세력(Traditional Governance)도 상당한 정치적 영향력 행사
- 2003.3. 연방의회 14명 전원에 대한 총선 실시
- 2003.5. 연방 의회에서 Joseph J. Urusemal 전 원내총무 및 R. Killion 전 부통령이 신임 대통령 및 부통령으로 각각 선출
- 2007.3 연방의원 14명 전원에 대한 총선 실시
- 2007.5 연방의회에서 Emanuel Mori 및 Alik Alik을 대통령 및 부통령으로 각각 선출
- 미국과 자유연합협정(Compact of FreeAssociation)으로 안전보장 및 국방권은 미국이 보유

참고문헌

Brij V. Lal, Kate Fortune, *The Pacific Islands : an encyclopedia*, University of Hawai'i Press, 2000.

Geoffrey Irwin, *The Prehistoric Exploration and Colonisation of the Pacific*, Cambridge University Press, 1992.

Honorable Robert J. Torres, Jr., *Utilizing Tradition and custom in Decision making*, University of Hawai'i Law Review Vol 35, 2013, pp. 909~921.

Jocelyn Linnekin, Lin Poyer, *Cultural Identity and Ethnicity in the Pacific*, University of Hawai'i Press, 1990.

Mirconesian Seminar(MicSem), Francis X. Hezel's Articles, http://micsem.org/pubs/articles.htm.

Moshe Rapaport, *The Pacific Islands : Environment & Society*, The Bess Press, 1999.

Robert C. Kiste, *Mac Marshall, American Anthropology in Micronesia*, University of Hawa'i Press, 1999.

Ward H. Goodenough, Property, Kin, and Community on Truk(2nd edition), Archon Books, 1978

Australian Government. International Climate Change Adaptation Initiative-Pacific Climate change Science Program: Current and Future Climate of the Federated States of Micronesia. http://www.cawcr.gov.au/projects/PCCSP/pdf/7_PCCSP_fsm_8pp.pdf. Last accessed 22 August 2012.

Bernard Cloutier. Travelogues. Pohnpei. http://berclo.net/page02/02en-pohnpei.html. Last accessed 22 August 2012.

Centers for Disease Control and Prevention(CDC). Dengue. http://www.cdc.gov/dengue/.Last accessed 22 August 2012.

Central Intelligence Agency(CIA). The World Factbook. https://www.cia.gov/library/publications/the-world-factbook/geos/fm.html. Last accessed 23 August 2012.

Countries and their Cultures. Kapingamarangi-Sociopolitical organization. http://www.everyculture.com/Oceania/Kapingamarangi-Socio-political-Organization.html. Last accessed 23 August 2012.

Countries and Their Cultures. Oceania-Kosrae. http://www.everyculture.com/Oceania/Kosrae.html.Last accessed 22 Augusr 2012

Countries and Their Cultures. Oceania-Kosrae Religion and Expressive Culture. http://www.everyculture.com/Oceania/Kosrae-Religion-and-Expressive-Culture.html. Last accessed 22 August 2012.

Culture Cloud. Culture of Federated States of Micronesia. http://culturesclouds.blogspot.kr/2012/07/culture-of-federated-states-of.html. Last accessed 23 August 2012.

Destroyer Escort Sailors Association (DESA). Japanese SurrenderWoleaiAtoll USS Sloat DE 245. http://www.desausa.org/images5/uss_sloat_de_245_woleai_surrender.htm. Last accessed 23 August 2012.

Digital Code of the State of Pohnpei, Federated States of Micronesia. Division 1, Title 10, Election (January 1, 2006). http://www.vanuatu.usp.ac.fj/library/Paclaw/fsm/Code%20of%20the%20State%20of%20Pohnpei/Digital%20Code/Division%20I/Title%2010%20final.htm#S3_103. Last accessed 23 August 2012.

Doing Business. Law Library. http://www.doingbusiness.org/law-library.Last accessed 22 August 2012.

Earth Observatory. Nukuoro Atoll, Federated States of Micronesia. http://earthobservatory.nasa.gov/IOTD/view.php?id=6732. Last accessed 23 August 2012.

Embassy of the People's Republic of China in the Federated States of Micronesia. 13 fsm Students Enrolled for Chinese Government Scholarship 2010. http://fm.china-embassy.org/eng/xwdt/t720137.html. Last accessed 23 August 2012.

Enhanced Vector Shorelines of the World-One Island, One Coastline, One River and One Lake at a time (EVS-Islands). http://www.evsislands.com/2006_07_09_archive.html. Last accessed 23 August 2012.

Far Outliers. The Ngatik Massacre, July 1837. http://faroutliers.wordpress.com/2004/06/29/the-ngatik-massacre-july-1837/. Last accessed 23 August 2012.

fsm Embassy. Backgroun Information on fsm China Relations. http://www.fsmembassy.cn/?dpcmsentry-42/. Last accessed 23 August 2012.

fsm Government. Congress Federated States of Micronesia. Congress Administration. http://www.fsmcongress.fm/index.htm#.Last accessed 22 August 2012.

fsm Guide. Investment Guide Federated States of Micronesia. http://www.fsminvest.fm/fsm/about_fsm.html. Last accessed 22 August 2012.

fsm Guide. Investment Guide Federated States of Micronesia. Investment Opportunities. http://www.fsminvest.fm/fsm/opportunities.html. Last accessed 22 August 2012.

fsm Visitors Board. State of Chuuk. http://www.visit-fsm.org/chuuk/events.html. Last accessed 22 August 2012.

fsm Visitors Board. State of Pohnpei. http://www.visit-fsm.org/pohnpei/events.html. Last accessed 22 August 2012.

Federated States of Micronesia. Legal Information System of the Federated States of Micronesia. http://www.fsmlaw.org/. Last accessed 22 August 2012.

Federated States of Micronesia. Legal Information System of the Federated States of Micronesia. Chuuk State Code. http://www.fsmlaw.org/chuuk/code/. Last accessed 22 August 2012.

Federated States of Micronesia. Legal Information System of the Federated States of Micronesia. Chuuk State Code(Chapter 3, Salary and Entitlement of Governor and Lt. Governor). http://www.fsmlaw.org/chuuk/code/title04/T04_Ch03.htm. Last accessed 22 August 2012.

Federated States of Micronesia. Legal Information System of the Federated States of Micronesia. Chuuk State Constitution. http://www.fsmlaw.org/chuuk/constitution/index.htm. Last accessed 22 August 2012.

Federated States of Micronesia. Legal Information System of the Federated States of Micronesia. fsm Constitution. http://www.fsmlaw.org/fsm/constitution/constitution.htm. Last accessed 22 August 2012.

Federated States of Micronesia. Legal Information System of the Federated States of Micronesia. Constitution of the States of Pohnpei. Article 8-Legislative. http://www.fsmlaw.org/pohnpei/constitution/article8.htm.Last accessed 23 August 2012.

Federated States of Micronesia. Legal Information System of the Federated States of Micronesia. Constitution of the State of Yap. Article 8-Legislative. http://www.fsmlaw.org/yap/constitution/index.htm. Last accessed 23 August 2012.

Federated States of Micronesia. Legal Information System of the Federated States of Micronesia. Yap State Code-Chapter 4. Compensation and Expenses. http://www.fsmlaw.org/yap/code/title02/T2_Ch04.htm. Last accessed 22 August 2012.

Federated States of Micronesia. Office of the President. http://www.fsmpio.fm/former_presidents_vice.html. Last accessed 23 August 2012.

Freelang Chuukese-English Dictionary. Freelang.net. http://www.freelang.net/dictionary/chuukese.php#download. Last accessed 22 August 2012.

Freelang. Kosraean-English Dictionary. http://www.freelang.net/dictionary/kosraean.php. Last accessed 22 August 2012.

Geonames. Gilman Municipality, Micronesia. http://www.geonames.org/maps/google_9.446_138.064.html. Last accessed 22 August 2012.

Geonames. Kanifay Municipality, Micronesia. hhttp://www.geonames.org/maps/google_9.467_138.059.html. Last accessed 22 August 2012.

Geonames. Weloy Municipality, Micronesia. http://www.geonames.org/7626956/weloy-municipality.html. Last accessed 22 August 2012.

Getamap. Dalipebinau-Administrative Division. http://www.getamap.net/maps/federated_states_of_micronesia/yap/_dalipebinau. Last accessed 22 August 2012.

Gillilland, Cora Lee C. 1975. The Stone Money of Yap: A Numismatic Survey (*Smithsonian studies in history and technology*, No. 23). Smith-sonian Institution Press, City of Washington. p.88.

Government of the Federated States of Micronesia. fsm government Bio-Mr. Sebastian L. Anefal. http://www.fsmgov.org/bio/anefal.html. Last accessed 23 August 2012.

H. Doublas Pratt. http://www.hdouglaspratt.com/stamps/micronesia_sei.html. Last accessed 23 August 2012.

Habele. Outer Island Education Fund. http://www.habele.org/. Last accessed 22 August 2012.

Haglelgam, John R. 2011. Micronesia in Review: Issues and Events, 1 July 2010 – 30 June 2011. Federated States of Micronesia. *Pacific Island Report from The Contemporary Pacific Volume* 24, Number 1, Spring 2012, pp. 136-142. http://archives.pireport.org/archive/2012/april/tcp-fsm.htm. Last accessed 22 August 2012.

Haun, Mark. A Tour of Pohnpei. Island Facts. http://www.keteu.org/pohnpei/. Last accessed 22 August 2012.

Infoplease. US Department State Background Note. Micronesia. http://www.infoplease.com/country/profiles/micronesia.html. Last accessed 22 August 2012.

Island Encyclopedia. http://www.oceandots.com/pacific/caroline/.Last accessed 23 August 2012.

Jan Erik Johnson and Travel Photos. Kosrae1-Blue Hole. http://www.pbase.com/bolla49/image/56004873. Last accessed 22 August 2012.

Jan Erik Johnson and Travel Photos. Kosrae2-Beach. http://www.pbase.com/bolla49/image/56006947. Last accessed 22 August 2012.

Jan Erik Johnson and Travel Photos. Kosrae2-Marine Park. http://www.pbase.com/bolla49/image/56006038. Last accessed 22 August 2012.

Jan Erik Johnson and Travel Photos. Kosrae2-Mountain.. http://www.pbase.com/bolla49/image/56005374. Last accessed 22 August 2012.

Jan Erik Johnson and Travel Photos. Kosrae2-The Sleeping Lady. http://www.pbase.com/bolla49/image/56006043. Last accessed 22 August 2012.

Jan Erik Johnson and Travel Photos. Kosrae2-Uwe Village. hhttp://www.pbase.com/bolla49/image/56005372. Last accessed 22 August 2012.

Japan International Cooperation Agency(JICA). Micronesia. http://www.jica.go.jp/fsm/english/index.html. Last accessed 22 August 2012.

Jaynes, Bill. 2011. *Faichuuk renews its intent to stand alone as a sovereign country*. The Kaselehlie Press. 30 August 2011 Press Release. http://bild-art.de/kpress/index.php?option=com_content&task=view&id=1392%20&Itemid=2/t_blank. Last accessed 22 August 2012.

Jaynes, Bill. 2011. fsm census shows a pattern of out migration. The Kaselehlie Press. 08 April 2011. Press Release. http://bild-art.de/kpress/index.php?option=com_content&task=view&id=1209. Last accessed 22 August 2012.

Micronesian Seminar(Micsem). Beachcombers, Traders, & Castaways in Micronesia-Pohnpei. http://www.micsem.org/pubs/articles/historical/bcomber/pohnpei.htm. Last accessed 22 August 2012.

Kaselehlie. Pohnpei Legislature. http://www.fm/pohnpeileg/. Last accessed 23 August 2012.

Kauai Fine Arts. Antique Maps and View from Around th World. Caroline Views. http://www.brunias.com/pacific-carolines.html. Last accessed 22 August 2012.

Kosrae State Education. http://kosraedoe.com/. Last accessed 22 August 2012.

Kosrae Visitors Bureau. History. http://www.kosrae.com/History.aspx.Last accessed 22 August 2012.

Kosrae Visitors Bureau. Kosrae Island. http://www.kosrae.com/Last accessed 22 August 2012.

Kosrae Visitors Bureau. Our Flag. http://www.kosrae.com/OurFlag.aspx. Last accessed 22 August 2012.

Levy, Josh and Hezel, Francis X. 2008. Micronesian Government : Yesterday, Today and Tomorrow-A Micronesian Civics Textbook. National Department of Education, fsm.

Marine World Database. Pikelot Island. http://www.anchorageworld.com/content/pikelot-island. Last accessed 22 August 2012.

Micronesian Diary. Yap Proper. http://www.intangible.org/Features/micronesia/text/Yap13.html. Last accessed 23 August 2012.

Micronesia & South Pacific Program(MDPP). University of Oregon.Kapingamarangi. http://darkwing.uoregon.edu/mspp/kapingamarangi/Kpg-l.htm. Last accessed 23 August 2012.

Micronesia & South Pacific Program(MDPP). University of Oregon. Kapingamarangi. http://darkwing.uoregon.edu/~mspp/kapingamarangi/k08-land.htm. Last accessed 23 August 2012.

Micronesia & South Pacific Program(MDPP). University of Oregon. http://darkwing.uoregon.edu/~mspp/index.htm. Last accessed 23 August 2012.

Ministry of Foreign Affairs of Japan. Japan-Micronesia Relations. http://www.mofa.go.jp/region/asia-paci/micronesia/index.html. Last accessed 23 August 2012.

Ministry of Foreign Affairs of Japan. Japan and the Pacific Islands Forum Relations. http://www.mofa.go.jp/region/asia-paci/spf/index.html. Last accessed 23 August 2012.

Ministry of Foreign Affairs of Japan. The Pacific Islands Centre. http://www.mofa.go.jp/region/asia-paci/spf/pic/index.html. Last accessed 23 August 2012.

Ministry of Foreign Affairs of Japan. Relations with Countries and Regions of the world-Pacific. http://www.mofa.go.jp/region/asia-paci/index2.html. Last accessed 23 August 2012.

National Anthem. Micronesia-Patriots of Micronesia. http://www.nationalanthems.info/fm.htm. Last accessed 22 August 2012.

National Geospatial Intelligence Agency, 2010. Sailing Directions (enroute)-Pacific Islands. 9th Edition. Pub. 126. Springfield Virginia. The US Government. http://msi.nga.mil/MSISiteContent/StaticFiles/NAV_PUBS/SD/Pub126/Pub126bk.pdf. Last accessed 22 August 2012.

NOAA National Weather Service. Pacific ENSO Update. Federated States of Micronesia. Kosrae. http://www.prh.noaa.gov/peac/peu/2011_2nd/kosrae.php. Last accessed 22 August 2012.

NOAA National Weather Service WSO Chuuk, fsm. http://www.prh.noaa.gov/chuuk/. Last accessed 22 August 2012.

Oceania Time Zone Map. http://www.worldtimezone.com/time-oceania.htm. Last accessed 22 August 2012.

Office of Statistics, Budget & Economic Management, Overseas Development Assistance and Compact Management(SBOC). Yap State http://www.sboc.fm/index.php?id0=Vm0xMFlWbFdTbkpQVm1SU1lrVndVbFpyVWtKUFVUMDk. Last accessed 23 August 2012.

Pacific Biodiversity Information Forum. http://www.pbif.org/ppa/view2.asp. Last accessed 23 August 2012.

Pacific Islands Forum Trade Office Beijing. http://www.pifto.org.cn/. Last accessed 22 August 2012.

Pacific Islands Report. Micronesia in Review-Issues and Events, 1 July 2010-30 June 2011. Federated States of Micronesia. *The Contemporary Pacific*. Volume 24, Number 1, Spring 2012, pp. 136-142. http://archives.pireport.org/archive/2012/april/tcp-fsm.htm. Last accessed 22 August 2012.

Pacific Resources for Education and Learning(PREL). Federated States of Micronesia, Chuuk. http://www.prel.org/about-us/pacific-service-region/fsm/chuuk.aspx. Last accessed 22 August 2012.

Palau Education & the Pacific. Mori re-elected fsm President. 12 May 2011 Press Release. http://kshiro.wordpress.com/2011/05/14/mori-reelected-fsm-president/. Last accessed 22 August 2012.

Panoramio. Yap Culture. ID 5604661. http://www.panoramio.com/photo/5604661. Last accessed 22 August 2012.

Panoramio. Yap Culture. ID 5604675. http://www.panoramio.com/photo/5604675. Last accessed 22 August 2012.

Panoramio. Yap Culture. ID 5604955. http://www.panoramio.com/photo/5604955. Last accessed 22 August 2012.

Perkins, Matthew. Ancient pyramids in Pacific reveal environmentalclues for the future. ABC Sydney. http://www.abc.net.au/local/audio/2011/09/30/3328820.htm?site=sydney. Last accessed 22 August 2012.

Perry-Castañeda Library Map Collection. Federated States of Micronesia Maps. http://www.lib.utexas.edu/maps/micronesia.html. Last accessed 22 August 2012.

Perry-Castañeda Library Map Collection. Pacific Islands TopographicMaps. http://www.lib.utexas.edu/maps/topo/pacific_islands/. Last accessed 22 August 2012.

Perry-Castañeda Library Map Collection. Truk Islands. http://www.lib.utexas.edu/maps/topo/pacific_islands/txu-pclmaps-1962-oclc-657017.jpg. Last accessed 22 August 2012.

PITI-VITI. Pacific & Virgin Islands Training Initiatives. Graudate School, USA. http://www.pitiviti.org/initiatives/economics/index.php. Last accessed22 August 2012.

PITI-VITI. 2011. Federated States of Micronesia Fiscal Year 2010 Economic Review. Published August 2011. US Department of the Interior/Office of Insular Affairs. Graduate School USA Pacific Islands Training Initiative. p.91. http://www.pitivit.org/files/other/fsm_EconReview_FY10_web.pdf. Last accessed 22 August 2012.

Pohnpei. Official Website of Pohnpei State Governor. http://www.pohnpeimet.fm/. Last accessed 23 August 2012.

Pohnpei. Official Website of Pohnpei State Governor. Governor Bio Information. http://www.pohnpeimet.fm/governor_bio.htm. Last accessed 23 August 2012.

Pohnpei. Official Website of Pohnpei State Governor. Outer Islands Chief Executive Officers Deliberate on their Pressing Issues-Peilapalap. September 23, 2010. Press release. http://www.pohnpeimet.fm/press_page2.htm. Last accessed 23 August 2012.

Pohnpeian-English. pwilidak : native, aboriginal. http://www.trussel2.com/PNP/pnp-pw.htm. Last accessed 23 August 2012.

Poyer, Lin. 1993. The Ngatik Massacre History and Identity on Micronesian Atoll. ISBN: 9781560982623. ISBN10: 1560982624. Publisher: Smithsonian Inst Pr. Publish date: 1993-11-01.

Prism. Explore the statistics of the Pacific Island Countries and Territories. Federated States of Micronesia Division of Statistics. http://www.spc.int/prism/country/fm/stats/. Last accessed 22 August 2012.

Professional Source of World Public Holidays. Micronesia Public Holidays 2012. http://www.qppstudio.net/publicholidays2012/micro-nesia.htm. Last accessed 23 August 2012.

REP-5 Programme (The Support to the Energy Sector in Five ACP Pacific Island Countries programme). Federated States of Micronesia. http://www.rep5.eu/node/4. Last accessed 22 August 2012.

Saipan Tribune. fsm Congress to convene tomorrow. 10 May 2011 Press Release. http://www.saipantribune.com/newsstory.aspx?newsID=109312. Last accessed 22 August 2012.

Sasakawa Peace Foundation. http://www.spf.org/e/. Last accessed 22 August 2012.

Sasakawa Peace Foundation. The Sasakawa Pacific Islands Nations Fund. http://www.spf.org/spinf/projects/project_6298.html.Last accessed 22 August 2012.

Seventeenth(17th) Cfsm Conducts First Session. Message on 15 May 2011. http://lists.spc.int/pipermail/piala_lists.spc.int/2011-May/003330.html.Last accessed 22 August 2012.

Statoids. States of Federated States of Micronesia. http://www.statoids.com/ufm.html. Last accessed 22 August 2012.

Sailing Directions(Enroute) Pacific Islands. Publication 126. 2011. National Geospatial Intelligence. http://msi.nga.mil/MSISiteContent/StaticFiles/NAV_PUBS/SD/Pub126/Pub126bk.pdf. Last accessed 23 August 2012.

Satellite View Net. Kosrae-Micronesia. http://www.satelliteviews.net/cgi-bin/w.cgi?c=fm&UF=-3740147&UN=-4979303&DG=ADM1. Last accessed 22 August 2012.

State of Kosrae. Investment Guide Federated States of MicronesiaState of Kosrae. http://www.fsminvest.fm/kosrae/profile.html. Last accessed 22 August 2012.

Talouli, Anthony, Trevor Gilbert and Rean Monfils Gilbert. 2009. Strategic Environmental Assessment and Potential Future Shoreline Impacts of the Oil Spill from WWII Shipwreck Hoyo Maru Chuuk Lagoon-Federated States Of Micronesia. SPREP Report no. 23SM/Officials/WP.11.1/Att.1. 10 November 2009. SPREP. http://www.sprep.org/att/publication/000851_SEA_HoyoMaru_ChuukLagoon.pdf. Last accessed 22 August 2012.

Takizawa, Akira and Alsleben, Allan. 1999-2000. Japanese garrisons on the by-passed Pacific Islands 1944-1945. Forgotten Campaign: The Dutch East Indies Campaign 1941-1942. http://www.dutcheastindies.webs.com/japan_garrison.html. Last accessed 22 August 2012.

Terra Prints. http://www.terraprints.com.. Last accessed 22 August 2012.

Traveling Luck. Fanif, Yap, Micronesia. http://travelingluck.com/Oceania/Micronesia/Yap/_1559172_Fanif.html. Last accessed 22 August 2012.

Traveling Luck. Gagil, Yap, Micronesia. http://travelingluck.com/Oceania/Micronesia/Yap/_1559099_Gagil.html. Last accessed 22 August 2012.

Traveling Luck. Rumung, Yap, Micronesia. http://travelingluck.com/Oceania/Micronesia/Yap/_1558764_Rumung.html. Last accessed 22 August 2012.

Traveling Luck. Maap, Yap, Micronesia. http://travelingluck.com/Oceania/Micronesia/Yap/_1559009_Maap'.html. Last accessed 22 August 2012.

Triton Films. Lamotrek. http://www.tritonfilms.com/lamotrekinfo.lamotrekinfo.htm. Last accessed 22 August 2012.

Underwood, Robert A. Yap State Finances-Rock Solid in the Land of Stone Money. University of Guam. http://www.hawaii.edu/hivandaids/Pacific/Yap_State_Finances-Rock_Solid_in_the_Land_of_

Stone_Money.pdf. Last accessed23 August 2012.

UN System-wide Earthwatch. Island Directory. http://islands.unep.ch/CLV.htm. Last accessed 23 August 2012.

US Compact. http://www.uscompact.org/. Last accessed 22 August 2012.

U.S. Department of State. Background Note. Federated STates of Micronesia. http://www.state.gov/r/pa/ei/bgn/1839.htm. Last accessed 22 August 2012.

USS Laffey. Ulithi. http://www.laffey.org/Ulithi/Page%201/Ulithi.htm.Last accessed 22 August 2012.

USS Laffey. Ulithi Pictures. http://www.laffey.org/Ulithi/Page%202/ulithipics1.htm. Last accessed 22 August 2012.

Virtual Tourist. Outer island Sapwuafik, Pohnpei. http://members.virtualtourist.com/m/p/m/9ba91/. Last accessed 23 August 2012.

Virtual Tourist. State of Pohnpei Things to Do. http://www.virtualtourist.com/travel/Australia_and_Oceania/Federated_States_of_Micronesia/State_of_Pohnpei/Things_To_Do-State_of_Pohnpei-TG-C-1.html. Last accessed 22 August 2012.

Weather base. Chuuk Islands, Federated States of Micronesia. http://www.weatherbase.com/weather/weather.php3?s=43319&refer=wikipedia&cityname=Chuuk-Islands-Chuuk-Federated-States-of-Micronesia&units=metric. Last accessed 22 August 2012.

Weather Channel. Chuuk, FM(96942) Weather. http://www.weather.com/weather/today/Chuuk+FM+96942?lswe=96942&lwsa=WeatherLocalUndeclared. Last accessed 22 August 2012.

Weatherbase. Pohnpei, Federated States of Micronesia. http://www.weatherbase.com/weather/weatherall.php3?s=913480&refer=wikipedia&cityname=Pohnpei-Ponape-Federated-States-of-Micronesia&units=. Last accessed 23 August 2012.

Weatherbase: Tofol, Federated States of Micronesia. http://www.weatherbase.com/weather/weatherall.php3?s=348419&refer=&cityname=Tofo-Kosrae-Federated-States-of-Micronesia&units=. Last accessed 22 August 2012.

Weatherbase. Yap Federated States of Micronesia. http://www.weatherbase.com/weather/weather.php3?s=31419&refer=wikipedia. Last accessed23 August 2012.

Wikipedia. Angaur. http://en.wikipedia.org/wiki/Angaur. Last accessed 23 August 2012.

Wikipedia. Caroline Islands. http://en.wikipedia.org/wiki/Caroline_Islands.Lastaccessed 23 August 2012.

Wikipedia. Chuuk Lagoon. http://en.wikipedia.org/wiki/Chuuk_Lagoon.Lastaccessed 22 August 2012.

Wikipedia. Chuuk State. http://en.wikipedia.org/wiki/Chuuk. Last accessed 22 August 2012.

Wikipedia. eauripik. http://en.wikipedia.org/wiki/eauripik. Last accessed 22 August 2012.

Wikipedia. Elato. http://en.wikipedia.org/wiki/Elato. Last accessed 22 August 2012.

Wikipedia. Federated States of Micronesia. http://en.wikipedia.org/wiki/Federated_States_of_Micronesia. Last accessed 22 August 2012.

Wikipedia. Governor of Chuuk. http://en.wikipedia.org/wiki/Governor_of_Chuuk. Last accessed 22 August 2012.

Wikipedia. Governor of Kosrae. http://en.wikipedia.org/wiki/Governor_of_Kosrae. Last accessed 22 August 2012.

Wikipedia. Governor of Yap. http://en.wikipedia.org/wiki/Governor_of_Yap. Last accessed 22 August 2012.

Wikipedia. Habele. http://en.wikipedia.org/wiki/Habele. Last accessed 23 August 2012.

Wikipedia. Kosrae. http://en.wikipedia.org/wiki/Kosrae. Last accessed 23 August 2012.

Wikipedia. Lamotrek. http://en.wikipedia.org/wiki/Lamotrek. Last accessed 23 August 2012.

Wikipedia. Mangareva. http://en.wikipedia.org/wiki/Mangareva. Last accessed 23 August 2012.

Wikipedia. Mokil Atoll. http://en.wikipedia.org/wiki/Mokil_Atoll. Last accessed 23 August 2012.

Wikipedia. Ngatik Massacre. http://en.wikipedia.org/wiki/Ngatik_massacre. Last accessed 23 August 2012.

Wikipedia. Ngulu Atoll. http://en.wikipedia.org/wiki/Ngulu_(Municipality). Last accessed 23 August 2012.

Wikipedia. Pohnpei. http://en.wikipedia.org/wiki/Pohnpei. Last accessed 22 August 2012.

Wikipedia. Sebastian Anefal. http://en.wikipedia.org/wiki/Sebastian_Anefal. Last accessed 22 August 2012.

Wikipedia. Senyavin Islands. http://en.wikipedia.org/wiki/Senyavin_Islands. Last accessed 23 August 2012.

Wikipedia. Ulithi. http://en.wikipedia.org/wiki/Ulithi. Last accessed 23 August 2012.

Wikipedia. Willard Price. http://en.wikipedia.org/wiki/Willard_Price. Last accessed 22 August 2012.

Wikipedia. Woleai. http://en.wikipedia.org/wiki/Woleai. Last accessed 22 August 2012.

Wikipedia. Yap. http://en.wikipedia.org/wiki/Yap. Last accessed 23 August 2012.

Yap State Government. http://www.yapstategov.org/ Last accessed 23 August 2012.

World Aero Data. Airport Operations. Chuuk INTL. http://worldaerodata.com/wad.cgi?id=FM75079&sch=PTKK. Last accessed 22 August 2012.

World Port Source. Pohnpei Harbour Satellite Map. http://www.worldportsource.com/ports/maps/fsm_Pohnpei_Harbour_2333.php. Last accessed 22 August 2012.

World Statesmen. Micronesia. States of the Federation of Micronesia. http://www.worldstatesmen.org/Micronesia_states.html. Last accessed 22 August 2012.

Xavier High School. http://xaviermicronesia.org/ Last accessed 23 August 2012.

Yap Chamber of Commerce. http://yapchamber.com/isl-economy.html. Last accessed 23 August 2012.

Yap Visitors Bureau. A Timeline of Yap's History. http://www.visityap.com/history1.html. Last accessed 23 August 2012.

Yui, Michael. Asia-Pacific Defense Reporter/Australian Defense in a global Context. Border Security Transnational Crime In Micronesia: Part 3. http://www.asiapacificdefencereporter.com/articles/216/Border-security-Transnational-crime-in-Micronesia. Last accessed 22 August 2012.

위키피디아. 베르사유 조약. http://ko.wikipedia.org/wiki/%EB%B2%A0%EB%A5%B4%EC%82%AC%EC%9C%A0_%EC%A1%B0%EC%95%BD. Last accessed 23 August 2012.

외교통상부. 마이크로네시아 연방(fsm) 개황. http://www.mofat.go.kr/webmodule/htsboard/template/read/korboardread.jsp?typeID=6&boardid=235&seqno=289342. Last accessed 23 August 2012.

외교통상부, 태평양 도서국 개황, 2011

해양수산부, 남서태평양 해양자원 개발조사 최종보고서, 1999.12

한국해양연구소, 남태평양 해양과학공동연구센터 입지선정 조사연구, 2000

한국해양연구원, 마이크로네시아 축주 안내서, 2001.2

한국해양연구원, 한·남태평양 해양연구센터 운영 기본계획, 2001.4

해양수산부, 남서태평양 해양생물자원 개발연구, 2002.3

한국해양연구원, 남태평양에서의 해양 및 대체에너지 잠재력 조사연구, 2005

한국해양연구원, 한·남태평양 해양연구센터 운영보고서 (2000-2003), 2004

한국해양연구원, 한·남태평양 해양연구센터 운영보고서 (2004), 2005

해양수산부, 남서태평양 해양생물자원 개발 연구 통합보고서, 2007.12

국토해양부, 적도태평양 연구인프라 구축사업 최종보고서, 2012.6

색 인

곤란한 지식(embarrassing knowledge) 120
나우루(Nauru) 51, 54, 276
난 마돌 유적(Nan Madol) 172, 173, 276
난므와키(Nahnmwarki) 175, 185, 186, 187
난켄(Nahnken) 185, 186, 187, 188
남양청(南洋廳) 36
남적도 해류(South Equatorial Current) 17
남태평양위원회 50, 51
남태평양포럼(SPF) 48, 51, 56, 261, 262, 265
노먼 멜러(Norman Meller) 45
누쿠오로 섬(Nukuoro island) 61, 155, 158, 159
뉴질랜드(New zealand) 23, 27, 29, 30, 50, 51, 275, 278
뉴칼레도니아(New Caledonia) 15, 23, 26
느슨한 연계(partial connection) 58, 60
니우에(Niue) 51, 275, 276
니팍(niffag) 152
뜀뛰기 전술(Leatfrogging stragegy) 37
라피타 도기(Lapita Pottery) 24, 25, 26, 28
라피타 문화(Lapita culture) 24, 25, 26, 29, 30
렐루 유적(Lelu ruins) 276
로라 톰슨(Laura Thompson) 40
로모눔 섬(Romonum island) 63
로웨이(Roway) 218
루와테올(Ruwathoel) 212
마누스 섬(Manus island) 22, 26
마르키즈 제도(Marquesas islands) 27, 29
마리아나 제도(Mariana islands) 31, 32, 36, 50, 54, 55, 177, 178, 209
마셜 제도(Marshall islands) 15, 31, 32, 36, 37, 44, 46, 47, 48, 51, 53, 55, 60, 61, 80, 83, 92, 97, 142, 143, 177, 178, 182, 241, 243, 247, 276, 279, 281
마을 망(village net) 215, 220, 221, 223, 224, 228, 229, 231
마이크로네시아(Micronesia)
    마이크로네시아 과학조사(SIM) 42
    마이크로네시아 대학(COM) 101, 102, 143, 272, 276
    마이크로네시아 연방국(FSM) 54, 80, 83
    마이크로네시아 인류학 공동조사(CIMA) 41, 42, 43, 59
    마이크로네시아 정상위원회 51, 56
    마이크로네시아 헌법 94, 95, 96, 97, 284

마이크로네시아-다움 57
마이크로네시아의 주(state) 81, 124, 154, 192, 232
문화권 14, 15, 55, 56, 60, 61, 62, 63, 64
신탁통치 39, 107, 256
신화와 전설 145, 146, 174, 175, 212, 213, 214, 215, 216, 252, 253
역사 31~49
외국과의 관계 260~280
자연환경 85, 127, 155, 194, 233
자유연합협정 46, 47, 48, 66, 67, 256, 257, 258, 259
전통적 권력 시스템 117, 118, 119, 147, 186, 224, 249
정부구조 98, 107, 108, 109
징치형태 94, 109, 116
주요 섬들 129, 130, 131, 157, 158, 158, 178, 180, 181, 182, 183, 184, 196, 197, 198, 199, 200, 201, 237
주요 인사 99, 100, 101. 114, 115, 139, 140, 167, 168, 204, 205, 240, 241
마인호(Maine) 34
마젤란(Ferdinand Magellan) 32
마주로(Majuro) 37
멜라네시아 선진그룹(MSG) 51, 56
멜라네시아(Melanesia) 14, 15, 16, 20, 23, 25, 27, 33, 50, 51, 54, 55, 56, 58, 144
모계의 바다(matrilineal sea) 58, 61
미국 태평양 신탁통치령 39, 40, 43, 44, 45, 46, 54, 80, 97, 107
밋밋(mitmil) 230
바누아투(Vanuatu) 15, 23, 26, 27, 31, 51, 56, 241, 275, 276, 278
베르사유 조약(Treaty of Versailles) 36, 178, 210
부카 섬(Buka island) 22
분리 가능 재산(Separable Property) 152, 153
불리 헤이스(bully hayes) 243
비스마르크 제도(Bismarck islands) 23, 24, 25, 26
비치코머(beachcomber) 158, 242
사모아(Samoa) 15, 23, 24, 25, 26, 27, 29, 51, 55, 56, 182, 275, 276
사우델레우르 왕국(Saudeleur empire) 171, 172, 173, 174, 175

상호적 가시거리(intervisibility) 21
색맹의 섬(The Island of the Colorblind) 180
석폐(stone money) 217, 218, 276
세비어 고등학교(Xavier high school) 59, 102, 115, 142
소무넌 음웽게(somwoonun mwenge) 147
소무넌 카파스(somwoonun kkapas) 147
소시에테 제도(Society islands) 27, 29, 30
솔로몬 제도(Solomon Islands) 15, 16, 19, 22, 23, 24, 27, 31, 51, 55, 56, 144, 208, 276
스페인-독일 조약 34, 35
스페인령 동인도 32
스페인-미국 전쟁 34, 37, 177
아문누문(amwunumwun) 73
아웃트리거 카누(Outtrigger canoe) 21, 25, 194, 201
얍 왕국(Yap empire) 194, 197, 208
얍(Yap) 31, 32, 35, 46, 55, 61, 62, 66, 80, 81, 82, 83, 85, 86, 88, 91, 93, 97, 98, 113, 118, 123, 192~231
어드미럴티 제도(Admiralty islands) 26
엠마누엘 모리(Emmanuel Mory) 80, 98
엥가틱 대학살(Ngatik Massacre) 183
열대수렴대(Intertropical convergence zone) 91
영일동맹(Anglo-Japanese Alliance) 36
오스트로네시아 언어(Austronesian language) 29
올리버 색스(Oliver Sacks) 180
우박작전(Operation Hailstone) 145
워드 구디너프(Ward H. Godenough) 58, 63, 151
위도항해 22, 29
이땅(Itang) 150
이소켈레켈(Isokelekel) 172, 174, 175
이스터 섬(Easter island, Rapa nui) 19, 23, 27, 29, 30
인류학적 동물원 44
젠틀한 방치(benign neglect) 44
조지 머독(George Murdock) 42
조지 켄트(George Kent) 71
쥘 뒤몽 뒤르빌(Jules Dumont d'Urville) 14
차모로(Chamorro) 32, 40, 50, 60, 211
추측항법(dead-reckoning) 23
축 라군(Chuuk lagoon) 125, 126, 127, 128, 129, 130, 131, 132, 134, 141, 144, 145, 146, 147

축(Chuuk) 31, 37, 43, 46, 61, 62, 63, 72, 73, 74, 75, 76, 77, 80, 81, 82, 83, 85, 86, 88, 97, 113, 124~153
카핑가마랑기 섬(Kapingamarangi island) 61, 155, 157, 158
코로르(Koror) 36
코스레(Kosrae) 31, 46, 66, 69, 80, 81, 82, 83, 85, 86, 88, 97, 98, 113, 232~253
콜로니아(Kolonia) 157, 192
콰잘렌(Kwajalein) 37, 46
쿡 제도(Cook islands) 29, 30, 51, 275, 276
키리바시(Kiribati) 51, 54, 144, 182, 276
태평양 정체성(Pacific Identity) 50
태평양 도서국 포럼(PIF) 51, 262, 263, 265, 272, 274, 275, 276, 278, 279, 283
토르 헤위에르달(Thor Heyerdahl) 19, 20
통가 해구 28
통가(Tonga) 23, 26, 27, 29, 30, 51, 55, 56, 275, 276
투발루(Tuvalu) 276
트루크(Truk) 125
파리 조약(Treaty of Paris) 34
파푸아뉴기니(Papua new guinea) 15, 16, 19, 22, 23, 24, 25, 26, 38, 51, 56, 144, 155, 208, 217, 275, 276
팔라우(Palau) 15, 31, 36, 37, 40, 43, 46, 47, 48, 51, 54, 55, 56, 60, 61, 68, 69, 80, 83, 97, 142, 143, 144, 155, 178, 194, 210, 217, 243, 265, 276, 279, 281
팔리키르(Palikir) 80, 97, 122, 155, 163, 272
폰페이(Pohnpei) 31, 43, 46, 61, 66, 69, 80, 81, 82, 83, 85, 88, 91, 93, 97, 98, 113, 118, 121, 122, 126, 144, 154~191
폴리네시아(Polynesia) 14, 15, 17, 19, 23, 24, 25, 26, 27, 29, 33, 45, 50, 51, 54, 55, 61, 80, 144, 157, 159, 176, 181, 182, 208
프란시스 헤젤(Francis X. Hezel) 73
프랑스령 폴리네시아(French Polynesia) 15, 19, 27, 45, 176
피지(Fiji) 15, 23, 24, 25, 27, 29, 30, 51, 99, 100, 275, 276, 281
하와이(Hawaii) 15, 19, 23, 27, 29, 30, 33, 37, 45, 55, 56, 62, 114, 155, 188, 233, 269, 281
항해의 우상(Navigational Idol) 219, 220
항해통로(voyaging corridor) 21, 23, 24
흑요석 26

태평양 도서국 총서 ①
마이크로네시아 연방국(FSM)

2014년 8월 6일 초판 1쇄 인쇄
2014년 8월 8일 초판 1쇄 발행

저 자	권문상, 이미진, 강대훈
발 행 처	한국해양과학기술원
	426-744 경기도 안산시 상록구 해안로 787
제 작	㈜ 비전테크시스템즈
	서울특별시 강남구 봉은사로 84길 9
	02-3432-7132
	anycopy@visionts.co.kr
출판등록	제2009-000300호

ⓒ 한국해양과학기술원
ISBN 979-11-950279-3-4 04960
ISBN 979-11-950279-2-7 (세트)

값 20,000원

이 책은 저작권법에 의해 보호받는 저작물이므로 무단 전재 및 복제를 금합니다.
이 도서의 국립중앙도서관 출판시도서목록(CIP)은 서지정보유통지원시스템 홈페이지(http://seoji.nl.go.kr)와 국가자료공동목록시스템(http://seoji.nl.go.kr/kolisnet)에서 이용하실 수 있습니다.(CIP제어번호 :2014022532)